**应用型本科院校规划教材/经济管理类**

# International Trade Practice

# 国际贸易实务

主 编 王维娜 李 莹
副主编 魏 婧 姜 颖 刘世鹏

哈尔滨工业大学出版社
HARBIN INSTITUTE OF TECHNOLOGY PRESS

## 内 容 简 介

本书全面、系统地阐述了国际贸易术语、国际贸易磋商、国际贸易合同条款、国际贸易合同的履行以及国际贸易方式等基本理论和知识,其中国际贸易条款包括品质、数量、包装、价格、运输、保险、支付、检验、索赔、仲裁、不可抗力等。本书注重对基本概念、基本原理和基础知识的理解和把握,以及对国际贸易在当代最新发展情况的介绍和分析。全书共分为十章内容,各章配有本章导读、小资料、本章小结、思考题、荐读书目及网络资源和阅读资料等内容;并通过资料库和案例分析把国际贸易课堂知识和实践操作有机结合起来,用新的视野来研究国际贸易问题,引导学生运用相关国际贸易知识观察、分析和解决国际贸易实务过程中出现的种种现象和问题。

本教材适用于国际经济与贸易、管理学、会计学等经济管理类专业本科学生以及国际贸易从业人员的职业培训和广大国际贸易爱好者阅读和学习。

**图书在版编目(CIP)数据**

国际贸易实务/王维娜,李莹主编. —哈尔滨:哈尔滨工业大学出版社,2010.8(2015.7 重印)
应用型本科院校规划教材
ISBN 978 - 7 - 5603 - 3075 - 4

Ⅰ.①国… Ⅱ.①王…②李… Ⅲ.①国际贸易-贸易实务-高等学校-教材 Ⅳ.①F740.4

中国版本图书馆 CIP 数据核字(2011)第 157427 号

策划编辑　赵文斌　杜燕
责任编辑　李广鑫
出版发行　哈尔滨工业大学出版社
社　　址　哈尔滨市南岗区复华四道街 10 号　邮编 150006
传　　真　0451 - 86414749
网　　址　http://hitpress.hit.edu.cn
印　　刷　哈尔滨工业大学印刷厂
开　　本　787mm×1092mm　1/16　印张 16.5　字数 353 千字
版　　次　2011 年 1 月第 1 版　2015 年 7 月第 2 次印刷
书　　号　ISBN 978 - 7 - 5603 - 3075 - 4
定　　价　29.80 元

(如因印装质量问题影响阅读,我社负责调换)

## 《应用型本科院校规划教材》编委会

**主　任**　修朋月　竺培国
**副主任**　王玉文　吕其诚　线恒录　李敬来
**委　员**　（按姓氏笔画排序）
　　　　　丁福庆　于长福　王凤岐　王庄严　刘士军
　　　　　刘宝华　朱建华　刘金祺　刘通学　刘福荣
　　　　　张大平　杨玉顺　吴知丰　李俊杰　李继凡
　　　　　林　艳　闻会新　高广军　柴玉华　韩毓洁
　　　　　藏玉英

# 序

哈尔滨工业大学出版社策划的"应用型本科院校规划教材"即将付梓,诚可贺也。

该系列教材卷帙浩繁,凡百余种,涉及众多学科门类,定位准确,内容新颖,体系完整,实用性强,突出实践能力培养,不仅便于教师教学和学生学习,而且满足就业市场对应用型人才的迫切需求。

应用型本科院校的人才培养目标是面对现代社会生产、建设、管理、服务等一线岗位,培养能直接从事实际工作、解决具体问题、维持工作有效运行的高等应用型人才。应用型本科与研究型本科和高职高专院校在人才培养上有着明显的区别,其培养的人才特征是:①就业导向与社会需求高度吻合;②扎实的理论基础和过硬的实践能力紧密结合;③具备良好的人文素质和科学技术素质;④富于面对职业应用的创新精神。因此,应用型本科院校只有着力培养"进入角色快、业务水平高、动手能力强、综合素质好"的人才,才能在激烈的就业市场竞争中站稳脚跟。

目前国内应用型本科院校所采用的教材往往只是对理论性较强的本科院校教材的简单删减,针对性、应用性不够突出,因材施教的目的难以达到。因此亟须既有一定的理论深度又注重实践能力培养的系列教材,以满足应用型本科院校教学目标、培养方向和办学特色的需要。

哈尔滨工业大学出版社出版的"应用型本科院校规划教材",在选题设计思路上认真贯彻教育部关于培养适应地方、区域经济和社会发展需要的"本科应用型高级专门人才"精神,根据黑龙江省委书记吉炳轩同志提出的关于加强应用型本科院校建设的意见,在应用型本科试点院校成功经验总结的基础上,特邀请黑龙江省9所知名的应用型本科院校的专家、学者联合编写。

本系列教材突出与办学定位、教学目标的一致性和适应性,既严格遵照学科体系的知识构成和教材编写的一般规律,又针对应用型本科人才培养目标及与之相适应的教学特点,精心设计写作体例,科学安排知识内容,围绕应用讲授理论，做到"基础知识够用、实践技能实用、专业理论管用"。同时注意适当融入新理论、新技术、新工艺、新成果，并且制作了与本书配套的PPT多媒体教学课件，形成立体化教材，供教师参考使用。

"应用型本科院校规划教材"的编辑出版，是适应"科教兴国"战略对复合型、应用型人才的需求，是推动相对滞后的应用型本科院校教材建设的一种有益尝试，在应用型创新人才培养方面是一件具有开创意义的工作，为应用型人才的培养提供了及时、可靠、坚实的保证。

希望本系列教材在使用过程中，通过编者、作者和读者的共同努力，厚积薄发、推陈出新、细上加细、精益求精，不断丰富、不断完善、不断创新，力争成为同类教材中的精品。

黑龙江省教育厅厅长

2010年元月于哈尔滨

# 前　言

　　随着我国在国际分工体系中层次的不断提高,对外经济贸易在国民经济中的地位和作用也进一步突出。我国对外贸易活动日益频繁,成交量和成交范围都出现了大幅度的提高。2007 年我国出口总额为 12 180 亿美元,居世界第二,2009 年我国出口总额为 12 016.6 亿美元,居世界第一,已经成为名副其实的贸易大国。这标志着中国在融入经济全球化、参与国际竞争中扮演着重要的角色,发挥着越来越重要的作用,已经以贸易大国为新的起点开始逐渐步入贸易强国的行列。

　　在这种形势下,我国对国际贸易及相关的专业人才越来越重视,对人才质量要求也越来越高。尤其是对应届毕业生,越来越强调动手能力和实际操作经验。为了适应这一发展需要,同时也是为了更好地实现民办高校培养应用型人才的教学目标,我们编撰了这本《国际贸易实务》。本书在写作过程中,我们试图突出如下特点:

　　一、内容突出应用性。首先介绍国际贸易术语,贸易术语是国际贸易进行的基础,涉及国际贸易中多个重要环节,是国际贸易工作人员必备的知识要素。接下来按照真实的国际贸易操作过程安排章节内容:展开进出口业务前的准备→针对具体商品进行交易磋商→确定合同条款→履行贸易合同→违约行为及处理办法,最后介绍常见的国际贸易方式。在内容安排上尽量突出"应用性"。

　　二、结构严谨、条理清晰。参加本书编写的人员都是长期工作在国际贸易实务课程教学第一线的高校教师,并且部分参编人员在进出口企业或相关部门从事过国际贸易工作,具有实践经验,能够结合自己的实际工作经验和教学经验进行编写,使教材内容结构上更严谨,条理上更清晰。

　　三、体例有一定创新。每章开始前均给出了本章的学习目的和本章导读,通过一个案例或某一新闻事件或一个小故事引出本章内容,能够在一定程度上提高学习兴趣,调动学习积极性。每章编写过程中都会编入2~3个小资料、小链接,有利于拓展知识,并且对学生进一步深入学习起到抛砖引玉的作用。每章结尾部分都会对本章内容进行小结,突出重点和难点,也会给出一些阅读资料,帮助加深理解本章的内容,最后列出本章的荐读书目及网络资源,便于学生在课下进一步拓展知识深度和广度。

  本书共十章,其中第三章、第七章由王维娜编写;第二章、第五章由李莹编写;第四章、第六章由魏婧编写;第九章由姜颖编写;第八章由刘世鹏编写;第一章由刘莹莹编写;第十章由刘杨编写。本书由王维娜审定编写大纲,并负责全书的修改和定稿工作。

  本书参考了大量的文献资料,大多已在后面的参考书目中列出。在此,我们向参考过的文献作者表示诚挚的谢意。

  由于当今国际贸易环境日趋复杂,各种新的贸易政策、业务做法不断涌现,加上作者知识、经验不足,书中疏漏、不妥之处在所难免,敬请读者批评指正。

编 者<br>
2010年9月

# 目 录

第一章 导论 ········································································ 1

    第一节 国际贸易的产生与发展 ·············································· 2
    第二节 国际贸易的分类 ······················································ 9
    第三节 国际贸易常用概念 ·················································· 13
    本章小结 ········································································ 15
    思考题 ············································································ 16
    阅读资料 ········································································ 16

第二章 国际贸易术语 ·························································· 18

    第一节 国际贸易术语及相关国际惯例 ···································· 19
    第二节 常用的贸易术语 ···················································· 23
    第三节 其他贸易术语 ······················································· 37
    第四节 贸易术语的选择 ···················································· 41
    本章小结 ········································································ 43
    思考题 ············································································ 43
    阅读资料 ········································································ 44

第三章 进出口交易磋商 ······················································ 47

    第一节 磋商前的准备 ······················································· 48
    第二节 交易磋商 ···························································· 50
    第三节 订立合同 ···························································· 56
    本章小结 ········································································ 59
    思考题 ············································································ 59
    阅读资料 ········································································ 59

第四章 国际贸易合同条款(一) ··············································· 64

    第一节 商品名称 ···························································· 65
    第二节 品质条款 ···························································· 66
    第三节 数量条款 ···························································· 72
    第四节 包装条款 ···························································· 76
    本章小结 ········································································ 81

思考题 …………………………………………………………… 81
　　阅读资料 ………………………………………………………… 82

## 第五章　国际贸易合同条款（二） …………………………………… 85
　　第一节　出口商品价格核算 …………………………………… 85
　　第二节　价格条款的制定 ……………………………………… 93
　　本章小结 ………………………………………………………… 100
　　思考题 …………………………………………………………… 100
　　阅读资料 ………………………………………………………… 101

## 第六章　国际贸易合同条款（三） …………………………………… 103
　　第一节　运输方式 ……………………………………………… 104
　　第二节　装运条款 ……………………………………………… 110
　　第三节　运输单据 ……………………………………………… 112
　　第四节　国际货物运输保险 …………………………………… 116
　　本章小结 ………………………………………………………… 123
　　思考题 …………………………………………………………… 123
　　阅读资料 ………………………………………………………… 124

## 第七章　国际贸易合同条款（四） …………………………………… 127
　　第一节　支付工具 ……………………………………………… 128
　　第二节　结算中的单据 ………………………………………… 140
　　第三节　支付方式 ……………………………………………… 147
　　本章小结 ………………………………………………………… 166
　　思考题 …………………………………………………………… 167
　　阅读资料 ………………………………………………………… 167

## 第八章　国际贸易合同条款（五） …………………………………… 170
　　第一节　商品的检验条款 ……………………………………… 171
　　第二节　争议与索赔条款 ……………………………………… 180
　　第三节　仲裁条款 ……………………………………………… 184
　　第四节　不可抗力条款 ………………………………………… 192
　　本章小结 ………………………………………………………… 196
　　思考题 …………………………………………………………… 197

阅读资料……………………………………………………………… 197

**第九章　合同的履行与违约处理**……………………………………… 199
　第一节　出口合同的履行(CIF L/C)……………………………… 200
　第二节　进口合同的履行(FOB L/C)……………………………… 214
　第三节　违约处理………………………………………………… 220
　本章小结…………………………………………………………… 228
　思考题……………………………………………………………… 228
　阅读资料…………………………………………………………… 229

**第十章　国际贸易方式**………………………………………………… 231
　第一节　有固定组织形式的贸易方式…………………………… 232
　第二节　没有固法组织形式的贸易方式………………………… 235
　第三节　新兴的贸易方式——电子商务………………………… 242
　第四节　国际技术与服务贸易…………………………………… 244
　本章小结…………………………………………………………… 246
　思考题……………………………………………………………… 247
　阅读资料…………………………………………………………… 247

**参考文献**………………………………………………………………… 249

# Chapter 1

# 第一章

## 导 论

【学习目的与要求】

通过本章的学习,应当理解和掌握国际贸易是怎样产生和发展的;一个国家为什么要进行对外贸易,对外贸易和一国的经济发展有什么关系;战后国际贸易的变化情况以及国际贸易的分类。

【本章导读】

中华人民共和国商务部、国际贸易经济合作研究院公布的《中国对外贸易形势报告(2010年春季)》中指出:

当前世界经济贸易概况受国际金融危机影响,2009年世界经济全面下滑,特别是发达国家经济在上半年经历20世纪30年代以来最为严重的衰退。随着各国金融稳定以及经济刺激计划的实施,下半年国际金融市场开始渐趋稳定,消费和投资缓慢恢复,经济下滑速度放缓并企稳回升。国际货币基金组织(IMF)发布最新报告,2009年世界经济下滑0.6%,认为世界经济最困难的时期已经过去,主要国家资本市场逐步回稳,制造业开始恢复增长,进出口贸易显著上升,预计2010年世界经济将呈现恢复性增长,增速达到4.2%,其中发达国家经济增长2.3%,新兴市场和发展中国家增长6.3%。2009~2001年世界经济增长态势见表1.1。

全球经济衰退导致国际市场需求骤减、贸易保护措施增加,世界贸易明显下降。据世界贸易组织(WTO)统计,2009年全球货物贸易额下降23%,跌至12.15万亿美元,世界贸易量下降12.2%,为70多年来的最大降幅。其中美国出口额下降13.9%,欧盟下降14.8%,日本下降24.9%,均高于世界平均降幅。进入2010年,随着世界经济缓慢恢复,主要经济体对外贸易出现恢复性增长。前两个月,美国进、出口同比分别增长16%和14.8%,欧元区分别增长

3%和7%。3月份,日本进、出口分别增长20.7%和43.5%。中国、巴西等发展中大国贸易增长更为显著。WTO预计,2010年世界贸易将增长9.5%,其中发达国家出口增长7.5%,发展中国家出口增长约11%,但世界贸易额仍无法回到2008年经济危机前的水平。

表1.1 2009~2011年世界经济增长态势　　　　　　　　　　　%

|  | 2009年 | 2010年 | 2011年 |
| --- | --- | --- | --- |
| 世界经济 | -0.6 | 4.2 | 4.3 |
| 发达国家 | -3.2 | 2.3 | 2.4 |
| 美国 | -2.4 | 3.1 | 2.6 |
| 欧元区 | -4.1 | 1.0 | 1.5 |
| 日本 | -5.2 | 1.9 | 2.0 |
| 新兴市场和发展中国家 | 2.4 | 6.3 | 6.5 |

注:2010年和2011年为预测值。

资料来源:IMF,《世界经济展望》,2010年4月。

国际金融危机对外国直接投资(FDI)造成冲击,投资规模大幅下挫。联合国贸易和发展会议(UNCTAD)报告显示,2009年全球FDI从2008年的1.7万亿美元降至1.04万亿美元,下降39%。其中流入发达国家的FDI大幅下挫41%,流入发展中国家和新兴经济体的FDI分别下降35%和39%。作为国际金融危机"震中"的美国吸收FDI1 370亿美元,比2008年下降57%。受金融市场萎缩、资金短缺的影响,作为FDI增长"发动机"的跨国并购大幅减少。2009年上半年,全球10亿美元以上的跨国并购案只有40宗,不到2008年同期数据的1/3。UNCTAD的报告认为,随着投资环境和企业经营状况不断改善,预计2010年全球FDI可能出现温和反弹,2011年将增长强劲。在国际资本的地区流向上,中国及其他亚洲新兴经济体将依然是最有吸引力的地区之一。农业、服务行业、采矿业等将是未来投资的重点,但制造业投资恢复的速度相对稍慢。

# 第一节　国际贸易的产生与发展

国际贸易作为一种经济现象,是在一定历史条件下产生和发展起来的,是人类社会发展到一定历史阶段的产物,属于历史范畴。国际贸易能够在人类历史活动中得以产生有两个前提条件,即具有可供交换的剩余产品;存在各自为政的社会实体(国家)之间进行的产品(商品)交换。这些条件不是人类社会一产生就有的,而是随着社会生产力的不断发展和社会分工的不断扩大而逐渐形成的。

原始社会初期,人类打鱼捕兽、结伙群居,生产力极度低下,人们依靠共同的劳动来获取十分有限的生活资料,并且按照平均主义的原则在成员间进行分配。此时的人们还处于自然分工状态,劳动成果也仅仅能维持群体最基本的生存需要,没有剩余产品用以交换,没有私有制,因此也就没有阶级和国家,更不可能有国际贸易。

随着人类历史的不断发展,人类社会出现了三次重要的社会大分工。这三次社会大分工的出现,逐渐改变了原始社会早期的分工状态。畜牧业和农业的分离,标志着人类历史的第一次社会大分工,它促进了原始社会生产力的发展,产品除了可以维持自身需要外,还有少量剩余。人们为了获得本群体不生产的产品,便出现了氏族部落间剩余产品的相互交换,但这种交换还仅仅是原始并偶然发生的物物交换。人类社会的第二次大分工,是手工业从农业中分离出来,形成独立的部门,由此而出现了直接以交换为目的的生产,即商品生产。商品生产的出现让商品交换逐渐变成了一种经常性活动,它不仅进一步推动了社会生产力的发展,而且随着社会相互交换的范围不断扩大,最终导致货币的产生,于是商品交换就变成了以货币为媒介的商品流通。随着商品交换的日益频繁和交换地域范围的不断扩大,以及社会生产力的进一步发展,逐渐产生了商业和专门从事商品交换的商人阶层,这就是人类社会的第三次大分工,它加速形成了财产私有制。在原始社会末期和奴隶社会初期,随着阶级和国家的形成,商品经济得到进一步发展,最终超出了国界,形成了最早在国际间开展的贸易。

## 一、资本主义社会前的国际贸易

### (一)奴隶社会的国际贸易

奴隶社会的国际贸易最早出现在埃及、中国、古巴比伦等国,但是以欧洲希腊、古罗马的奴隶制最为典型。在奴隶社会,自然经济占主导地位,其特点是自给自足,生产的目的主要是为了消费,而不是为了交换。奴隶主阶级所需要的宝石、家具、染色纺织品、象牙、驼毛、香料等其他奢侈品是当时各国贸易的主要商品。这一时期从事国际贸易的国家主要集中在地中海东部和黑海沿岸地区的腓尼基、希腊、罗马等,主要从事贩运贸易,商品主要是奢侈品和奴隶。

奴隶社会虽然出现了手工业和商品生产,但由于社会生产力水平低下,生产技术水平不高,交通运输工具简陋,道路条件恶劣,对外贸易局限在很小的范围内,其规模和内容都受到了很大的限制,这就使得商品生产在整个社会生产中微不足道,能够进入流通中的商品数量极少。此时的对外贸易在经济中还不占据重要地位,但是它促进了手工业的发展,在一定程度上推动了社会生产的进步。

### (二)封建社会的国际贸易

在封建社会,封建地主阶级占统治地位,拥有基本生产资料,对外贸易是为封建地主阶级服务的,奴隶贸易在国际贸易中基本消失。封建社会早期,封建地租采取劳役和实物的形式,进入流通领域的商品并不多。到了中期,随着社会生产力和商品经济的发展,实物地租开始转变为货币地租,商品经济的范围逐步扩大,对外贸易也进一步增长。公元11世纪以后,国际贸易的范围已由最初的地中海沿岸扩大到北海、波罗的海和黑海沿岸各国,欧洲的威尼斯、热那亚、佛罗伦萨,东方的大马士革,我国的长安等都是当时出现的较大的国际贸易中心。在封建社会晚期,城市手工业的发展成为推动当时国际贸易扩展的一个重要因素,资本主义因素已孕育生长,商品经济和对外贸易都有较快的发展。

与奴隶社会相比,封建社会贸易商品的种类和范围不断扩大,除了少量的奢侈品外,许多生活日用品和原料也进入了国际市场。亚洲各国之间的贸易由近海扩展到远洋,我国的对外贸易也有所发展。早在公元前2世纪的西汉时期,我国就开辟了从新疆经中亚通往中东和欧洲的"丝绸之路",中西商人沿丝绸之路互通有无,例如我国商人把丝绸、茶叶等转销到地中海沿岸各国,换回良马、种子、药材和饰品等。到了唐朝,除了陆路贸易外,还开辟了通往波斯湾以及朝鲜和日本等地的海上贸易,前来我国的使者和商人络绎不绝,更是开创了中国同东西方各国进行政治、经济、文化、宗教等往来的良好先例。宋、元、明时期,造船技术不断进步,海上贸易进一步发展。明朝永乐年间,郑和7次率领船队下西洋,足迹遍及今马来西亚半岛、南洋群岛、印度、伊朗、阿拉伯等地,最远到达了非洲东部海岸,先后访问了30多个国家,将我国的丝绸、瓷器、茶叶、铜铁器等输往国外,换回了各国的高级香料、珠宝、呢绒等商品。通过对外贸易,我国的火药、罗盘和较先进的手工业技术输往了亚欧各国,同时也引进了不少土产和优良种子,这对世界文明的进程产生了深远的影响。

总地来看,无论是奴隶社会还是封建社会,国际贸易的开展主要是为奴隶主和封建地主阶级利益服务的。尽管在封建社会时期,国际贸易的发展对参与国际贸易的欧亚各国的经济发展起到了积极的推动作用,但由于受到生产方式和交通条件的限制,国际贸易在这两个时期的经济中都不占有重要的地位,贸易的范围和商品品种都有很大的局限性,贸易活动也不经常发生。严格地说,到了资本主义社会,国际贸易才获得了广泛的发展,才真正具有世界性。

## 二、资本主义生产方式下国际贸易的发展

在15世纪以前,整个国际贸易是建立在自然经济的基础上,按自愿交换的原则进行的。贸易在自然经济中的地位并不重要,只是人们经济生活中的一个补充。因此,当时各国、各洲之间的贸易还处于不连续、不稳定的状态。15世纪末,资本主义开始萌芽。1486~1487年,葡萄牙人迪亚士发现了好望角;1492年,意大利人哥伦布发现新大陆——西印度,即今天的美洲;1497年,葡萄牙人瓦斯科·达·伽马从欧洲绕道好望角,在印度登陆,发现通往印度的海路,使欧洲人了解的地球面积增加了5倍;1519年,葡萄牙航海家费尔南多·麦哲伦的环球航行证明地球是圆的。这些地理大发现对欧洲经济贸易产生了深远的影响。

## 阅读资料

地理大发现主要是指以下事件。一是1487~1488年葡萄牙人巴托罗缪·迪亚士沿非洲西海岸南下,到达非洲南端的好望角,寻找新航路的第一次重要突破。二是葡萄牙贵族瓦斯科·达·伽马奉葡萄牙国王之命于1497年7月8日从里斯本出发,绕过非洲南端的好望角,再沿非洲东海岸北上,穿越印度洋,于1498年5月20日到达印度。这两次航行历史上人们称为"发现新航路"。三是意大利人里克斯多佛·哥伦布于1492年8月3日奉西班牙国王派遣率船队西行,横渡大西洋,最终到达中美洲的圣萨尔瓦多岛、海地岛、古巴岛。此后,哥伦布又三次西航,陆续抵达西印度群岛和中南美洲大陆的其他一些地方,历史上称之为"发现新大陆"。四是葡萄牙航海家费尔南多·麦哲伦奉西班牙国王之命于1519~1522年横渡大西洋,沿巴西东海岸南下,绕过麦哲伦海峡,进入太平洋,抵达菲律宾群岛。在此麦哲伦被当地土人杀害,其同伴继续绕过马鲁古群岛进入印度洋,绕过好望角沿非洲西海岸北上,最终返回西班牙,完成了人类第一次环球航行。

随着15世纪末地理大发现和新航线的开辟,英国、法国、荷兰、西班牙、葡萄牙等西欧国家纷纷向亚、非、拉丁美洲扩张,建立殖民地,掠夺殖民地廉价原料,然后运往欧洲高价卖出,使贸易商品的种类和数量大大增加。殖民主义者用武力、欺骗和贿赂等手段,实行掠夺性的贸易,把广大殖民地国家卷入到国际贸易中,国际贸易的范围和规模空前扩大了。马克思曾指出:"……由于地理上的发现而在商业上发生的并迅速促进了商人资本发展的大革命,是促进封建生产方式向资本主义生产方式过渡的一个主要因素。世界市场的突然扩大,流通商品种类的增多,欧洲各国竭力想占有亚洲产品和美洲资源的竞争热,殖民制度——这一切对打破生产的封建束缚起了重大的作用。"[①]

这一时期,国际分工开始产生,国际贸易迅速扩大,商品种类增多,真正意义上的世界贸易或全球贸易也由此发展起来了。西方殖民者逐步完成了对资本的原始积累,为资本主义经济积累了大量的货币,也为工业革命创造了条件。

### (一)资本主义自由竞争时期的国际贸易

18世纪后期至19世纪中叶是资本主义的自由竞争时期。这一时期,欧洲国家先后发生了工业革命和资产阶级革命,即以英国为中心的第一次工业革命,这次革命使纺织、冶金、蒸汽机等技术得到应用和提高,资本主义机器大工业代替了手工业并广泛发展,社会生产力水平大大提高,可供交换的产品空前增加,交通运输和通信联络发生了变革,这些都极大地推动了国际贸易的发展,真正的国际分工开始形成。

这一时期国际贸易的特征主要有:

---

① 《马克思恩格斯全集》第25卷,第371~372页。

**1. 国际贸易量空前增加,商品结构发生重大变化**

在1720~1800年间,国际贸易量增长迅速,世界贸易量总共只增长了1倍,而进入19世纪后,国际贸易量的增长速度明显加快。19世纪前70年中,世界贸易量增长了10多倍。另外,18世纪以前的大宗商品,如香料、丝绸、茶叶等在国际贸易商品构成中所占的比例开始下降,纺织品的贸易迅速增长,煤炭、钢铁和机器的贸易增长较快,粮食也开始成为国际贸易的大宗商品。商品种类越来越多,商品结构不断变化,贸易方式也有进步。

**2. 国际贸易方式发生了变化,国际贸易组织机构纷纷建立**

国际定期集市的作用下降,现场看货交易逐渐转变为样品展览会和商品交易所,根据样品来签订合同。1848年美国芝加哥出现了第一个谷物交易所,1862年伦敦成立了有色金属交易所,19世纪后半期在纽约成立了棉花交易所。期货交易也随后出现,小麦、棉花等常常在收获之前就已经售出,交易所里的投机交易应运而生,各种信贷关系也随之发展,各种票据和汇票等开始广泛流行。

19世纪前,为争夺殖民地贸易的独占权,英、法等国纷纷建立了由政府特许的海外贸易垄断公司。这些公司享受特权,拥有自己的军队和行政机构、船队等。随着贸易规模的不断扩大,拥有特权的外贸公司逐渐让位给法律上承担有限责任的股份公司。这一时期,对外贸易经营组织日趋专业化,成立了许多专门经营某一种或某一类商品的贸易企业,比如专业的对外贸易运输公司和保险公司等。

**3. 国家间开始注重贸易协调,国际贸易条约关系逐步发展**

这一时期,各国之间对于关税征收的税率、船舶往来各口岸的待遇、一国商人在另一国经营贸易的条件等都复杂到必须通过一定的法律形式来加以调整的程度。为了调节国家间的贸易、移民和享受待遇问题,各国间缔结了一系列国际贸易条约与协定,并且把签订贸易条约与协定作为获取竞争优势和特权的工具。这一时期的贸易条约不仅在数量上大为增加,而且在内容上远比以往复杂。这些贸易条约与协定表面上是按照"自由通商,平等竞争"的原则签订的,实际上,资本主义强国与弱国间所签订的贸易条约与协定不过是为强国从弱国获得商业特权提供法律依据,为强国扩大市场、攫取超额利润服务的。殖民地日益成为资本主义宗主国的销售市场和原料来源地,形成了不合理的国际分工。

### (二)资本主义垄断时期的国际贸易

19世纪70年代到20世纪40年代,各主要资本主义国家从自由竞争阶段过渡到垄断资本主义阶段。垄断组织不仅垄断了国内生产和贸易,而且控制了国际贸易。国际贸易成为垄断组织追求最大限度利润的一种手段。

第一阶段:垄断资本主义过渡到第一次世界大战前(1870~1914年)

为了确保原料的供应和对市场的控制,少数富有的资本主义国家开始向殖民地输出资本,国际贸易量的增长速度已落后于世界生产。

第二阶段:两次世界大战之间(1914~1945年)

1929年大危机后,各国为了保护本国市场,采用关税战、倾销战、货币战,并组织相互对立的经济集团。国际贸易的增长更为明显地落后于世界工业生产的增长。

总地来看,这一时期两个阶段的国际贸易特征主要有:

(1)从贸易规模上看,贸易量虽有增长,但增长速度较自由竞争时期相对下降。截止到第一次世界大战前,国际贸易仍呈现出明显的增长趋势,但同自由竞争时期相比,速度已经下降了。1850~1870年,国际贸易额增长达163%;而1890~1913年,国际贸易额增长了151%。1840~1870年,国际贸易量增长了3.4倍;而1870~1900年,国际贸易量只增长了1.7倍。自由竞争时期,国际贸易的增长速度超过了世界生产的增长速度,但1870年后,国际贸易的增长速度却落后于世界生产的增长速度。

(2)国际贸易受到垄断的严重影响和制约,资本主义国家之间的竞争更趋激烈。这一时期,资本主义市场由自由竞争转向了垄断控制。世界诸多国际卡特尔垄断组织通过互相缔结协定,彼此承担义务,形成垄断同盟。这些垄断组织按一定比例分割世界市场,确定各自的销售范围,规定垄断价格、生产限额和出口数量,划分势力范围,把商品输出和资本输出结为一体,通过垄断价格使国际贸易成为垄断组织追求最大利润的手段,合力排挤局外企业,与殖民地附属国之间通过垄断价格进行不等价交换,从经济上瓜分世界,并形成由垄断组织、宗主国和殖民地附属国组成的资本主义的世界经济体系。另外,自由竞争时期,国际贸易以英国为中心,进入垄断资本主义时期后,英国的垄断地位开始动摇并呈下降趋势,美国和德国等资本主义国家在世界贸易中的地位不断上升,由此而引发了各种贸易壁垒,加深了资本主义国家之间的矛盾。

(3)一些主要资本主义国家的垄断组织开始资本输出。一些富有的资本主义国家为了确保绝对垄断地位,开始向殖民地输出资本,在殖民地以低廉的价格获得原材料,确保了原料的供应和对市场的控制。这些资本主义国家通过资本输出,带动其国内商品的出口。同时,资本输出也是在国外市场上排挤其他竞争者的一个有力手段。

### (三)战后国际贸易的大发展

20世纪初,西方发达国家已经完成了在世界范围内的势力瓜分,由于西方资本主义国家在利益分配上的不均衡,以及经济危机的影响,最终爆发了两次世界大战。二战结束后,国际政治经济形势发生了较大的变化,科技革命引起了工业生产的增长,国际分工和生产国际化的深化和扩大、国际金融贸易组织的建立和区域性经济一体化以及跨国公司的发展都促进了这一时期国际贸易的迅速发展。直到20世纪70年代初,世界经济始终处于恢复和发展的"黄金时期",国际贸易以空前的速度迅速发展。20世纪70年代,西方国家经济步入"滞涨"期,国际贸易转入缓慢发展阶段;20世纪80年代,西方国家经济"滞涨"局面基本结束,国际贸易在20世纪80年代前半期曾一度出现过负增长,后半期逐步好转,但整个80年代国际贸易仍以低速发展。

二战后,国际贸易的特点主要有:

### 1. 国际贸易空前增长

二战前,1913~1938年世界出口量的年均增长率仅为0.7%,而战后,国际贸易发展迅速,世界贸易的增长速度大大超过世界产值的增长速度。1950~1973年的23年间,国际贸易值(以世界出口值计算)就从603亿美元增加到5 740亿美元,增长了8.5倍,年平均增长率为10.3%。按世界出口量计算,扩大了4.1倍,年平均增长率为7.2%,多数国家的对外贸易都有不同程度的增长。20世纪80年代后,国际贸易的年均增长速度达到5%~6%,大大高于同期世界产值2%~3%的年均增速。

### 2. 国际贸易商品结构和地理结构发生变化

二战后,国际贸易的商品结构和地区分布发生了重要变化。从商品结构来看,最基本的变化是两大类商品贸易的变化:工业制成品在国际贸易中所占比重上升,初级产品贸易比重不断下降,改变了战前初级产品占重要地位的局面。初级产品出口占总出口比例由1950年的59.0%下降到1996年的22.2%,而制成品出口则由1950年的41.0%上升到1996年的74.0%(见表1.2)。

表1.2 世界商品出口结构的变化

| 年份 | 1950 | 1960 | 1970 | 1980 | 1985 | 1990 | 1996 |
|---|---|---|---|---|---|---|---|
| 初级产品出口占总出口的比例/% | 59.0 | 45.0 | 37.0 | 39.0 | 35.2 | 26.5 | 22.2 |
| 制成品出口占总出口的比例/% | 41.0 | 55.0 | 65.0 | 61.0 | 60.8 | 70.6 | 74.0 |

资料来源:UNCTAD:《国际贸易与发展统计手册》;WTO:Annual Report1998,P.73。

由于科技的飞速进步、战后经济的发展、消费结构的不断变化等原因,这一时期世界工业制成品迅速发展,在这些制成品贸易中,劳动密集型产品的比例下降,如纺织品和一些轻工业产品,而资本货物和高技术产品的比例增长较快。在初级产品中,石油贸易增长迅速,而原材料与粮食贸易发展较缓慢。

从地理结构来看,战后国际贸易地区分布发生变化,这个变化表现为越来越多的国家参与国际贸易,各个国家或地区的对外贸易都有不同程度的增长。虽然发达国家继续在国际贸易中居支配地位,但发展中国家在国际贸易中的地位上升,国际贸易已从过去发达国家的一统天下,变为不同类型国家相互合作和相互竞争的平台。在战后的世界贸易中,发达国家相互间的贸易增长较快,特别是一些新兴工业化国家和地区的贸易分工地位在不断提高,发达国家与发展中国家之间的贸易总规模也不断扩大。

### 3. 国际服务贸易和技术贸易迅速发展

二战后,第三产业发展迅速,国际服务贸易和技术贸易增长速度均超过了货物贸易的增长速度。1970年,世界服务贸易额仅为640亿美元,2001年达到1.4万亿美元,31年间增长了17.6倍,年均增长11%,远高于同期世界出口5%的增速。从行业来看,旅游、金融保险、通信信息技术等所占比例较大。其中,在世界服务出口额中,保险、银行和通信业占46%,旅游业占30%,运输占24%。发达国家是世界服务贸易最大的出口国和最大的进口国,亚洲发展中国家和地区的服务贸易发展在世界上的重要性正在不断增强,服务贸易和技术贸易的发展进一步推动了世界经济和贸易的发展。

**4. 世界多边贸易体制产生并发展**

多边贸易体制是各国国际贸易政策协调制度化的产物。战后的世界多边贸易体制曾以关税与贸易总协定为代表,从1948年到1995年,在关税与贸易总协定运行的47年中,它制定了一整套规范世界大多数国家政府贸易政策行为的准则,成功地组织了多次多边贸易谈判,维护了世界贸易秩序,促进了全球贸易自由化。乌拉圭回合结束后,世界贸易组织作为一个正式的国际性组织取代了原关税与贸易总协定,一个新的全球多边贸易体制逐渐形成,并将在调整国际经济贸易关系方面发挥更大的作用。另外,1945年,国际货币基金组织宣告成立,其宗旨在于调整和维持汇率,向有关国家和地区提供短期贷款,以解决他们的国际收支平衡问题。1946年,国际复兴开发银行,俗称"世界银行"成立,主要目的就是向有关成员国提供长期贷款,以援助他们恢复和发展战后的经济。

小资料:世界银行成立于1944年,并不是一家常规意义上的银行,它由归186个成员国所有的两个独特机构——国际复兴开发银行和国际开发协会构成,其总部设在华盛顿特区。世界银行在全球设有100多个代表处,是向全世界发展中国家提供金融和技术援助的重要机构,其使命是以热情和专业精神实现持久减贫,通过提供资源、共享知识、建立能力以及培育公共和私营部门合作,帮助人们实现自助。

## 第二节 国际贸易的分类

在对国际贸易的研究中,人们经常会用到一些与国际贸易分类等有关的概念,这些概念对于了解国际贸易是十分必要的,也是对有关国际贸易问题进一步分析研究的基础。国际贸易种类繁多、内容丰富,为了更好地理解国际贸易,这里依据常用的标准,对国际贸易进行了分类。

### 一、按成交商品形态划分

国际贸易按照交易标的物的特征,即商品形式,可区分为有形贸易和无形贸易。

**(一)有形贸易(Visible Trade)**

有形贸易又称物品贸易或货物贸易,是指物质商品的进出口。这种贸易标的物是物质产品,如粮食、原材料、机器、车辆、船舶、飞机等。它们具有可触摸、可看见的、外在的物理特性。国际市场上物质商品的种类繁多,根据《国际贸易商品标准分类》(表1.3),国际贸易中的商品分为10大类63章233组786个分组和1 924个基本项目。这个标准几乎把国际贸易中的所有商品都包括进来了,现在使用最广泛的是海关合作理事会于1983年编制的《协调制度》。我国也采用了这一分类标准。

表1.3 国际贸易商品标准分类

| 大类编号 | 类别名称 |
| --- | --- |
| 0 | 食品及主要供食用的活动物 |
| 1 | 饮料及烟草 |
| 2 | 燃料以外的非食用粗原料 |
| 3 | 矿物燃料、润滑油及有关原料 |
| 4 | 动植物油脂 |
| 5 | 未列名化学品及有关产品 |
| 6 | 主要按原料分类的制成品 |
| 7 | 机械及运输设备 |
| 8 | 杂项制品 |
| 9 | 没有分类的其他商品 |

传统意义上的国际贸易就是指这类,有形贸易的进出口必须通过海关,并反映在海关的贸易统计上。因此,海关对进出口的监管和征税措施也是针对这类贸易的,它是国际收支中的主要项目。

(二) 无形贸易(Invisible Trade)

无形贸易,又称劳务贸易或服务贸易,是指以一切不具备物质自然属性的商品或无形商品,即无形的劳务为买卖对象的国际贸易活动。这种贸易标的不是物质形态的产品,而是服务,如国际间的运输、保险、银行服务、信息、劳务、旅游、租赁、技术等。它们不具有可看见和可触摸的外在物理特性。无形贸易一般是不经过海关,也不显示在海关的贸易统计上,虽然对这类贸易的统计数据不那么精确,但也是一国国际收支中的组成部分。随着生产力的发展,第三产业在整个经济中的比例不断提高。这类服务在现代国际经济关系中的地位也不断上升。现在要占到国际物品贸易额的1/4以上。因此1995年世贸组织(WTO)正式成立之后,把国际服务贸易也纳入到其管辖范围之中。按照WTO的分类,国际服务贸易分为商业、通信、建筑及工程、销售、教育、环境、金融、健康与社会、旅游、文化与体育、运输业以及其他等12大类155个项目。

WTO《服务贸易总协定》对国际服务贸易的定义为:服务提供者从一国境内向他国境内,通过商业现场或自然人的商业现场向服务消费者提供服务并获得外汇收入的过程。根据这个解释,服务贸易有四种方式:

**1. 过境交付(Cross-Border Supply)**

过境交付是指服务提供者和消费者都不跨越国境,又称跨境交付。这里跨境的是服务,一般不涉及资金及人员的过境流动。比如通过网络进行的国际金融、国际医疗、国际电信服务、信息咨询、国际远程教育和卫星影视等方面的服务。

2. **境外消费**(Consumption Abroad)

境外消费是指服务消费者到服务提供者国内接受服务,如出国旅游、出国留学等。

3. **商业存在**(Commercial Present)

商业存在是指服务企业到国外开办服务场所,提供服务。例如律师事务所、会计师事务所到国外开办分支机构提供相应的服务,境外设立金融服务分支机构,境外建立维修服务站等。这类服务贸易一般要涉及市场准入和直接投资。

4. **自然人移动**(Movement of Personal)

自然人移动是指一国的自然人到服务消费者所在国或第三国提供服务,如劳务人员出国,常见的形式有建筑设计与工程承包以及所带动的管理人员流动。

无形贸易在国际贸易活动中已占据越来越重要的地位,它的贸易额在最近几年接近于国际商品贸易额的1/4。不少发达国家的服务贸易额已占其出口贸易额的相当比例,有的(如美国)已达一半左右。近年来,服务贸易的增长速度明显快于有形贸易的增长速度,且继续保持着十分强劲的势头。特别是乌拉圭通过了《服务贸易总协定》,规定把服务贸易纳入国际贸易的规范轨道。这将促使各国进一步大力发展服务贸易。我国提出的发展大经贸的工作思路,实际上就强调了发展无形贸易的重要意义。

## 二、按货物移动方向划分

按货物移动方向通常可分为出口贸易、进口贸易和过境贸易。

(一)出口贸易(Export Trade)

出口贸易又称输出贸易,是指本国生产或加工的商品输往国外市场销售。从国外输入的商品,未在本国消费,又未经本国加工而再次输出国外,称为复出口或再输出(Re-Export Trade)。

(二)进口贸易(Import Trade)

进口贸易又称输入贸易,是指将外国商品输入本国市场销售。输往国外的商品未经消费和加工又输入本国,称为复进口或再输入(Re-Import Trade)。

需要注意的是,各国在进行对外贸易统计时,并不是把所有运出国境的货物都列为出口,也不是把所有运入国境的货物都列为进口。计入进出口范围的货物必须是因为买卖而运出运入的货物,否则不属于进出口之列。如运出境外供驻外领馆使用的物品、旅客个人携带的自用物品、外国馈赠而运进的货物等都不列入进出口贸易统计。

(三)过境贸易(Transit Trade)

过境贸易是指贸易国之间的商品交易需通过第三国国境的情况。某些国家由于特殊的地理位置,或者为了节约运输费用和时间,在从商品生产国购货之后,需要通过第三国的境界才能进入到本国市场。对于第三国来说,这就是过境贸易。比如内陆国与不相邻的国家之间的商品交易,就必须通过第三国国境,对第三国海关来说,就会把这类贸易归入过境贸易。但是如果这类贸易是通过航空运输飞越第三国领空的话,第三国海关不会把它列入过境贸易。一些国家把开展过境贸易作为吸引国外人流、物流、信息流,以促进地区经济发展的重要手段。

过境贸易又分为两种:

(1)间接的过境贸易,即外国商品进入国境之后,先暂时存放在海关仓库内,然后再提出运走。

(2)直接的过境贸易,即运输外国商品的船只、火车、飞机等在进入本国境界后并不卸货,而在海关等部门的监督下继续输往国外。

## 三、按是否有第三国参与划分

在国际贸易中,按是否有第三国参加交易,可将贸易种类分为直接贸易、间接贸易和转口贸易。

### (一)直接贸易(Direct Trade)

直接贸易,又称为双边贸易(Bilateral Trade),是指出口国(即生产国)与进口国(即消费国)之间直接买卖商品的贸易。在这种贸易中,不需要第三国(或地区)的交易者插手其间。

### (二)间接贸易(Indirect Trade)

间接贸易是商品生产国与消费国之间通过第三国买卖商品的交易。在国际贸易中,由于政治、地理等方面的原因,有时商品的生产国和消费国不能直接进行交易,而只能通过第三国商人转手来间接地进行买卖。对于这类商品的生产国和消费国来说,从事的就是间接贸易。

直接贸易和间接贸易的区别是以货物所有权转移是否经过第三国(中间国)为标准,而与运输方式无关。直接贸易可以是生产国的商品通过第三国转运至消费国,间接贸易可以是生产国的商品直接运往消费国。

### (三)转口贸易(Entrepot Trade)

从商品的生产国进口商品,不是为了本国的生产或消费,而是再向第三国出口,这种形式的贸易就称转口贸易。如上述间接贸易中的第三国商人所从事的就是转口贸易。这种贸易的经营方式大体上又可以分为两种:一是把商品从生产国输入进来,然后由该国商人销往商品的消费国;二是直接转口,转口商人仅参与商品的交易过程,但商品还是从生产国直接运往消费地。从事转口贸易大多是地理位置优越、运输便利、贸易限制较少的国家和地区,如英国、德国、荷兰、新加坡和我国的香港等都是转口贸易发达的国家和地区。

## 四、按贸易额的统计标准划分

在国际贸易中,按统计边界不同可分为总贸易和专门贸易,其中统计边界的标准为国境和关境。

## （一）总贸易（General Trade）

在对外贸易统计时，若以国境为界，凡进入国境的商品算作进口，离开国境的商品算作出口，一定时期内的进出口额之和便为该国的总贸易。凡是进入该国境界的商品一律列为进口，称为总进口（General Import）；凡是离开该国境界的商品均列为出口，称为总出口（General Export）。总进口额加上总出口额就是一国的总贸易额。英国、美国、加拿大、日本、澳大利亚等90多个国家和地区都采用这个标准统计贸易额。

## （二）专门贸易（Special Trade）

关境是一个国家海关法规全部生效的领域，当今世界上关境与国境不一致是相当普遍的现象。在统计国际贸易额时，若以关境为界来统计进出口额，称为专门贸易。根据这个标准，外国商品进入关境之后才列为进口，称为专门进口（Special Import）。如果外国商品虽已进入国境，仍暂放于海关的保税仓库之内，或只是在免税的自由经济区流通，则不被统计为进口。另一方面，凡是离开关境的商品都列为出口，称为专门出口（Special Export），德国、意大利、瑞士等80多个国家采用这种划分办法。

总贸易和专门贸易反映的问题各不相同。前者包括所有进出入该国的商品，反映一国在国际商品流通中所处的地位；后者只包括那些进口是用于该国生产和消费的商品，出口是由该国生产和制造的商品，反映一国作为生产者和消费者在国际贸易中所起的作用。按这两个标准统计的贸易额显然是不同的。因此，联合国公布各国贸易额一般都注明是总贸易还是专门贸易。

# 第三节 国际贸易常用概念

## 一、国际贸易与对外贸易

国际贸易（International Trade），又称世界贸易（World Trade），指各个国家或地区之间商品和服务方面的交换活动，它是各个国家或地区在国际分工的基础上相互联系的主要形式。国际贸易是从商品的交换开始的，随着生产力、社会分工和商品经济的发展，商品的内涵不断丰富和扩大，无形商品如运输、保险、金融、旅游、信息、劳务和技术等成为贸易的对象。如今，国际贸易这一概念既包括了商品的交换，又包括了服务的交换，即国家之间在经济和技术等方面的合作。

对外贸易（Foreign Trade），指一国或地区与其他国家或地区之间所进行的商品和服务的交换活动。这个概念是从单个国家或地区的角度出发，而一些海岛国家如英国、日本，我国的台湾地区等，常称之为"海外贸易"（Oversea Trade）。由于对外贸易由商品的进口和出口两部分构成，人们也称之为进出口贸易。

由这两个概念可以看出，国际贸易和对外贸易是一般与特殊的关系，它们既相联系又相区别。如果从国际范围考察,国际贸易是一种世界性的商品交换活动,是各国对外贸易的总和。而以一个国家为主体,这种交换活动就是对外贸易。

## 二、对外贸易额与国际贸易额

对外贸易额(Foreign Trade Value),是指一国或地区一定时期内用某种货币统计的出口贸易额和进口贸易额的总和。对外贸易额是衡量一个国家对外贸易发展规模的重要指标。其中,在一定时期里,将某种商品的出口数量与进口数量相比较,如果出口量大于进口量叫做净出口,如果出口量小于进口量叫做净进口。一个国家(地区)在一定时期(如一年)内,出口额和进口额之差,则称为贸易差额(Balance of Trade)。如果出口额大于进口额称为"出超"(Excess of Export over Import),或者称为"贸易盈余"、"贸易顺差"(A Favorable Balance of Trade);反之,若是进口额大于出口额则称为"入超"(Excess of Import over Export),或者说存在"贸易赤字"、"贸易逆差"(An Unfavorable Balance of Trade);当出口额与进口额相等时,称作"贸易平衡"(Trade Balance)。简而言之,出超意味着一国在对外贸易中收入大于支出,而入超则意味着外贸的支出大于收入,贸易平衡就是指两者相等,通常一国的进出口贸易应该基本保持平衡。

国际贸易额(International Trade Value),又称国际贸易值,是指一定时期内(通常是一年),用某种货币统计的世界贸易总额,它能反映出某一时期内的贸易总金额。对于一国而言,出口额加上进口额之和就是该国的对外贸易总额。但当我们要计算世界的国际贸易总额时,却不能简单地采用前述加总的方法。因为一国的出口就是另一国的进口,两者相加无疑是重复计算。因此在统计国际贸易总额时,仅指世界各国的出口总额或进口总额,而不是各国的出口总额和进口总额之和。世界各国一般用FOB价格计算出口额,而用CIF价格计算进口额。由于CIF价格中包括运费和保险费,所以世界进口总额总是大于出口总额。为了准确地表示世界贸易规模,国际上通常将各国的出口总额作为国际贸易额。美元是世界上使用最为广泛的货币,是当代国际贸易中的主要结算货币,也是国际储备货币,所以国际贸易额通常用美元来统计,同时,以美元为单位也有利于在世界范围内归总和进行国际比较。

## 三、总贸易体系与专门贸易体系

前面已经介绍了总贸易和专门贸易这两个基本概念,而总贸易体系和专门贸易体系就是建立在总贸易和专门贸易的基础上而形成的国际贸易统计标准的体系。

总贸易体系以货物通过国境作为统计进出口的标准。专门贸易体系以货物通过关境为统计进出口的标准。总贸易和专门贸易说明了不同的问题,前者说明一国在国际货物流通中所处的地位和所起的作用;后者说明一国作为生产和消费者在国际货物贸易中具有的意义。我国当前采用的是总贸易体系。

## 四、对外贸易地理分布

对外贸易地理分布,又称为对外贸易地理方向(Direction of Foreign Trade),是指一定时期内各个国家或经济集团在一国对外贸易中所占的地位,通常以它们在该国进出口总额或进口总额、出口总额中的比例来表示。对外贸易地理分布指明一国出口商品的去向和进口商品的来源,从而反映一国与其他国家或区域集团之间经济贸易联系的程度。一国的对外贸易地理分布通常受经济互补性、国际分工的形式与贸易政策的影响。研究对外贸易地理分布,从横向看可以看出哪些国家或贸易集团是本国的主要贸易伙伴,从纵向看可以看出一个国家同其主要贸易伙伴间贸易关系消长的变化。

## 五、对外贸易依存度

对外贸易依存度(Foreign Trade Dependency)也称对外贸易指数,是指一国在一定时期内的对外贸易总额,即进口总额与出口总额之和,在该国国内生产总值中所占的比例。它反映的是一个国家国民经济的对外依赖程度和该国的对外开放程度,用公式表示为

$$Z = \frac{X+M}{GDP} \times 100\%$$

其中,$Z$ 为对外贸易依存度,$X$ 为出口总值,$M$ 为进口总值。一国的外贸依存度越高,表明该国经济对国际贸易的依赖程度越大。一般来说,实行开放政策的国家相对于闭关锁国的国家,其外贸依存度会比较高;小国家的外贸依存度会比大国家高一些,比如,新加坡的外贸依存度肯定会比印尼高。通常一国对外贸易依存度受到该国的人口多少、地域辽阔与否、自然资源多寡、对外开放程度等各种因素的制约。一个国家对外贸易依存度大说明该国经济的外向性强、对外依存度高,但不能说一国对外贸易依存度越高越好,要视各个国家的具体情况和不同时期的发展而分别分析。

## 本章小结

1. 本章关键词:国际贸易、对外贸易、进出口、贸易顺差、贸易逆差、国际贸易的分类、对外贸易地理分布、外贸依存度。

2. 国际贸易产生于奴隶社会,发展于封建社会,到资本主义时期进入快速发展壮大的阶段。

3. 从成交商品形态来看,国际贸易分为有形贸易和无形贸易;从货物的移动方向来看,分为出口贸易、进口贸易和过境贸易;从是否有三国参与其中可分为直接贸易、间接贸易和转口贸易;从贸易额的统计标准来看,则可分为总贸易和专门贸易。

4. 国际贸易与对外贸易是一般与特殊的关系:如果从国际范围考察,国际贸易是一种世界性的商品交换活动,是各国对外贸易的总和。另一方面,以一个国家为主体,这种交换活动就是对外贸易。

5. 对外贸易额是衡量一个国家对外贸易发展规模的重要指标。国际贸易额是反映某一时

期内世界各国贸易的总金额。

6. 对外贸易地理分布反映出一国出口商品的去向和进口商品的来源,也就是该国与其他国家或区域集团之间经济贸易联系的程度。

7. 在国际贸易中,对外贸易依存度反映的是一个国家国民经济的对外依赖程度和该国的对外开放程度,一国的对外贸易依存度越高,表明该国经济的外向性越强。

## 思考题

1. 什么是国际贸易?它与对外贸易有什么区别?
2. 国际贸易的产生与发展经历了哪几个阶段?在哪一阶段发展最为迅速?
3. 什么是贸易顺差与贸易逆差?贸易差额和一国经济的发展有什么关系?
4. 总贸易体系与专门贸易体系下是如何统计贸易额的?
5. 对外贸易依存度是什么?它反映的又是什么?

## 阅读资料

对外贸易依存度反映了一国经济发展对国际贸易和国际市场的依赖程度,反映了对外贸易对经济增长的作用,反映了该国经济的对外开放程度。

改革开放30年来,中国对外贸易有了长足的发展,对外贸易在经济发展中的作用也日益凸显。2008年中国进出口贸易总额比1978年增长了将近100倍,在世界贸易中的排名也由1978年的第32位攀升到2004年的第3位,直至2008年一直位居第三位。同时,对外贸易依存度也由1978年的9.6%上升到2007年的71%。其形成过程可以大致分为以下三个阶段。

第1阶段:20世纪80年代,这是我国的对外贸易依存度较低的阶段。这与我国当时的对外贸易水平不高有关。在此期间,我国的外贸管理实行中央统一管理、统一规划机制。由于刚刚实行改革开放,各行业发展刚刚起步,外贸水平不高。外贸依存度维持在7%~10%之间。

第2阶段:20世纪90年代,这是我国对外贸易依存度大幅波动缓慢上升阶段。我国开始了运用价格、汇率、退税、出口信贷等手段调控对外贸易,进出口贸易总额年平均增长12.4%,1999年的进出口总额比1980年增长8.5倍,外贸依存度也持续上升到30%左右,1994年外贸依存度高达46.6%。

第3阶段:21世纪以后,这是我国对外贸易依存度开始快速攀升的阶段。中国加入世界贸易组织,使中国融入世界经济的步伐加快,外贸依存度也不断攀升。在此期间我国的进出口总额由2000年的39 273.2亿元上升到2008年的14 971.4亿元,年均增长33.4%。国内生产总值从2000年的98 000.5亿元上升到2006年的213 132.7亿元,年均增长17.3%。外贸总额的增长幅度高于国内生产总值的增长幅度16.1个百分点,导致我国的外贸依存度快速增加。2009年对外贸易总额为22 072.7亿美元,其中出口总额12 016.7亿美元,进口总额10 056亿美元,贸易顺差1 960.7亿美元,石油对外贸易依存度51.3%、铁矿石对外贸易依存度62%、大豆对外贸易依存度70%。

**【荐读书目及网络资源】**

［1］张二震,马野青.国际贸易学[M].南京:南京大学出版社,2007.

［2］陈同仇,薛荣久.国际贸易[M].北京:对外经济贸易大学出版社,2005.

［3］大卫·格格纳韦.国际贸易前沿问题[M].北京:北京腾图电子出版社,2000.

［4］海闻,林德特 P,等.国际贸易[M].上海:上海人民出版社,2003.

［5］联合国贸发会 http：//www.unctad.org/

［6］中华人民共和国商务部 http：//www.mofcom.gov.cn

［7］世贸组织网 http：//www.wto.org

［8］国际货币基金组织 http：//www.imf.org

［9］中华人民共和国海关总署 http：//www.customs.gov.cn

［10］联合国官网 http：//www.un.org/zh/

［11］世界银行 http：//www.worldbank.org

# 第二章
## Chapter 2

## 国际贸易术语

**【学习目的与要求】**

贸易术语是国际贸易实务课程的重要内容。一方面它可以确定交货条件,明确买卖双方的基本责任;另一方面还能够表示商品成交价格的构成。通过本章的学习,了解贸易术语的含义、作用以及有关贸易术语的国际贸易惯例的主要内容,熟练掌握主要贸易术语的特点以及在交货地点、风险、责任、费用方面的划分,熟悉其他贸易术语的相关内容,能够选择有利的贸易术语达成交易。

**【本章导读】**

2009年5月,英国某贸易公司(以下简称进口方)与我国江西某进出口公司(以下简称出口方)签订合同,购买一批日用瓷具,价格条件为CIF London,支付条件为不可撤销的跟单信用证,出口方需要提供已装船提单等有效单证。出口方随后与宁波某运输公司(以下简称承运人)签订运输合同。8月初,出口方将货物备妥,装上承运人派来的货车。途中由于驾驶员的过失发生了车祸,耽误了时间,错过了信用证规定的装船日期。得到发生车祸的通知后,我出口方即刻与进口方洽商,要求将信用证的有效期和装船期延展半个月,并本着诚信原则告知进口方两箱瓷具可能受损。英国进口方回电称同意延期,但要求货价应降5%。我出口方回电据理力争,同意受震荡的两箱瓷具降价1%,但认为其余货物并未损坏,不能降价,但进口方坚持要求全部降价。最终我出口方还是作出让步,受震荡的两箱降价2.5%,其余降价1.5%,为此受到货价、利息等有关损失共计达15万美元。

事后,出口方作为托运人又向承运人就有关损失提出索赔。对此,承运人同意承担有关仓储费用和两箱震荡货物的损失。利息损失只赔50%,理由是自己只承担一部分责任,主要是由于出口方修改单证耽误时间。对于货价损失不予理赔,认为这是由于出口方单方面与进口方的协定所致,与己无关。出口方却认为货物降价及利息损失的根本原因都在于承运人的过失,坚持要求其全部赔偿。3 个月后经多方协商,承运人最终赔偿各方面损失共计 5.5 万美元,出口方实际损失 9.5 万美元。

本案例中出口方是否应该承担这些损失取决于:CIF 贸易术语中买卖双方承担的主要义务是什么?风险界限是如何划分的?可见贸易术语是进行贸易时保障利益的关键。另外,出口方应该选择何种贸易术语才能规避案例中的风险呢?本章将针对贸易术语问题进行阐述。

## 第一节 国际贸易术语及相关国际惯例

国际贸易术语是在国际贸易实践中逐渐形成的,是国际贸易发展过程中的产物,是国际贸易实践中必不可少的要素,是买卖双方进行交易磋商和签订合同不可或缺的内容,是明确交易价格构成和买卖双方责任等重要交易条件的依据。因此,正确地理解贸易术语的含义和性质对贸易流程的顺利完成至关重要。

### 一、贸易术语的含义和作用

#### (一)贸易术语的含义

贸易术语(Trade Terms),又称价格术语(Price Terms),它是以一个简短的概念或者英文缩写字母来表示贸易商品的价格构成、买卖双方应承担的责任、支付的费用及风险的转移界限等问题的专门用语。

一般来讲,国际贸易的买卖双方属于不同的国家,相距甚远。货物从卖方所在地运到买方所在地,往往要经过长途运输,需要洽租运载工具,办理保险;经过多次装卸和存储,甚至转船;还需申请进出口手续、报验、报关等,或者领取相关许可证书。与此同时,需要支付相应的费用,如运费、装卸费、保险费、仓储费以及各种捐税和杂项费用等。有关上述责任由谁来负责、手续由谁进行办理、费用由谁负担、风险界限如何划分等问题通过国际贸易术语就可以得到解决。例如,买卖双方如果认定以《国际贸易术语解释通则 2000》中的规定为依据,按照装运港船上交货(Free on Board,简称 FOB)为条件成交,那么不但确定了装运港的地点,也划分了风险界限在装运港的船舷,卖方负责从货物越过装运港船舷之前的一切风险和费用,越过装运港船舷之后的一切风险和费用由买方来承担。出口相关手续和费用由卖方负责,进口相关手续和费用由买方负责。运输和保险及其相关费用均由买方办理并承担。此贸易术语只能用于水上运输方式等。这样,买卖双方的权利、义务和费用划分清楚的情况下,就便于双方履行合同。而按照成本加运费(Cost and Freight,简称 CFR)为条件成交,则运输及其相关费用由卖方办理并承担,而保险及其相关费用由买方办理并承担,其他条件基本一致。这就意味着同一批货物分别以 FOB 和 CFR 作为贸易术语成交,由于卖方负责的内容不同反映到商品成交价格上,CFR 价肯定要高于 FOB 价。由此可以看出,贸易术语具有两重性:既能反映成交条件,又是构成成交价格的决定因素。所以,我们也将贸易术语称为价格交货条件(Price-Delivered Terms)。

综上所述,贸易术语的内含有以下三点:第一,确定交货地点;第二,确定成交商品价格构成;第三,确定有关风险、责任和费用的划分。

### (二)贸易术语的作用

**1. 便于确定合同的性质**

贸易术语确定了交易双方的部分合同,在磋商和订立合同时,采用了某种贸易术语就使该合同具有一定的特征,从而可把该合同称之为"某某贸易术语合同",例如买卖双方商定采用FOB 或 FCA 贸易术语订立合同时,可以分别称之为"FOB 合同"或"FCA 合同"。

**2. 便于核算成本和价格**

贸易术语是商品价格构成的重要因素,是商品报价中单价的重要组成部分。交易双方在确定商品成交价格时,一定要考虑所用贸易术语中涉及的相关费用,以便卖方加强成本核算报出价格,买方进行价格比较。

**3. 便于达成交易**

因为每一个国际贸易术语都有它自身特定的含义,而且一些国际组织对各种贸易术语也都作了统一的解释和规定。这些解释与规定在国际上被广泛接受,并成为交易双方的习惯做法和行为规范。当一方提及某条贸易术语时,另外一方即可明确该商品的价格构成、各自应承担的责任、风险和费用,这不仅有效地缩短了交易磋商的时间,有利于迅速达成交易,同时也简化了贸易手续,有利于订立合同。

**4. 便于贸易纠纷的解决**

由于许多国际组织都对国际贸易术语作出统一的解释和规定,形成了许多被贸易界和法律界从业人员广泛接受的国际贸易惯例。当交易双方在磋商和订立合同的过程中,考虑不周全使得某些条款不够具体明确甚至是不完整等问题,导致在履约过程中产生分歧和争议的时候,贸易术语就成为一个交易双方的行为规范的准则,作为解决贸易纠纷的依据。

## 二、与贸易术语相关的国际贸易惯例

所谓国际贸易惯例(International Trade Custom),是指在国际贸易实践过程中逐步形成的,在某些地区、某些行业中被普遍接受、并经常遵守的,具有较普遍指导意义的一些习惯做法或解释。它是由一些国际组织、团体就国际贸易的某一方面,如贸易术语、支付方式等问题所作的解释或规定,或由一些国际主要港口的传统惯例,或由不同行业的惯例组成的。除此以外,各国司法机关或仲裁机构的典型案例或裁决往往也可视为国际贸易惯例的组成部分。国际贸易惯例其本身不是法律,交易双方也可在合同中达成与惯例规定不同的交易条件,但世界上许多国家也在立法中规定了国际贸易惯例的效力,对惯例的约束力给予充分的肯定。在下列情况中,国际贸易惯例对当事人有约束力:第一,当事人在合同中明确表示选用某项国际惯例;第二,当事人没有排除对其已知道或应该知道的某项惯例的适用,而该惯例在国际贸易中为同类合同的当事人所广泛知道并经常遵守,则应视为当事人已默示地同意采用该项惯例。

随着国际贸易的不断发展、国际贸易业务的不断增加,参与贸易的各国法律制度、贸易习惯和各国相关法规的不同,导致国际上对同一种贸易术语存在着不同的理解,操作上存在着差异,从而特别容易引起贸易纠纷,阻碍国际贸易的健康发展。为了避免对国际贸易术语解释上出现的分歧和争议,国际法协会(International Trade Law)、国际商会(International Chamber of Commerce,简称 ICC)等国际组织以及美国一些著名商业团体(American Organization of Commerce)经过长期的努力,作出了一系列对贸易术语进行解释的国际贸易惯例。其中,最具有影响力的主要有三种,分别是:国际法协会制定的《1932年华沙-牛津规则》、美国一些著名商业团体制定的《1941年美国对外贸易定义修正本》、国际商会制定的《国际贸易术语解释通则》。

(一)《1932年华沙-牛津规则》(Warsaw-Oxford Rules 1932)

1928年,国际法协会在波兰首都华沙举行会议,针对 CIF 贸易术语进行探讨,并制定了采用该条贸易术语的统一规则——《1928年华沙规则》,共22条。之后,该规则又经过1930年纽约会议和1931年巴黎会议的完善和修改,到1932年的牛津会议上,将原有的规则修订为21条,改名为《1932年华沙-牛津规则》(Warsaw-Oxford Rules 1932,简称 W. O. Rules 1932)。该规则主要对 CIF 进行解释,具体规定了在 CIF 合同中交易关于卖方装船的责任、装船时间和日期证明、风险负担、保险责任等内容。

小资料:国际法协会

1873年10月在布鲁塞尔成立了国际法革新和编纂协会。两年后,改名为国际法协会(International Law Association)。国际法协会总部在伦敦,现在包括50个国家分支机构和1个执行理事,主席是哈德利的 Slynn 勋爵阁下。国际法协会的宗旨是研究、诠释和促进国际公法和国际私法,研究比较法律,提出解决法律冲突的办法,统一法律并促进国际理解和善意。

每次大会之后发表一份报告,其中载有委员会的工作情况、大会期间工作会议上的讨论提要以及在大会结束时由全体会议通过的决议。全世界的公私营机构广泛引用这些报告和委员会的研究成果。在国际法院和联合国国际法委员会作出的裁决中也提到国际法协会的工作。

(二)《1941年美国对外贸易定义修订本》(Revised American Foreign Trade Definition 1941)

1919年,美国9个著名的商业团体在纽约共同制定了有关对外贸易的统一解释,即《美国出口报价及其缩写条例》。随着贸易习惯和经营方式的改变,1940年举行的美国第27届全国对外贸易会议上对原有条例作了修改。1941年7月30日,全国对外贸易理事会、美国商会、美国进口商全国理事会所组成的联合委员会正式通过并采用了此项定义,并由全国对外贸易理事会发行,命名为《1941年美国对外贸易定义修订本》。该惯例共对6种贸易术语进行了解释,分别为:

(1) Ex (Point of Origin)——产地交货。
(2) FAS (Free Along Side)——运输工具旁交货。
(3) FOB (Free on Board)——运输工具上交货。
(4) C&F (Cost And Freight)——成本加运费。
(5) CIF (Cost, Insurance and Freight)——成本加保险费、运费。
(6) Ex Dock (Named Port of Destenation)——目的港码头交货。

在这6条《1941年美国对外贸易定义修订本》解释的贸易术语中，除了Ex(Point of Origin)、Ex Dock和FOB vessel分别与《2000年国际贸易术语解释通则》中的Ex Works、DEQ和FOB规定相似外，其他几种与《2000年国际贸易术语解释通则》的解释有很大的差别。而《1941年美国对外贸易定义修订本》不仅适用于与美国进行的贸易，加拿大和一些拉丁美洲国家也有广泛使用。因此，我国外贸企业在与美洲国家进行交易时，应特别注意。为使其对有关当事人产生法律上的约束力，交易双方应该将此定义修订本作为买卖合同的一个组成部分。

(三)《2000年国际贸易术语解释通则》(International Rules For The Interpretation of Trade Terms)

不同国际组织、商业团体对贸易术语不同的解释非常容易引起贸易纠纷，极大地阻碍了国际贸易的发展。为了促进贸易的发展，便于商人顺利完成交易，国际社会一直探讨制定一个统一的解释贸易术语的规则。为了给对外贸易中最经常使用的贸易术语解释提供一套国际规则，国际商会(ICC)于1936年首次出版了一组关于国际贸易术语的解释规则。这些规则称为《1936年国际贸易术语解释通则》，其后为适应国际贸易不断发展的需要，国际商会又先后于1953年、1967年、1976年、1980年、1990年、2000年作了6次修改和增补。1990年版本的修改主要是为了保证EDI单据的提供和高级运输技术的实施，2000年版本则是为了适应经济全球化发展的趋势而作出的修改。

小资料：ICC

ICC是国际商会的英文名称缩写，是为全球商业服务的组织，是世界上重要的民间经贸组织，成立于1919年，总部在巴黎。其宗旨是：在经济和法律领域里，以有效的行动促进国际贸易和投资的发展。其工作方式为：制定国际经贸领域的规则、惯例并向全世界商界推广；与各国政府以及国际组织对话，以求创造一个有利于自由企业、自由贸易、自由竞争的国际环境；促进会员之间的经贸合作，并向全世界商界提供实际的服务等。

ICC目前在83个国家设有国家委员会，拥有来自140个国家和地区的8 000多家会员公司和会员协会。这些会员多是各国和地区从事国际经贸活动的中坚企业和组织。

资料来源：国际商会网站(www.iccwbo.org)

《2000年国际贸易术语解释通则》，简称《INCOTERMS 2000》，以下简称为《2000通则》，共包括2大类(5个进口地交货术语和8个出口地交货术语)、4组(按卖方承担责任、费用和风险由小到大依次分为E组、F组、C组和D组)共计13条贸易术语。

E组:卖方在其处所将货物置于买方控制之下,即完成交货任务,卖方承担的费用、风险最小。

F组:由买方签订运输合同并指定承运人,卖方将货物交给买方指定的承运人或装上运输工具,即完成交货义务。

C组:卖方负责签订运输合同,支付正常的运费,承担交货前的损失或灭失的风险,在装运港将货物装上船(CFR、CIF)或将货物交至承运人(CPT、CIP),即完成交货任务。

D组:卖方自负费用和风险将货物运至指定目的地,并将货物置于买方控制之下,即完成交货义务。

表2.1 《INCOTERMS 2000》对国际贸易术语的分类表

| 组别 | 缩写 | 英文名称 | 中文名称 |
| --- | --- | --- | --- |
| E组（启运） | EXW | Ex Works | 工厂交货 |
| F组（主运费未付） | FCA | Free Carrier | 货交承运人 |
| | FAS | Free Alongside Ship | 船边交货 |
| | FOB | Free on Board | 船上交货 |
| C组（主运费已付） | CFR | Cost and Freight | 成本加运费 |
| | CIF | Cost, Insurance and Freight | 成本、保险费加运费付至 |
| | CPT | Carriage Paid to | 运费付至 |
| | CIP | Carriage and Insurance Paid to | 运费和保费付至 |
| D组（到达） | DAF | Delivered at Frontier | 边境交货 |
| | DES | Delivered Ex Ship | 目的港船上交货 |
| | DEQ | Delivered Ex Quay | 目的港码头交货 |
| | DDU | Delivered Duty Unpaid | 未完税交货 |
| | DDP | Delivered Duty Paid | 完税后交货 |

## 第二节 常用的贸易术语

《2000年国际贸易术语解释通则》(简称《2000通则》)是使用范围最广,也是我国采用的贸易术语。在其解释的13种贸易术语中,以装运港交货的三种术语FOB、CFR和CIF最为常用,但这3种贸易术语只适用于水上运输方式。随着运输业不断发展,尤其是集装箱和多式联运业务等运输方式的不断普及,货交承运人的三种贸易术语FCA、CPT和CIP也越来越为国际贸易从业人员所常用。下面着重介绍《2000 通则》对这 6 种贸易术语的解释及使用中应注意的问题。

## 一、装运港交货贸易术语

### （一）FREE ON BOARD（...named port of shipment）——装运港船上交货（......指定装运港）

#### 1. FOB 贸易术语的含义

"Free on Board" means that the seller delivers when the goods pass the ship's rail at the named port of shipment. This means that the buyer has to bear all costs and risks of loss of or damage to the goods from that point. The FOB term requires the seller to clear the goods for export. This term can be used only for sea or inland waterway transport. If the parties do not intend to deliver the goods across the ship's rail, the FCA term should be used.

"装运港船上交货"是指当货物在指定的装运港越过船舷，卖方即完成交货。这就是说买方必须从该点起承担货物灭失或损坏的一切风险和费用。FOB 术语要求卖方办理货物出口清关手续，该术语仅适用于海运或内河运输。

根据上面《2000 通则》中的解释，按 FOB 成交，货物在装船时越过船舷，风险即由卖方转移至买方。由买方负责派船接运货物并办理运输过程中的保险，买方要负担风险和费用，领取进口许可证或其他官方证件，并负责办理进口手续。卖方应在合同规定的装运港和规定的期限内，将符合合同的货物装上买方指定的船上，并及时通知买方。卖方要负担风险和费用，领取出口许可证或其他官方证件，并负责办理出口手续。卖方还要自费提供证明其已按规定完成交货义务的证件。

#### 2. FOB 贸易术语下交易双方承担的义务

根据《2000 通则》的解释，采用 FOB 作为交易条件时，卖方的主要义务有：

（1）负责取得出口许可证或其他核准书，并办理出口海关手续，并负担相关费用；

（2）在合同规定的装运期内，将符合合同的货物装运到买方指定的船上，并给予买方充分的通知；

（3）负担货物在越过装运港船舷之前的一切风险和费用；

（4）负责提供货已交至船上的装运单据和商业发票及其他有关凭证。如经买卖双方约定，上述单据和发票可被具有同等效力的电子信息（EDI Message）所替代。

买方的主要义务有：

（1）办理租船或订舱，支付运费，并将船名、装运港和受载日期通知卖方；

（2）办理货物运输保险，支付保险费；

（3）负责取得进口许可证或其他核准书，并办理货物进口以及必要时经由另一国过境运输的一切海关手续，并负担相关费用；

(4)负担货物在越过装运港船舷后的一切风险和费用;
(5)接受单据、收取货物,并按照合同规定支付货款。

**3. 采用 FOB 贸易术语作为成交条件应该注意的问题**

(1)船货衔接问题。按照 FOB 的含义,以该贸易术语成交,应该由买方负责租船订舱,并将船名、船期等信息及时通知卖方,以便卖方可以在合同规定的期限内,将货物运到规定的装运港内,装到买方指定的船上。根据相关法律和惯例规定,如果买方不能按规定时间派船(未经卖方同意提前或延迟派船),卖方有权拒绝交货并要求赔偿,卖方也有权代买方租船装运,或凭装运地仓库单代替提单索取货款。如果船舶提前到达装运港,卖方也不负责支付空舱费、滞期费以及为此增加的其他费用。反之,如果买方按期派船,而卖方未能及时备货按期装船,则由此产生的一切费用及损失由卖方承担。

在 FOB 条件下,有时买方可能委托卖方代其租船订舱,但这仅属委托代办性质,卖方可以同意也可以不同意。如果卖方租不到船只或订不到舱位,其风险由买方自负,买方无权向卖方提出赔偿损失或撤销合同。

总之,按 FOB 术语成交,对于装运期和装运港要慎重规定。订约之后,有关备货和派船方面,也要加强联系、密切配合,以保证船货衔接良好。

(2)装货费用的负担问题。采用 FOB 贸易术语成交时,交易双方应该在合同中明确装货费用的负担问题。如果买方选择的是班轮运输,那么装船费用由船方负担,买方除租船费用外不需另付装货费,买卖双方就没有必要约定此项。但是,如果成交的是大宗货物,为了节省运费,通常买方会洽租不定期船运输,在洽租不定期船运输时,装货费不一定包含在租金中,那么就需要由买方或者卖方负担。将这个费用的负担问题体现在合同中,就需要在 FOB 后面加上附加条件,以明确装货费由谁负责,这就产生了 FOB 的变形,但其并不改变 FOB 本身的性质。在国际贸易实践中,常见的 FOB 变形有以下 5 种:

①FOB Liner Terms——FOB 班轮条件。如果卖方不愿意负担装货费用,在签订合同的时候就可以采用 FOB 班轮条件,表明自己不愿意负担装货费。

②FOB Under Tackle——FOB 吊钩下交货。卖方仅将货物交到买方指定船舶的吊钩所及之处,吊装费用由买方负担,以后的装货费用,卖方不予负担,至于以后的装货费用究竟由买方或由船方负担,则取决于租船合同的规定。

③FOB Stowed——FOB 理舱费在内。卖方负担将货物装入船舱并承担包括理舱费在内的装船费用。理舱费是指货物进入船舱后,为了使船上装载的货物放置妥善和分布合理,对进行垫隔和整理等作业所产生的费用。

④FOB Trimmed——FOB 平舱费在内。卖方负担将货物装入船舱并承担包括平舱费在内的装船费用。平舱费是指,对于成堆的散装货物(煤炭、粮食等)进入船舱后,为了保持船舶承受压力均衡和航行安全,进行调动和平整的费用。按一般惯例,如在 FOB 后未加"平舱"(Trimmed)字样,则卖方不负担平舱费用,平舱费用究竟由买方抑或船方负担,则取决于租船

合同的规定,当租船合同规定船方不负担装货费时,则平舱费由买方支付。

⑤FOBST(FOB Stowed and Trimmed)——FOB 并平理。卖方负担将货物装入船舱并承担包括理舱费和平舱费在内的各项装船费用。按一般惯例,凡 FOB 后未加"理舱"和"平舱"字样的,则理舱和平舱的费用,卖方不予负担。

案例:某公司以 FOB Under Tackle 条件与外商成交一批货物,当货物装船时,一件货物落入海中,外商要求补足货物。我方以货物在吊钩下完成交货为由拒绝补足货物。试分析该如何处理?

(3)对 FOB 的不同解释。《1941 年美国对外贸易定义修订本》中也对 FOB 作出了解释,它将 FOB 贸易术语细分为 6 种,其中只有第 5 种 FOB Vessel(船上交货)与《2000 通则》中规定的相近。两个惯例对 FOB 的解释主要区别体现在以下方面:

①风险划分。《1941 年美国对外贸易定义修订本》对于 FOB 解释的非常笼统,卖方只负责将货物运送到装运港所在地的任何处所,不负责将货物运送到指定的装运港并交到船上。例如,FOB San Francisco,表示卖方只负责把货物运到旧金山城内的任何处所,不负责把货物运到旧金山港口并交到船上。除非在 FOB 后加注 Vessel,FOB Vessel San Francisco 才表明卖方要负责把货物运送到旧金山港口并交到船上。而《2000 通则》则认为 FOB 成交时,由卖方负责将货物运送到港口并交到买方指定的船上,风险界限在装运港船舷。

②出口清关的办理及费用的负担。《1941 年美国对外贸易定义修订本》中规定:出口报关的责任由买方负担,如果需要卖方协助提供出口单证等,则要买方负担一切费用并承担相关风险。而《2000 通则》中则是由卖方负担,费用由卖方自付。因此,我国企业同美洲国家进行贸易使用 FOB 方式成交的时候,不但要在后面加注 Vessel,还应该注明"由卖方承担风险及费用,取得出口许可证及其他官方批准文件,并办理货物出口所必需的一切海关手续"。

（二）CFR:COST AND FREIGHT(...named port of destination)——成本加运费(……指定目的港)

**1. CFR 贸易术语的含义**

"Cost and Freight" means that the seller delivers when the goods pass the ship's rail in the port of shipment.

The seller must pay the costs and freight necessary to bring the goods to the named port of destination BUT the risk of loss of or damage to the goods, as well as any additional costs due to events occurring after the time of delivery, are transferred from the seller to the buyer.

The CFR term requires the seller to clear the goods for export.

This term can be used only for sea and inland waterway transport. If the parties do not intend to deliver the goods across the ship's rail, the CPT term should be used.

"成本加运费"是指在装运港货物越过船舷卖方即完成交货,卖方必须支付将货物运至指定的目的港所需的运费和费用。但交货后货物灭失或损坏的风险,以及由于各种事件造成的任何额外费用,即由卖方转移到买方。CFR术语要求卖方办理出口清关手续。该术语仅适用于海运或内河运输。如当事各方无意越过船舷交货,则应使用CPT术语。

**2. CFR贸易术语下交易双方承担的义务**

根据《2000通则》的解释,采用CFR作为交易条件时,卖方的主要义务有:

(1)负责取得出口许可证或其他核准书,并办理出口海关手续,并负担相关费用;

(2)办理货物从合同中指定的装运港运往指定目的港的运输,并支付运费;

(3)在合同规定的装运期内,将符合合同的货物装运到船上,并给予买方及时充分的通知;

(4)承担货物在越过装运港船舷之前的一切风险和费用;

(5)负责提供货已交至船上的装运单据和商业发票及其他有关凭证。如经买卖双方约定,上述单据和发票可被具有同等效力的电子信息(EDI Message)所替代。

买方的主要义务有:

(1)负责取得进口许可证或其他核准书,并办理货物进口以及必要时经由另一国过境运输的一切海关手续,并负担相关费用;

(2)办理货物运输保险,支付保险费;

(3)负担货物在越过装运港船舷后的一切风险和费用;

(4)接受单据、收取货物,并按照合同规定支付货款;

(5)支付除通常运费以外的有关货物在运输途中所产生的各项费用以及包括驳运费和码头费在内的卸货费。

**3. 采用CFR贸易术语作为成交条件应该注意的问题**

(1)卖方应该及时发出装船通知。在CFR贸易术语项下,由于从合同指定的装运港到目的港之间的运输是由卖方负责办理的,而这之间的保险是由买方负责办理,运输和保险是相分离的。如果卖方不及时向买方发出装船通知,则可能导致买方无法及时办理保险,甚至漏保等情况,使买方蒙受损失。因此,卖方在装船后应该及时将船名、船次、装船日期、启航日期等信息以装船通知的方式发给买方。否则,卖方应承担货物在运输途中的风险和损失。

(2)卸货费用的负担。采用CFR术语成交的时候,交易双方应该在合同中明确规定卸货费用由谁负担的问题。如果双方选择的是班轮运输方式,则由船方负责卸货,其费用已经包括在卖方办理运输的运费当中,无需另外支付。如果是大宗货物,通常采用租船方式运输,船方一般不负担卸货费用,为了明确责任,交易双方就必须在合同中注明由谁负担这笔费用,具体操作可以使用CFR术语的变形:

①CFR Liner Terms——CFR班轮条件。这一变形是指卸货费按班轮办法处理,买方不愿意承担卸货费用时选用。

②CFR Landed——CFR卸到岸上。这一变形是指由卖方负责将货物卸到目的港岸上的所有费用,其中包括驳运费和码头费在内。

27

③CFR EX Tackle——CFR 吊钩下交货。这一变形是指卖方负责将货物从船舱吊起卸到船舶吊钩所及之处（码头上或驳船上）的费用。在船舶不能靠岸的情况下，租用驳船的费用和货物从驳船卸到岸上的费用，均由买方负担。

④CFR Ex Ship's Hold——CFR 舱底交货。这一变形是指货物运到目的港后，交易双方在船上进行交接之后，由买方自行启舱，并负担货物从舱底卸到码头的一切卸货费用。

（3）我国进口时慎用 CFR。如果在进口业务实践中选择 CFR 作为条件成交，因为外商负责安排装运，应选择资信好的国外客户成交，并对船舶的具体情况提出适当要求，以防出现外商与船方勾结，出具假单据，或者租用不适航的船舶，或者伪造品质证书与产地证明等情况，导致我方利益受损。

小资料：CFR 与 FOB 的区别

CFR 在货物装船、风险转移、办理进出口手续和接单付款方面，买卖双方的义务和 FOB 是相同的。CFR 与 FOB 不同之处在于：其一，由卖方负责租船订舱并支付运费。按照《2000 通则》的解释，卖方只需按通常条件租船订舱，经习惯航线运送货物。其二，关于运输单据，CFR 术语规定，应由卖方自行承担费用，且除非另有约定，卖方应提交可以转让的海运提单或者安排好使买方能以通知承运人的方式出售在途货物；而 FOB 则无此要求，可以提交海运提单，也可以提交不可转让的海运单。

## （二）CIF：COST, INSURANCE AND FREIGHT (... named port of destination)——成本加保险费加运费（……指定目的港）

### 1. CIF 贸易术语的含义

"Cost, Insurance and Freight" means that the seller delivers when the goods pass? the ship's rail in the port of shipment.

The seller must pay the costs and freight necessary to bring the goods to the named port of destination BUT the risk of loss of or damage to the goods, as well as any additional costs due to events occurring after the time of delivery, are transferred from the seller to the buyer. However, in CIF the seller also has to procure marine insurance against the buyer's risk of loss of or damage to the goods during the carriage.

Consequently, the seller contracts for insurance and pays the insurance premium. The buyer should note that under the CIF term the seller is required to obligation insurance only on minimum cover. Should the buyer wish to have the protection of greater cover, he would either need to agree as such expressly with the seller or to make his own extra insurance arrangements.

The CIF term requires the seller to clear the goods for export.

This term can be used only for sea and inland waterway transport. If the parties do not intend to deliver the goods across the ship's rail, the CIP term should be used.

"成本、保险费加运费"是指当货物越过装运港船舷时，卖方完成交货。卖方必须支付将货物运至指定的目的港所需的成本和运费,但交货后货物灭失或损坏的风险及由于各种事件造成的任何额外费用即由卖方转移到买方。但是,在 CIF 条件下,卖方还必须办理买方货物在运输途中灭失或损坏风险的海运保险。

因此,由卖方订立保险合同并支付保险费。买方应注意到,CIF 术语只要求卖方投保最低限度的保险险别。如买方需要更高的保险险别,则需要与卖方明确地达成协议,或者自行作出额外的保险安排。CIF 术语要求卖方办理货物出口清关手续。

该术语仅适用于海运和内河运输。若当事各方无意越过船舷交货则应使用 CIP 术语。

### 2. CIF 贸易术语下交易双方承担的义务

根据《2000 通则》的解释,采用 CIF 作为交易条件时,卖方的主要义务有:

(1)负责取得出口许可证或其他核准书,并办理出口海关手续,并负担相关费用;
(2)办理货物从合同中指定的装运港运往指定目的港的运输,并支付运费;
(3)办理货物运输保险,支付保险费;
(4)在合同规定的装运期内,将符合合同的货物装运到船上,并给予买方及时充分的通知;
(5)承担货物在越过装运港船舷之前的一切风险和费用;
(6)负责提供货已交至船上的装运单据和商业发票及其他有关凭证。如经买卖双方约定,上述单据和发票可被具有同等效力的电子信息所替代。

买方的主要义务有:

(1)负责取得进口许可证或其他核准书,并办理货物进口以及必要时经由另一国过境运输的一切海关手续,并负担相关费用;
(2)负担货物在越过装运港船舷后的一切风险和费用;
(3)接受单据、收取货物,并按照合同规定支付货款。

### 3. 采用 CIF 贸易术语作为成交条件应该注意的问题

(1)租船订舱问题。采用 CIF 术语成交,卖方的主要义务之一是租船订舱。关于运输问题,不同国际贸易惯例的规定也不尽相同。《2000 通则》的解释是,卖方"按照通常条件自行负担费用订立运输合同,将货物按惯常路线用通常类型可供装载该合同货物的海上航行船只(或适当的内河运输船只)装运至指定目的港"。《1941 年美国对外贸易定义修订本》中只是笼统地规定卖方"负责安排货物运至指定的目的地的运输事宜,并支付其费用"。《1932 年华沙-牛津规则》中对于这一问题的规定比较详细,在其第 8 条中规定:"a. 在买卖合同规定由特定船只装运,或者一般地应由卖方租赁全部或部分船只,并承担将货物装船的情况下,非经买方同意,卖方不得随意改用其他船只代替,买方也不应不合理地拒绝同意。b. 如果买卖合同规定用蒸汽船装运(未指定船名),卖方在其他条件相同的情况下,可用蒸汽船或内燃机船运给买方。c. 如果买卖合同未规定运输船只的种类,或者合同内使用'船只'这样的笼统名词,除依照特定行业惯例外,卖方有权使用通常在此路线上装运类似货物的船只来装运。"

从三种最具影响力的国际贸易惯例规定看,如果没有特殊的约定,卖方只是负责按通常条件和惯驶航线,租用适当船舶将货物运往目的港。因此,对于在贸易过程中买方提出的关于限制船籍、船型、船龄、船级以及指定装载某班轮公司的船只等项要求,卖方均有权拒绝接受,但卖方也可根据具体情况予以考虑。在不增加额外开支的情况下,也可以接受,但一经在合同中订明,就必须严格照办。

(2)办理保险问题。采用 CIF 贸易术语成交时,办理货物在国际运输中的保险属于卖方的责任之一。不同的险别,保险人承担的责任范围不同,收取的保险费也自然不同。而货运保险主要是为了保障货物装船以后,在运输途中的风险,它实质上保障的是买方的利益。在实际贸易中,交易双方会在合同的保险条款中明确固定保险的险别、保险金额和适用的保险条款等详细内容,卖方要按照规定进行投保。如果合同没有就保险细节作出规定,那就要根据相关国际贸易惯例来处理。《2000 通则》对卖方的保险责任规定:如无相反的明示协议,卖方只需按《协会货物保险条款》或其他类似的保险条款中最低责任的保险险别投保。但如果买方有要求,并由买方负担费用,卖方应在可能情况下投保战争、罢工、暴动和民变险。最低保险金额应为合同规定的价款加 10%,并以合同货币投保。《1941 年美国对外贸易定义修订本》中规定:"对于保险险别,双方应共同明确是投保水渍险或平安险以及其他属于特定行业应保的其他险别,或是买方需要获得单独保障的险别。"关于战争险,是在买方负担费用的情况下,由卖方代为投保,或经卖方同意,由买方自行投保。《1932 年华沙-牛津规则》的规定:卖方应"按照特定行业惯例或在规定航线上应投保的一切风险"办理投保手续。

(3)装卸费用的负担问题。采用 CIF 贸易术语时,如果使用班轮运输,班轮运费内已包括了装卸费用。但在大宗货物使用租船运输时,船方是否承担装卸责任,需由租船合同另行规定。这样,就会因运输合同不同而带来装卸费用负担的不确定性,故交易双方在商定买卖合同时,应明确装卸费用由谁负担。《2000 通则》中规定,除非运输合同另作规定,一般应由卖方承担有关的装船费用,由买方承担包括驳船费和码头费在内的卸货费用。但通常交易双方会以 CIF 贸易术语的变形来加以明确:

①CIF Liner Terms——CIF 班轮条件。这种变形是指卸货费用按班轮条件处理,即买方不负担卸货费,由卖方或船方负担。

②CIF Landed——CIF 卸到岸上。这种变形是指卖方承担货物卸到目的港岸上的费用,包括驳船费和码头费。

③CIF Ex Tackle——CIF 吊钩下交货。这种变形指的是卖方承担将货物从舱底吊卸到船舶吊钩所及之处(码头上或驳船上)的费用。在船舶不能靠岸的情况下,租用驳船的费用和货物从驳船卸至岸上的费用,均由买方负担。

④CIF Ex Ship's Hold——CIF 舱底交货。这种变形是指货物运达目的港在船上办理交接后,从船舱底起吊至卸到码头的卸货费用,均由买方担负。

(4)象征性交货问题。象征性交货(Symbolic Delivery)是指在交易双方不直接接触的情况下,卖方按合同规定的时间和地点将货物装上运输工具或交付承运人后,并向买方提供包括物权证书在内的有关单证,凭承运人签发的运输单据及其他商业单据履行交货义务,而无须保证到货。CIF 是一个典型的象征性交货术语。

象征性交货的特征:

①卖方凭单交货,买方凭单付款。

②卖方履行交单义务。只要卖方如期向买方提交了合同规定的全套合格单据,即使货物在运输途中损失或灭失,买方也必须履行付款义务。如果卖方提供单据不符合要求,即使货物完好无损运达目的地,买方仍有权拒绝付款。

③卖方履行交货义务。如果货物运达目的地时,不符合要求,即使买方已经付款,仍可根据合同规定向卖方提出索赔。

由此可见,CIF 交易实际上是一种单据的买卖。所以,装运单据在 CIF 交易中具有特别重要的意义。按 CIF 术语成交,卖方履行其交单义务,只是得到买方付款的前提条件,除此之外,还必须履行交货义务。如果卖方提交的货物不符合要求,买方即使已经付款,仍然可以根据合同的规定向卖方提出索赔。

## 二、货交承运人贸易术语

随着运输行业技术的不断更新,尤其是集装箱运输和国际多式联运的迅猛发展,传统的装运港交货的三种贸易术语 FOB、CFR 和 CIF 在使用中的弊端逐渐地显现出来,因为这些贸易术语只适用于水上运输方式,不适用于陆地以及航空运输,更不适用于集装箱和国际多式联运方式。为使得国际贸易术语能够适应国际贸易的新环境,国际商会(ICC)制定了与传统贸易术语 FOB、CFR 以及 CIF 相应的适用于集装箱运输和国际多式联运方式的三种贸易术语,即货交承运人贸易术语 FCA、CPT 和 CIP。

(一)FCA:FREE CARRIER(...named place)——货交承运人(……指定地点)

1. FCA 贸易术语的含义

"Free Carrier" means that the seller delivers the goods, cleared for export, to the carrier nominated by the buyer at the named place. It should be noted that the chosen place of delivery has an impact on the obligations of loading and unloading the goods at that place. If delivery occurs at the seller's premises, the seller is responsible for loading. If delivery occurs at any other place, the seller is not responsible for unloading.

This term may he used irrespective of the mode of transport, including multimodal transport.

"货交承运人"是指卖方负责办理出口清关手续,并将货物在指定地点交付给买方指定的的承运人。应当指出的是,交货地点的选择影响着在该地点交付货物的装卸义务。如果交付发生在卖方所在地,则卖方应负责装货;如果交付发生在非卖方所在地,则卖方不负责卸货。

### 2. FCA 贸易术语下交易双方承担的义务

交易条件时,卖方的主要义务有:

(1)自担风险和费用,取得任何出口许可证或其他官方许可,并在需要办理海关手续时,办理货物出口所需要的一切海关手续。

(2)在指定的交货地点,在约定的交货日期或期限内,将货物交付给买方指定的承运人或其指定的其他人,并给买方发出充分通知。若在约定时间承运人未按照规定接收货物,则卖方必须相应地通知买方。

(3)负责货交承运人监管之前货物灭失或损坏的一切风险和费用。

(4)提供符合销售合同规定的货物和商业发票或有同等作用的电子信息,以及合同可能要求的、证明货物符合合同规定的其他任何凭证。

买方的主要义务有:

(1)自担风险和费用,取得进口许可证或其他官方许可,并办理海关手续时,办理货物进口和从他国过境的一切海关手续。

(2)订立自指定的地点运输货物的合同,并将承运人的名称、要求交货的时间和地点等信息给予卖方充分通知。

(3)负责货交承运人监管之后货物灭失或损坏的一切风险和费用。

(4)接受单据、收取货物,并按照合同规定支付货款。

### 3. 采用 FCA 贸易术语作为成交条件应该注意的问题

(1)卖方的交货义务。在采用 FCA 贸易术语的实践中,对于卖方何时完成交货义务很容易产生争议,因此,在《2000 通则》中对各种运输方式进行了归纳,以交货地点作为确定交货义务的完成时间和标准。如果指定地是卖方的场所,则卖方应把货物装上运输工具。如果并非卖方的场所,则卖方只需将货物置于承运人或其代理人的支配之下,即为完成交付。卖方为了避免因交货地点不明确而增加的费用支出,应该在签订合同时,约定卖方将货物交给承运人确定的地点并明确货物以何种方式向承运人交货或货物是否应装入集装箱内等。卖方即可在货物价格中将承担的费用包括在内,防止造成损失。

(2)卖方代买方指定承运人。《2000 通则》中规定卖方没有义务办理运输。但如果买方请求或者根据交易习惯,卖方也可以代买方签订运输合同。但必须明确应由买方承担风险和费用。为了保证运费的安全,应要求买方先预付运费,或扩大信用证付款金额,将运费金额包括在信用证金额中。如果卖方没有条件接受买方指定承运人和订立运输合同的委托或者不愿承担此项义务时,应及时通知买方。

(3)货物与运输工具的衔接问题。FCA 术语规定,由买方订立运输合同,卖方负责交货,货物与运输工具顺利衔接是一个非常重要的问题。在实际业务中,常常出现货物等待运输工具或运输工具等待货物的现象,从而导致仓储等费用损失,损失由谁来承担又会引起争议。尽管惯例规定,自约定的交货日期或约定的交货期间届满之日起,因买方未指定承运人或其他人,或者买方指定承运人或其他人未接管货物,货物灭失或损坏的风险由买方承担。但是,卖方还要通过法院或仲裁机构的判决或裁决才能得到经济损失的补偿,给卖方带来许多麻烦。为了规避此类风险,卖方在签订合同时可以规定:"买方不及时指定承运人或其他人,或者买方指定的承运人或其他人不及时接管货物,卖方有权在交货期截止时起代指定承运人或其他人,订立运输合同,因此而产生风险和费用由买方承担。"

小资料:FCA 与 FOB 的异同点

FCA 与 FOB 两种术语均属 C 组术语,按这两种术语成交的合同均属装运合同。买卖双方责任划分的基本原则是相同的。

FCA 与 FOB 的主要不同在于适用的运输方式、交货和风险转移的地点不同。FCA 术语适用于各种运输方式,交货地点视不同运输方式的不同约定而定,其风险划分是卖方将货物交至承运人时转移;FOB 术语仅用于海运和内河运输,交货地点为装运港,风险划分以装运港船舷为界;此外,在装卸费的负担和运输单据的使用上也有所不同。

## (二)CPT:CARRIAGE PAID TO(... named place of destination)——运费付至(……指定目的地)

### 1. CPT 贸易术语的含义

"Carriage paid to ..." means that the seller delivers the goods to the carrier nominated by him, but the seller must in addition pay the cost of carriage necessary to bring the goods to the named destination. This means that the buyer bears aft risks and any other costs occurring after the goods have been so delivered.

The CPT term requires the seller to clear the goods for export.

This term may be used irrespective of the mode of transport including multimodal transport.

"运费付至"是指卖方将货物交给指定承运人,但卖方还必须支付将货物运至确定目的地的必要运输费用,这意味着买方承担货物交付后的风险和费用。

CPT 条款要求卖方办理货物的出口清关手续,这一条款适用于任何运输方式,包括多式联运。

### 2. CPT 贸易术语下交易双方承担的义务

根据《2000 通则》的解释,采用 FCA 作为交易条件时,卖方的主要义务有:

(1)自负风险和费用,取得出口许可证或其他官方批准证件,办理货物出口所需的一切海关手续。

(2)办理将货物运往指定目的地的运输,并支付运费。在合同规定的时间、地点,将合同规定的货物交给承运人,并及时通知买方。

(3)承担将货物交给承运人之前的一切风险和费用。

(4)提供交货的通常单据,如买卖双方约定采用电子通讯,则所有单据可被同等效力的电子数据交换(EDI)信息所代替。

33

买方的主要义务有：

（1）办理进口许可证或其他官方证件，办理货物进口所需的海关手续，支付有关关税及从他国过境的费用。

（2）承担货物交给承运人之后的风险。

（3）支付除通常运费之外的有关货物在运输途中所产生的各项费用和卸货费。

（4）接受卖方提供的有关单据，受领货物，并按合同规定支付货款。

**3. 采用 CPT 贸易术语时应注意的问题**

（1）风险界限的划分问题。根据《2000 通则》中 CPT 的规定，卖方负责办理运输并支付运费，但风险界限却是货交承运人，卖方只承担货物交给承运人监管之前的风险，并不是延伸到指定目的地。如果在多式联运的情况下，卖方承担的风险是自货交第一承运人。

（2）其他费用的划分问题。采用 CPT 术语时，由卖方指定承运人，自费订立运输合同，将货物运往指定的目的地，并支付正常运费。正常运费之外的其他有关费用，一般由买方负担。

（3）卖方及时发出交货通知。《2000 通则》中规定，卖方将货物交给承运人或其他人监管之后，应向买方发出货物已交付的详尽通知，使得买方及时办理货物运输保险和受领货物的一切手续。如果卖方没有发出或者未及时发出交货通知，造成买方漏保，货物在运输过程中一旦发生灭失或损坏，损失应由卖方承担赔偿责任。

小资料：CPT 与 CFR 的异同点

CPT 与 CFR 同属 C 组术语，按这两种术语成交，卖方承担的风险都是在交货地点随着交货义务的完成而转移，卖方都要负责安排自交货地至目的地的运输事项，并承担其费用。另外，按这两种术语订立的合同，都属于装运合同，卖方无须保证按时交货。

CPT 与 CFR 的主要区别在于适用的运输方式不同，交货地点和风险划分界限也不相同。CPT 术语适用于各种运输方式，交货地点因运输方式的不同由双方约定，风险划分以货交承运人为界；CFR 术语适用于水上运输方式，交货地点在装运港，风险划分以船舷为界。除此之外，卖方承担的费用以及需提交的单据等方面也有区别。

**（三）CIP：CARRIAGE AND INSURANCE PAID TO (... named place of destination)——运费、保险费付至（……指定目的地）**

**1. CIP 贸易术语的含义**

"Carriage and Insurance paid to..." means that the seller delivers the goods the carrier nominated by him but the seller must in addition pay the cost of carriage necessary to bring the goods to the named destination. This means that the buyer bears all risks and any additional costs occurring after the goods have been so delivered. However, in CIP the seller also has to procure insurance against the buyer's risk of loss of or damage to the goods during the carriage. Consequently, the seller contracts for insurance and pays the insurance premium.

If subsequent carriers are used for the carriage to the agreed destination, the risk passes when the goods have been delivered to the first carrier.

The CIP term requires the seller to clear the goods for export.

This term may he used irrespective of the mode of transport including multimodal transport.

运费、保险费付至是指卖方将货物交给他指定的承运人,但卖方还必须支付将货物运至指定目的地的必要运输费,这意味着买方承担在货物交付后的一切风险和费用。在 CIP 术语下,卖方还必须对货物在运输途中灭失或损坏的买方风险取得货物保险。因此,由买方订立运输过程中的保险合同,并交付保险费。

如果到约定目的地的承运人有多个,风险的转移发生在货交第一承运人。按照 CIP 术语,卖方要进行出口清关。

这条贸易术语可以用于包括多式联运在内的任何运输方式。

**2. 采用 CIP 术语交易双方承担的义务**

根据《2000 通则》的解释,采用 CIP 作为交易条件时,卖方的主要义务有:

(1)提供符合销售合同规定的货物和商业发票或有同等作用的电子信息,以及合同可能要求的、证明货物符合合同规定的其他任何凭证。

(2)自担风险和费用,取得出口许可证或其他官方许可,并办理货物出口所需的一切海关手续。

(3)自付费用,按照通常条件订立运输合同,依通常路线及习惯方式,将货物运至指定的目的地的约定点。若未约定或按照惯例也不能确定具体交货点,则卖方可在指定的目的地选择最适合其目的的交货点。

(4)按照合同规定,办理货物在运输途中的保险,并向买方提供保险单或其他保险证据,以使买方或任何其他对货物具有保险利益的人有权直接向保险人索赔。

(5)在约定日期或期限内向指定的承运人交货,或如有接运的承运人时,向第一承运人交货,以使货物运至指定的目的地的约定地点。

(6)承担货交承运人以前的一切风险。

(7)给予买方说明货物按照规定交货的充分通知,以及要求的任何其他通知,以便买方能够为受领货物而采取通常必要的措施。

买方的主要义务有:

(1)自担风险和费用,取得任何进口许可证或其他官方许可,并在需要办理海关手续时办理货物进口和从他国过境所需的一切海关手续。

(2)按照销售合同规定指定的目的地从承运人处收受货物,支付价款。

(3)承担货交承运人以后的一切风险。

**3. 采用 CIP 术语应注意的问题**

(1)风险和保险问题。根据《2000 通则》的规定,在 CIP 术语项下,卖方要负责办理整个货物运输过程中的保险,并支付保险费,但货物从交货地点运往目的地的风险由买方负责。所以,从交货地点到目的地之间的投保仍属于代办性质。一般情况下,卖方要按照双方在合同中的要订明投保的险别和金额等信息进行投保。但如果双方未在合同中作出规定,则由卖方按惯例投保最低的险别,保险金额一般是在合同价格的基础上加成10%。

(2)合理确定价格。在货交承运人的三种贸易术语当中,CIP条件下卖方要承担的责任和费用最多:既要负责办理从交货地至目的地的运输并支付有关运费,而且还要办理货物运输中的保险,并支付保险费。这些都要反映在货价之中。因此,卖方对外报价之前时,要认真核算成本和价格。在进行价格核算时,应考虑运输方式、运输距离、运输线路、保险险别以及运输和保险费用相关的内容,并要预测运费和保险费的变动情况等方面的问题。

小资料:CIP与CIF的区别

CIP与CIF有相似之处,它们的价格构成中都包括了通常的运费和约定的保险费,而且,按这两种术语成交的合同均属于装运合同。但CIP和CIF术语在交货地点、风险划分界限以及卖方承担的责任和费用方面又有其明显的区别,主要表现在:CIF适用于水上运输,交货地点在装运港,风险划分以装运港船舷为界,卖方负责租船订舱、支付从装运港到目的港的运费,并且办理水上运输保险,支付保险费。而CIP术语则适用于各种运输方式,交货地点要根据运输方式的不同由双方约定,风险是在承运人控制货物时转移,卖方办理的保险,也不仅是水上运输险,还包括各种运输险。

## 三、装运港交货贸易术语与货交承运人贸易术语的比较

FCA、CPT、CIP就像是传统贸易术语FOB、CFR、CIF从水上运输方式向其他运输方式的延伸。因此,两类贸易术语间存在共性也存在不同,主要表现在:

### (一)FOB、CFR、CIF和FCA、CPT、CIP的共同点

(1)均为象征性交货。

(2)均由卖方自担风险和费用,取得出口许可证或其他官方许可,并办理货物出口所需的一切海关手续;由买方自担风险和费用,取得任何进口许可证或其他官方许可,并办理货物进口和从他国过境所需的一切海关手续。

(3)作为交易双方的基本义务相同。例如,卖方均需在合同规定的日期或者期限内,交出符合合同的货物,并提供必要的文件;买方均需收取货物并支付货款等。

### (二)FOB、CFR、CIF和FCA、CPT、CIP的不同点

**1.交货和风险界限不同**

FOB、CFR、CIF的交货地点均为装运港。风险界限均在"装运港船舷",卖方负责越过装运港船舷之前的风险,买方承担越过装运港船舷之后的风险。FCA、CPT、CIP的交货地点由交易双方在磋商中进行约定,并在合同中注明。风险界限均为"货交承运人",卖方负责货交承运人之前的风险,买方承担货交承运人监管之后的风险。

## 2. 适用的运输方式不同

FOB、CFR、CIF 只适用于水上运输方式,包括海洋运输和内河运输方式。而 FCA、CPT、CIP 适用于包括多式联运在内的任何运输方式。

## 3. 装卸费用的负担不同

在传统贸易术语中,在 FOB 合同中应明确装货费用由谁承担,在 CFR 和 CIF 合同中,则应明确卸货费由谁负担。因此,根据费用负担的不同,将三种贸易术语进行了变形。FCA、CPT、CIP 均由承运人负责装卸,因而不存在需要使用贸易术语变形的问题。

## 4. 运输单据的性质不同

在 FOB、CFR、CIF 术语下,卖方一般应向买方提交已装船清洁提单,是海运提单,它属于物权凭证,可以背书转让,用以提货;而在 FCA、CPT、CIP 术语下,卖方提交的运输单据则根据不同的运输方式而不同,如铁路运单、公路运单、航空运单或多式联运单据等都不是物权凭证,不能背书转让和用以提货。

# 第三节 其他贸易术语

## 一、E 组贸易术语

EXW:EX WORKS(...named place)——工厂交货(……指定地点)

"Ex works" means that the seller delivers when he places the goods at the disposal of the buyer at the seller's premises or another named place (i. e. was, factory, warehouse, etc.) not cleared for export and not loaded on any collecting vehicle. This term thus represents the minimum obligation for the seller, and tile buyer has to bear all costs and risks involved in taking the goods from the seller's premises.

This term should not be used when the buyer cannot carry out the export formalities directly or indirectly.

"工厂交货"是指卖方在其所在处所(工厂、工场、仓库等)将货物提供给买方时,即履行了交货义务,但卖方不负责出口清关手续,也不负责将货物装上买方备妥的运输工具。买方需要负担货物从卖方所在地提取货物到目的地所有的一切风险和费用。因此,该贸易术语是卖方承担责任最小的术语。

买方无法直接或间接地办理出口手续时,不应该选择该贸易术语成交。

## 二、F 组贸易术语

FAS:FREE ALONGSIDE SHIP(...named port of shipment)——装运港船边交货(……指定装运港)

"Free Alongside Ship" means that the seller delivers when the goods are placed alongside the vessel at the named port of shipment. This means that the buyer has to bear all costs and risks of loss of or damage to the goods from that moment.

The FAS term requires the seller to clear the goods for export.

This term can be used only for sea or inland waterway transport.

"装运港船边交货"是指卖方将货物交到指定的装运港船边,即完成交货。这就意味着买方要承担从那时起的货物的灭失或损坏的一切风险和费用。装运港船边交货要求卖方办理出口清关手续。

该贸易术语仅适用于海洋或者内河运输。

## 三、D 组贸易术语

### (一) DAF: DELIVERED AT FRONTIER (... named place)——边境交货 (……指定地点)

"Delivered at Frontier" means that the seller delivers when the goods are placed at the disposal of the buyer on the arriving means of transport not unloaded, cleared for export, but not cleared for import at the named point and place at the frontier, but before the customs border of the adjoining country. The term "frontier" may be used for any frontier including that of the country of export, Therefore, it is of vital importance that the frontier in question be defined precisely by always naming the point and place in the term.

However, if the parties wish the seller to he responsible for the unloading of the goods form the arriving means of transport and to bear the risks and costs of unloading, this should be made clear by adding explicit wording to this effect in the contract of sale.

This term may be used irrespective of the mode of transport when goods are to be delivered at a land frontier. When delivery is to take place in the port of destination, on board a vessel or on the quay (wharf), the DES or DEQ terms should be used.

"边境交货"是指卖方在边境的指定地点和交货点,在毗邻国家海关边界前,将仍处于交货的运输工具上尚未卸下的货物交给买方处置,办妥货物出口清关手续但尚未办理进口清关手续时,即完成交货。"边境"一词可用于任何边境,包括出口国边境。因而,在任何时候都指明地点和交货点以准确界定所指边境,这是极为重要的。

但是,如当事各方希望卖方负责从交货运输工具上卸货并承担卸货的风险和费用,则应在销售合同中明确写明。

该术语可用于在陆地边界交货的各种运输方式,当在目的港船上或码头交货时,应使用 DES 或 DEQ 术语。

(二) DES:DELIVERED EX SHIP(…named port of destination)——目的港船上交货(……指定目的港)

"Delivered Ex Ship" means that the seller delivers when the goods are placed at the disposal of the buyer on board the ship not cleared for import at named port of destination. The seller has to bear all the costs and risks involved in bringing the goods to the named port of destination before discharging. If the parties wish the seller to bear the costs and fish of discharging the goods, then the DEQ term should be used.

This term can be used only when the goods aim to be delivered by sea or inland waterway or multimodal transport on a vessel in the port of destination.

"目的港船上交货"是指卖方在指定的目的港,货物在船上交给买方处置,但不办理货物进口清关手续,即完成交货。卖方必须承担货物运至指定的目的港卸货前的一切风险和费用。如果当事各方希望卖方负担卸货的风险和费用,则应使用 DEQ 术语。

该贸易术语只适用于当货物经由海运或内河运输或多式联运在目的港船上交货时。

(三) DEQ:DELIVERED EX QUAY(…named port of destination)——目的港码头交货(……指定目的港)

"Delivered Ex Quay" means that the seller delivers when the goods are placed at the disposal of the buyer not cleared for import on the quay (wharf) at the named port of destination. The seller has to bear costs and risks involved in bringing the goods to the named port of destination and? discharging the goods on the quay (wharf). The DEQ term requires the buyer to clear the goods for and to pay for all formalities, duties, taxes and other charges upon import.

If the parties wish to include in the seller's obligations all or part of the costs payable upon import of the goods, this should he made clear by adding explicit wording to this effect in the contract of sale.

This term can he used only when the goods are to he delivered by sea or inland waterway or multimodal transport on discharging from a vessel onto the quay (wharf) in the port of destination. However if the parties wish to include in the seller's obligations the risks and costs of the handling of the goods from the quay to another place (warehouse, terminal, transport station, etc.) in or outside the port, the DDU or DDP terms should he used.

"目的港码头交货"是指卖方在指定的目的港码头将货物交给买方处置,不办理进口清关手续,即完成交货。卖方应承担将货物运至指定的目的港并卸到码头上的一切风险和费用。DEQ 术语要求买方办理进口清关手续并在进口时支付一切办理海关手续的费用、关税、税款和其他费用。

如果当事方希望卖方负担全部或部分进口时交纳的费用,则应在销售合同中明确写明。

该贸易术语只适用于海运、内河运输或多式联运且在目的港码头卸货时。但是,如果当事双方希望卖方负担将货物从码头运至港口以内或以外的其他点(仓库、场站、运输站等)的义务时,则应使用 DDU 或 DDP 术语。

(四)DDU:DELIVERED DUTY UNPAID(... named place of destination)——未完税交货(……指定目的地)

"Delivered duty unpaid" means that the seller delivers the goods to the buyer, not cleared for import, and not unloaded from any arriving means of transport at the named place of destination. The seller has to bear the costs and risks involved in bringing the goods thereto, other than, where applicable, any "duty" (Which term includes the responsibility for and the risks of the carrying out of customs formalities, and the payment of formalities, customs duties, taxes and other charges) for import in the country of destination. Such "duty" has to be borne by the buyer as well as any costs and risks caused by his failure to clear the goods for import in time.

However, if the parties wish the seller to carry out custom formalities and bear the costs and risks resulting therefrom as well as some of the costs payable upon import of the goods, this should be made clear by adding explicit wording to this effect in the contract of sale.

This term may be used irrespective of the mode of transport but when delivery is to take place in the port of destination on board the vessel or on the quay (wharf), the DES or DEQ term should be used.

"未完税交货"是指卖方在指定的目的地将货物交给买方,不办理进口手续,也不从交货的运输工具上将货物卸下,即完成交货。卖方应承担货物运至指定的目的地的费用和风险,不包括在需要办理海关手续时在目的地国进口应交纳的任何"税费"(包括办理海关手续的责任和风险,以及交纳手续费、关税、税款和其他费用)。买方必须承担此项"税费"和因其未能及时办理货物进口清关手续而引起的费用和风险。

但是,如果双方希望卖方办理海关手续并承担由此而发生的费用和风险,以及在货物进口时应支付的一些费用,则应在销售合同中明确写明。

该术语适用于各种运输方式,但当货物在目的港船上或码头交货时,应使用 DES 或 DEQ 术语。

(五)DDP:DELIVERED DUTY PAID(... named place of destination)——完税后交货(……指定目的地)

"Delivered duty paid" means that the seller delivers the goods to the buyer, for import, and not unloaded from any arriving means of transport at the named place of destination. The seller has to bear all the costs and risks involved bringing the goods thereto including, where applicable, any "duty" (which term includes the responsibility for and the risk of the carrying out of customs formalities and the payment of formalities, customs duties, taxes and other charges) for import m the country of destination.

Whilst the EXW term represents the minimum obligation for the seller, DDP represents the maximum obligation.

This term should not he used if the seller is unable directly or indirectly to obtain the import licence.

However, if the parties wish to exclude from the seller's obligations some of the costs payable upon import of the goods (such as value-added tax : VAT), this should he made clear by adding explicit wording to this effect in the contract of sale.

If the parties wish the buyer to bear all risks and costs of the import, the DDU term should be used.

This term may be used irrespective of the mode of transport but when delivery is to take place in the port of destination on board the vessel or on the quay (wharf), the DES or DEQ terms should he used.

"完税后交货"是指卖方在指定的目的地,办理完进口清关手续,将在交货运输工具上没有卸下的货物交与买方,完成交货。卖方必须承担将货物运至目的地的一切风险和费用,包括在需要办理海关手续时在目的地应交纳的任何进口"税费"(包括办理一切海关手续,交纳海关手续费、关税、税款和其他费用的责任和风险)。

EXW 术语下卖方承担最小责任,而 DDP 术语是卖方承担责任最大的术语。

若卖方不能直接或间接地取得进口许可证,则不应使用此术语。

然而,如当事方希望将任何进口时所要支付的一些费用(如增值税)从卖方的义务中排除,则应在销售合同中明确写明。

若当事方希望买方承担进口的风险和费用,则应使用 DDU 术语。

该术语可用于所有运输方式,但当货物在目的港船上或码头交货时应使用 DES 或 DEQ 术语。

## 第四节 贸易术语的选择

国际上对贸易术语进行解释的惯例很多,贸易术语的种类也纷繁复杂,参与国际贸易的交易双方选择的范围自然比较宽泛。在众多贸易术语中找到最合适的一种作为成交条件是交易各方交易磋商的重要内容。

### 一、选择贸易术语的原则

(一)有利于促进成交原则

**1. 尊重交易对象的习惯**

国际贸易中对于贸易术语解释最具影响力的三种国际贸易惯例是《1932 年华沙-牛津规则》、《1941 年美国对外贸易定义修订本》和《2000 通则》,其中《2000 通则》的使用范围最广,而它解释的13种贸易术语中又属传统贸易术语FOB、CFR和CIF最为常用。但有些国家出于自身的贸易习惯和扶持本国的运输或者保险等行业的发展,在交易中常常选用不太常用的贸易术语或是贸易惯例,或是选择自己进行办理运输或保险的贸易术语等。对于这种情况,我方应该给予充分的尊重和考虑,以利于交易的达成。

**2. 明确贸易术语的解释**

由于不同的惯例、不同版本的同一惯例对同一种贸易术语的解释都有不同,交易双方应该在签订合同的时候明确使用的贸易术语是受哪种惯例的约束,依据是什么,必要时要将细节内容具体注明,避免履行合同时发生不必要的争议。

### (二)注意规避风险

选择适当的贸易术语对于防范收汇风险、诈骗货款及提高经济效益是十分必要的。如在我方进口大宗货物需以租船方式装运时,原则上采用FOB方式。由我方自行租船、投保,以避免卖方与船方勾结,利用租船提单,骗取货款。

### (三)提高经济效益

国家对外贸易经营的核心思想是提供经济效益,贸易术语的选择不仅影响企业的利益也影响国家的整体利益。从企业的角度看,运费和保险费是经常波动的,选择贸易术语时,应该考虑费率变化的趋势,以避免风险。从国家的角度看,出口业务应该尽量为我国增加外汇收入,进口业务应该为我国节约外汇开支。

## 二、选择贸易术语应该考虑的因素

在选择贸易术语时,应考虑以下因素:

### (一)考虑货物的特点

在国际贸易中,进出口货物的品种繁多,不同类别的货物具有不同的特点,对运输方面的要求各不相同,运费开支的大小也有差异。有些货物价值较低,但运费占货价的比重较大,对这类货物,出口应选用FOB术语,进口选用CIF或CFR术语。此外,成交量的大小,也涉及运输安排的难易和经济核算的问题。因此,也要考虑贸易术语的选用。

### (二)考虑运输方式

《2000通则》中规定了各种贸易术语适用的运输方式,例如,FOB、CFR和CIF术语只适用海洋运输和内河运输;如果交易双方想使用航空、铁路和公路等其他运输方式,则应选用FCA、CPT和CIP术语。

### (三)考虑费用的因素

贸易术语也称价格术语,它表明交易标的物的价格构成,运费和保险费是构成价格的一部分。所以,在选用贸易术语时,应考虑运费和保险费的因素。一般而言,在出口贸易中,我方应争取选用CIF和CFR、CIP和CPT术语。在进口贸易中,应争取选用FOB或者FCA术语。这样有利于节省运费和保险费的外汇支出,并有利于促进我国对外运输事业和保险事业的发展。还要考虑运费变动的趋势。当运费看涨时,为了避免承担运费上涨的风险,出口时应选用 FOB 术语,进口时应选用 CIF 或 CFR 术语。如因某种原因,采用由我方安排运输的贸易术语时,则应对货价进行调整,将运费上涨的风险考虑到货价中去。

(四)考虑国外港口装卸条件和港口习惯

各国港口的装卸条件不同,收费标准各异,港口的装卸作业习惯也有差别。对于装卸条件较差、装卸费用较高和习惯上由买方承担装船费、卖方承担卸货费的港口,我方在进口时应采用 FOBStowed、FOBTrimmed 或 FOBST 贸易术语,出口时采用 CIF Ex Ship's Hold 或 CFR Ex Ship's Hold。

## 本章小结

1. 本章关键词:国际贸易术语、国际惯例、象征性交货、FOB、CIF、CFR。

2. 贸易术语的作用体现在它便于确定合同的性质,便于核算成本和价格,便于达成交易,便于解决贸易纠纷。

3. 为了避免对国际贸易术语解释上出现的分歧和争议,各种国际组织作出了一系列对贸易术语进行解释的国际贸易惯例。其中,最具有影响力的主要有三种,分别是:国际法协会制定的《1932 年华沙-牛津规则》;美国一些著名商业团体制定的《1941 年美国对外贸易定义修正本》;国际商会制定的《国际贸易术语解释通则》。

4. 在三种较具影响力的国际贸易惯例中,《国际贸易术语解释通则》使用最广泛。该规则首次在 1936 年出版,之后随着贸易环境的发展变化,作出了 6 次修改,现行的是 2000 年修改的版本,简称《2000 通则》。它解释了 2 大类(5 个进口地交货术语和 8 个出口地交货术语)、4 组(按卖方承担责任、费用和风险由小到大依次分为 E 组、F 组、C 组和 D 组),共计 13 条贸易术语和含义,交易双方的义务等。

5. 传统的贸易术语有三种:FOB、CFR 和 CIF。它们都是仅适合海洋运输和内河运输方式的贸易术语,也是在国际贸易中使用最多的贸易术语。

6. 随着运输行业技术的不断更新,尤其是集装箱运输和国际多式联运的迅猛发展,与之相适应的是货交承运人贸易术语 FCA、CPT 和 CIP。

## 思考题

1. 三种装运港交货贸易术语中,买卖双方的基本义务有哪些?
2. 装运港交货贸易术语与货交承运人贸易术语之间的异同点有哪些?
3. 选择贸易术语时应该考虑哪些因素?
4. 我国某公司按照 CIF 合同出售 500 吨洋葱给日本某公司,洋葱在装运港港口装船时,经公证行验明:完全符合商销品质,并出具了合格证明。但该批货物运抵日本目的港时,已全部腐烂变质,不适合人类食用,日方因此拒绝收货,并要求我方退回已付清的货款。问:在上述情况下,日方公司有无拒收货物和要求我方退回货款的权利?

5. 2008年,阿尔巴尼亚一客户公司A从南京某公司B购买了一台婴儿尿裤生产线,成交条件是FOB上海,支付金额17万美金,支付方式为T/T,先预付30%的定金,等货到上海港时把70%的货款全部结清。但在实际操作过程中并不是A公司自己找的船运公司、货代公司,而是口头委托B公司为其找的货代。在装船A公司已经把所有货款(不包括找货代公司支付的运费)支付给B公司。货物按要求顺利地运到了阿尔巴尼亚都拉斯港口,但是货物在港口堆放了已经有三个月,客户一直没有来提货,打电话发邮件怎么也联系不到,并产生了很昂贵的港口费用,最后才知道A公司由于受到金融危机的影响早已经破产清算。(资料来源:代金章,徐佳.从一则案例看FOB条款下出口商的贸易风险防范[J].对外经贸实务,2009(7))

在我国对外贸易合同中,出口以FOB价格条件成交的合同可以达到80%以上,从上面的案例应吸取哪些经验教训?

**阅读资料**

### CIF条件与卸货港滞期费

关于装卸时间以及滞期费和速遣费的条款是航次租船合同的显著特征。相关原则与规定则是调整航次租船合同法律的精髓。如今由于港口拥挤等原因导致数十万美元的滞期费实属常事。所以,在有关航次租船合同的争议中,最多的就是关于装卸时间以及滞期费、速遣费的计算。而在CIF条件买卖中,卖方有义务订立运输合同。卖方有时以航次租船方式及承运人不负责装卸工作的条件订立运输合同。如果船舶在装货港产生滞期费,依买卖合同,自应由卖方承担。如果船舶在卸货港产生滞期费,承运人有权根据租船合同要求卖方支付。但是,卸货工作实由买方承担,卖方对卸货港状况及卸货工作无法控制。有鉴于此,卖方向承运人支付后,可否依据买卖合同向买方追偿?在CIF条件下除了常见问题还需要注意哪些问题?两个事实相近但结果截然不同的案例会给我们一定启示:

(一)"X"轮滞期费仲裁案

某年,申请人(卖方)与被申请人(买方)签订货物买卖合同,价格条件为CIF仰光。附加条款规定:卖方供货船到达仰光港口后,买方负责在9天内将承运船舶的货物卸完,超过上述规定时间,买方负责承担由此引起的包括滞港、滞卸费在内的一切费用。

申请人为履行交货义务,租用了"X"号轮将货物运送至仰光港。申请人提交的"X"轮航海日志记载,2月21日11时46分,船舶抵达东经96°北纬16°处抛锚。3月13日3时30分做进港准备。4时55分领航员登轮开始进港。9时26分靠泊。10时30分开始卸货。3月18日4时40分卸毕。"X"轮的卸货准备就绪通知书(NOR)上记载,该NOR是承运人于2月21日11时45分船舶抵达锚地时递交的,但被接受的时间是3月13日9时30分。

航程结束,承运人根据租船合同在海事法院起诉申请人,索赔"X"轮在仰光滞期费。后经海事法院调解,双方达成协议,由申请人赔偿承运人。申请人遂要求被申请人赔偿其损失,被申请人拒付。双方发生争议,协商未果,申请人即提起仲裁。

仲裁庭认为:

(1)本案中,申请人与被申请人所签订的货物买卖合同中没有依照租约的规定。另外,租约与货物买卖合同主体不同,仲裁庭对因租约产生的争议不具有管辖权。因此,仲裁庭在解决本案争议过程中以货物买卖合同的约定为依据。

(2)从2月21日11时46分起,至少到3月13日4时55分止,船舶在仰光港外抛锚,未到达仰光港口,此段时间不应计算为卸货时间;申请人在锚地递交NOR时被申请人并未无条件地接受;卸货时间应从船舶实际开始卸货时,即3月13日10时30分起算。至3月18日4时40分卸货完毕,卸货共用4.76天。即使不考虑除外情况,该时间也未超过货物买卖合同附加条款所允许的"9天"卸货时间。故船舶在卸货港未发生滞期。因此,仲裁庭不支持申请人要求被申请人赔偿其滞期费的请求。

(二)"Y"轮滞期费仲裁案

某年1月27日,上述申请人与被申请人又签订货物买卖合同,价格条件为CIF EXSHIP'S HOLD仰光(等同于CIF FO仰光)。附加条款约定,卖方负担运费和保险费,买方在目的港受领货物,负担其他费用,并保证船靠码头后每天卸率不低于800吨/天(晴天工作日,节假日除外)。

申请人为履行交货义务,租用了"Y"号船舶将合同项下货物运送至仰光港。因仰光港港口拥挤,造成船舶滞期,产生滞期费。承运人向申请人追索滞期费,并于3月申请仲裁,仲裁庭于12月18日作出裁决,由申请人向承运人支付滞期费及其利息。申请人认为该费用应由被申请人承担。申请人与被申请人由此产生争议,申请人遂又另行提起仲裁。

仲裁庭认为:

(1)本案双方争议焦点在于滞期费的承担。该滞期费产生的依据是申请人与承运人签订的租约。该租约的当事人与本案当事人不同。仲裁庭对因租约引起的争议不具有管辖权,故仅以申请人与被申请人签订的货物买卖合同及其附加条款的约定作为解决本案争议的合同依据。

(2)本案中,申请人与承运人订立租约时,滞期尚未发生,滞期费未被班轮公司收取,因而该滞期费不属于《1990年国际贸易术语解释通则》中对买方应负担费用中的除外的规定,则买方应支付自申请人按约定交付货物时起,即申请人在合同规定的日期或期间内,在装运港将货物交至船上时起,与货物有关的一切费用,并支付与货物有关的在运输途中直到它们到达目的港的一切费用,其中即包括滞期费;在没有相反证据及双方没有其他解释性约定的情况下,附加条款是双方对合同货物交付过程中有关费用划分的约定,即卖方负担运费和保险费,买方负担除上述两项以外的其他费用。而本案滞期费不包含在运费和保险费中,因此,该费用应由被申请人承担。因此,本案涉及的滞期费应由被申请人承担。

资料来源:http://www.jiaoyanshi.com/?viewnews-1976.html。

**【荐读书目及网络资源】**

[1] 《2000年国际贸易术语解释通则》(中文版)(英文版). 2000年1月第1版.
[2] 黎孝先. 国际贸易实务[M]. 3版. 北京：对外经济贸易大学出版社，2000.
[3] 周瑞琪，等. 国际贸易实务[M]. 英文版. 北京：对外经济贸易大学出版社，2008.
[4] 国贸之家 http://trade-2008.blog.sohu.com
[5] 人大经济论坛 http://www.pinggu.org/bbs/
[6] 世纪人才网 http://class.wtojob.com/
[7] 报关员考试 http://www.examda.com/
[8] 安徽工商职业学院精品课程 http://www.ahbvc.cn/
[9] 新农村商网 http://nc.mofcom.gov.cn/

# 第三章
## Chapter 3

## 进出口交易磋商

【学习目的与要求】

合同的商定是对外贸易活动的重要环节。它既是一个业务问题,又是一个法律问题。通过对进出口交易的磋商准备、磋商内容、磋商程序等的学习,能够分析国外目标市场的特点及其发展趋势,选择相应的对策,制订出口经营方案,掌握磋商谈判的原则、策略及方法,并能起草合同。要掌握国际贸易交易磋商的程序,着重弄清发盘和接受的条件;掌握国际贸易售货合同的结构及主要条款。

【本章导读】

我国 BC 公司向美国 JR 公司出口一批热水器,BC 公司于 3 月 8 日向 JR 公司去电:"可供××牌热水器 3 000 件,每件 35 美元 FOB 大连,5 月装运,即期信用证付款,限 10 日复到有效。"

3 月 10 日 JR 公司来电:"接受你 8 日来电,每件 38 美元 CFR 纽约。"

3 月 12 日 BC 公司去电:"我方只接受每件 45 美元 CIF 纽约,请速复。"

3 月 14 日来电:"歉难接受 12 日来电,只接受每件 40 美元 CIF 纽约。"

3 月 16 日来电:"经说服批发商同意每件 45 美元 CIF 纽约。"

3 月 18 日去电:"货已售出,有货再与你联系。"

3 月 25 日去电:"可供××牌热水器 3 000 件,每件 50 美元 CIF 纽约,5 月装运,即期信用证付款,限 28 日复到有效。"

3 月 28 日来电:"接受 25 日来电,仲裁地点在新加坡。"

3 月 30 日去电:"抱歉,难以接受仲裁地点在新加坡,仲裁地点可在中国。"

4 月 2 日来电:"接受仲裁地点在中国。"

4 月 3 日去电:"信用证 4 月 9 日开到有效。"

4月5日来电:"你3日电所提到的信用证将由花旗银行北京分行开出。"

为什么第一轮谈判并没有达成交易订立合同?在进出口交易磋商中什么样的函电才是具有法律效力的?进出口交易磋商的程序有哪些?谈判过程中要遵循哪些法律、法规、规则、原则?

## 第一节 磋商前的准备

交易双方就买卖商品的有关条件进行协商以期达成交易的过程,称为交易磋商,也称为贸易谈判、商务谈判。在国际贸易中,交易磋商占有十分重要的地位,因为它将直接影响到合同的签订及履行,关系到双方的经济利益。

在国际贸易中,交易双方分属不同的国家或地区,彼此有着不同的社会制度、政治制度、法律体系、经济体制和贸易习惯,有着不同的文化背景、价值观念、信仰和民族习惯,而且还有语言和文字沟通方面的困难。因此,国际贸易中的商务谈判是一项很复杂的工作,它比国内贸易中的谈判复杂得多。

谈判过程中,由于交易双方的立场及其追求的具体目标各不相同,故往往充满尖锐复杂的利害冲突和反复讨价还价的情况。参加谈判人员的任务是:根据购销意图,针对交易对手的具体情况,施展各种行之有效的策略,正确处理和解决彼此间的冲突和矛盾,谋求一致,达成一项双方都能接受的公平合理的协议。谈判时既不能错失机会,也不能埋下隐患,造成将来可能的利益损失。

### 一、组建谈判小组

要保证洽商交易的顺利进行,事先应选配精明能干的洽谈人员,尤其是对某些大宗交易或内容比较复杂的交易,应组织一个优秀的谈判小组。他们要掌握洽谈技巧,善于应战和应变,并善于谋求一致,因为,有较高素质的洽谈人员是确保洽谈成功的关键。一支谈判队伍应包括这样几种人员:

#### (一)技术人员

熟悉生产技术、产品性能和技术发展动态的技术员、工程师或总工程师,在谈判中可负责对有关产品性能、技术质量标准、产品验收、技术服务等问题的谈判,也可与商务人员紧密配合,为价格决策作技术参谋。

#### (二)商务人员

由熟悉交易贸易惯例、价格谈判条件,了解交易行情、有经验的业务员、厂长或经理担任。

#### (三)法律人员

律师或学习经济、法律专业知识的人员,通常由特聘律师、企业法律顾问或熟悉有关法律规定的人员担任。

（四）财务人员

由熟悉成本情况、支付方式及金融知识，具有较强的财务核算能力的财务会计人员担任。

以上人员参加谈判按谈判复杂程度可多可少，少的一人身兼数职，多的达十几至几十人，可分成几个小组，如商务小组、技术小组、法律小组等，各自负责自己的专业领域的谈判。

## 二、国际市场调查

在国际贸易中，各国或地区市场情况复杂，且变化不定，对各种商品的需求也有所不同，因此需要对国外市场进行选择，以便顺利进入市场，推动进出口业务的不断开展。为了选择合适的目标市场，应做好对目标市场的综合调查研究工作，这样才能知己知彼，掌握主动权，作出正确的经营决策。

（一）对国别或地区的调查研究

对国别或地区的调查研究，主要是对一个国家或地区的一般情况，尤其是对与贸易有关的情况，如政治情况、经济情况、对外贸易情况、法律情况、风俗习惯等，进行重点考察、综合调研，目的是为了与该国家或地区建立和发展贸易关系，确定目标市场。

（二）对商品市场行情的调查研究

搜索有关商品在国际市场上的生产技术和经济信息，通过对信息资料的分析整理，揭示商品的市场变动特点和原因，并在此基础上研究有关商品的市场供求、价格、库存等情况的变动趋势，从而把握行情，适应市场，扩大进出口业务。

（三）对市场价格的调查研究

商品市场发生的种种变化，都会通过价格的波动表现出来，价格的波动又会影响市场的全面变动。研究国际市场价格，首先要掌握价格变动的基本规律。影响价格变动的因素很多，除了受价值规律作用外，还经常受政治、经济和自然等因素的影响，如市场供求关系的变化、垄断和竞争、投机性活动、有关国家的政策措施等，都会引起市场价格的波动。对各种因素要具体分析，区别主次，深入研究，才能正确判断当前的价格水平，预计价格变化的趋势，以便选择最有利的目标市场。

（四）对市场供求关系的调查研究

市场供求关系的变化，直接影响商品的销售量和价格的高低。在国际市场上各种商品供求关系的变动趋势是受商业周期发展规律支配的，同时，不同的商品又有不同的供求变化特点和规律。各种商品生产周期的长短、季节性变化、消费习惯等也是引起供求关系变动的因素。国际市场供求关系变化是极不平衡的，在研究各个销售市场供求关系变化时，首先要掌握供求关系的基本发展趋势，还要结合市场条件和我国进出口商品的情况进行具体分析，搞清楚供应来源和需求方向,以及供求的数量变化,以便为我国进出口商品选择最适当的目标市场及发现潜在市场。

### 三、选择交易对象

在上述调查研究的基础上择优选定适当的目标市场后,应当对客户的资信情况进行全面调查,分类排序,选出经营能力强、资信好的客户作为交易对象,这是确保交易顺利进行的前提。对客户资信的调查应该全面,其中包括调查客户的资金情况、经营范围、业务性质以及经营能力等。对客户的调查可委托国内外专业资信咨询公司进行,也可委托中国银行及其驻外分支机构进行,还可通过我国外贸公司驻外分支机构及我国驻外的商务参赞处、代表处进行。在各种交易会、洽谈会上与客户进行直接交流,也是一种非常好的了解客户的途径。另外,还应指出的是,在选择交易对象时,既要巩固老客户,又要积极物色新客户,以便形成一个广泛的有基础和有活力的客户群。

## 第二节 交易磋商

### 一、交易磋商的形式与内容

(一) 形式

交易磋商的形式有口头谈判和书面谈判两种。口头谈判可以是面对面的谈判,也可以是电话谈判,但是由于国际贸易买卖双方相距较远,面对面谈判并不是国际贸易中的主流谈判方式,通过电话进行口头谈判又缺乏法律保证,用函电的方式进行书面谈判在国际贸易中较常见。目前函电的传递方式以传真和电子邮件为主。函电谈判有快速、准确无误、材料齐全、有据可查的优点,特别需要指出的是函电具有法律效力。

(二) 内容

交易磋商的内容是关于拟签订贸易合同的各项条款,包括品名、品质、数量、包装、价格、装运、支付、保险以及商品检验、索赔、仲裁和不可抗力等。其中前7项为主要交易条件,是进出口双方必须进行磋商并取得一致意见的内容。至于其他交易条件都是一般性交易条件,并非是合同所不可缺少的内容,但为了防止和减少争议的发生以及便于解决可能发生的争议,买卖双方在交易磋商时也不容忽视。

然而,在实际业务中,并非每次磋商都需要对这些条款逐一商讨。这是因为,普通的商品交易一般都使用固定格式的合同,商检、索赔、仲裁、不可抗力等通常作为一般交易条件章印在合同中,只要对方没有提出异议,就不必进行协商。同时,在许多老客户之间,双方在长期的贸易过程中已经形成一些习惯做法,也不需要在每笔交易中对各项交易条款——重新协商。这对于加速磋商的进程,节约费用开支,都是有益的。

## 二、交易磋商的程序

### (一)邀请发盘(Invitation of Offer)

邀请发盘是指准备购买或出售某种商品的一方,向对方询问买卖该商品的有关交易条件,或就该项交易提出带有保留条件的建议。

邀请发盘并非是交易的必不可少的环节,它仅仅是对交易进行询问,寻找买主或卖主,是正式进入磋商过程的先导。在一些特殊的贸易方式下,邀请发盘有可能成为必要环节,如招投标、拍卖等。

邀请发盘可以有不同形式,其中最常见的是询盘。询盘(Inquiry)是为了试探对方对交易的诚意和了解其对交易条件的意见,其内容可以涉及价格、规格、品质、数量、包装、交货期以及索取样品、商品目录等,不过,大多数询盘是询问价格,所以,通常将询盘称做询价。

询盘可由买方发出,也可由卖方发出。在询盘时,一般不直接使用询盘一词,而常用"请发盘"、"请告"、"请报价"、"可供"等词句。询盘仅表示买卖双方交易的一种愿望,对于询盘人和被询盘人均无法律上的约束力。以下是两封询盘实例:

买方询盘:"Please quote lowest price CFRBrisbane for 500PCS Flying Pigeon brand bicycles May shipment cable promptly。"

卖方询盘:"Can supply aluminium ingot 99 percent July shipment please cable if interested。"

### (二)发盘(Offer)

发盘,又称发价、报盘、报价,是指交易的一方向另一方提出某项商品的交易条件,并表示愿意按这些条件达成交易,订立合同的行为。发盘是商业行为,同时也是法律行为(要约),是交易磋商中不可省略的环节。发出发盘的一方就是发盘人,收到发盘的一方则被称为受盘人。发盘可以是卖方的行为,称之为售货发盘;也可以是买方的行为,称之为购货发盘或递盘。在实际业务中,一般以卖方发盘居多,例如:

Offer 5000 dozen sport shirts sampled March 15th USD84.5 per dozen CIF NewYork export standard packing May/June shipment sight L/C subject reply here 20th.

发盘既是商业行为又是法律行为。发盘对发盘人具有法律约束力。在发盘有效期内,发盘人不能任意撤销或修改其内容。若受盘人在有效期内对该发盘表示无条件接受,发盘人就必须按发盘条件与其成交、签订合同,否则即为违约,要承担相应的法律责任。

**1. 构成发盘的条件**

《联合国国际货物销售合同公约》(简称《公约》)中明确规定:"向一个或一个以上特定的人提出订立合同的建议,如果十分确定并且表明发盘人在得到接受时承受约束的意旨,即构成发价。一个建议如果写明货物并且明示或暗示地规定数量和价格或规定如何确定数量和价格,即为十分确定。"我国《合同法》第十四条也有类似规定。《公约》第十五条第(1)款和我国《合同法》第十六条又规定,发价于送达被发价人时生效。据此,一项有效的发盘应具备以下条件:

(1)发盘必须有特定的受盘人。在发盘中必须指定一个或多个可以对发盘表示接受并与发盘人签订合同的受益人。若发盘中没有指定受盘人,它便不能构成有法律约束力的发盘,而只能被视为邀请发盘,如向国外客户广为分发的商品目录、价格表格等属于这种情况。

(2)发盘的内容必须十分确定。发盘内容的确定表现为发盘中的交易条件必须是完整的、确定的和终局性的。

交易条件应该是完整的,应包括商品的品质、数量、价格、包装、交货期、支付方式等内容。一旦这些条件被受盘人所接受,便足以构成一项有效的合同。但有时由于交易双方已就"一般交易条件"达成协议,或已在长期的贸易往来中形成某种习惯做法,或由于在发盘中援引了过去的往来函电或过去的合同,发盘中的一些交易条件往往被省略。在这种情况下,发盘的不完整只是表面现象,它仍是一项完整的发盘。

应该注意的是:对发盘完整性的这种理解与《公约》的规定有所不同。按《公约》的规定,只要发盘中规定了交易商品的数量与价格,或是确定了商品的数量与价格确定的方法,该发盘就是完整、确切的。虽然这种做法在法律上可行,但在实际业务中应以明确规定各项交易条件为好,这样不易产生纠纷,有助于交易的顺利进行。

交易条件应是确定的,不能有含糊不清、模棱两可或似是而非的词句,如在发盘中注明"大约"、"大概"、"参考价"(The price are for reference only)或"上列价格经确认为准"(The above price are subject to confirmation)等保留条款,均属意思不确定,不能构成法律上的有效发盘。

交易条件应是终局性的,不附加任何保留及限制条件,如在发盘中规定"以我方最终确认为准"、"以商品未售出为准"等。

(3)发盘人必须明确表示发盘人受其约束。即发盘人在发盘有效期内不得随意更改或取消发盘,并且在受盘人接受时,按发盘中所列条件与受盘人达成交易订立合同。

以上是构成有效发盘的三个条件,也是考查发盘是否具有法律效力的标准。若不能同时满足这三个条件,即使在发盘中注明"实盘"或类似字样,也不能使发盘具有法律约束力。

**2. 发盘的生效**

若发盘采用的是口头形式,则除非交易双方另有约定,受盘人必须立即表示接受才有效。若发盘采用书面形式在生效期上存在两种不同的观点:一是发信主意,即认为发盘在发出的同时已经生效;二是受信主意,即认为发盘必须到达受盘人时才生效。我国采用到达生效原则。《公约》规定:"发盘于送达受盘人时生效。"

### 3. 发盘的有效期

发盘的有效期,是指发盘对发盘人约束的期限,也是受盘人接受发盘的期限。有效期并不是发盘的必要组成部分,但是为了避免发生歧义发盘都会规定确切的有效期。从发盘角度来看,在有效期内,发盘人受其发盘内容的约束,即一旦被接受,就要承担按发盘条件与受盘人订立合同的责任;在有效期之外,发盘人则不受其发盘内容的约束。因此,发盘的有效期是对双方的一种限制,也是对双方的一种保障。

在发盘中对有效期不作明确规定的,按国际惯例,发盘在合理时间内接受有效。对"合理时间"国际上并没有统一规定,故这种规定方法极易使交易双方产生争议,因此在实际业务中应尽量不用或少用。确切规定发盘有效期有以下几种情况:

(1)规定最迟接受日期,如"本发盘限 3 月 2 日复到,以我方时间为准"。我国外贸企业在对外发盘时,一般都采用这种方法规定发盘有效期,发盘送达受盘人时生效,至规定的有效期满为止。

(2)规定一段接受的时间,如"发盘有效期 3 天"或"发盘 10 天内复"。采用这种方法规定有效期,需明确"一段时间"的起讫问题。

小资料:《公约》第二十条规定:"发盘人在电报或信件内规定的接受期,从电报交发时刻或信上载明的发信日期起算。如信上未载明发信日期,则从信封上所载日期起算。发盘人以电话、电传或其他快速通信办法规定的接受期间,从发盘送达被发盘人时起算。""在计算接受期间时,接受期间内的正式假日或非营业日应计算在内。但是,如果接受通知在接受期间的最后一天未能送到发盘人处,因为那天在发盘人营业地是正式假日或非营业日,则接受期间应顺延下一个营业日。"

### 4. 发盘的撤回与撤销

发盘的撤回,是指发盘生效前,即发盘人将尚未到达受盘人的发盘予以取消的行为。在实际业务中,发盘的撤回只有在使用信件或电报发盘时方可适用,因为从信件或电报发出到送达收件人有一段时间间隔。而如果使用电传或电子邮件等方式发盘,因为这些信息可立即传达到对方,就不存在撤回发盘的可能性了。《公约》第十五条第(2)款规定:"一项发盘,即使是不可撤销的,也是可以撤回的,如果撤回通知于发盘送达被发盘人之前或同时送达被发盘人。"

发盘的撤销,是指发盘已经生效,即发盘人将已经送达受盘人的发盘予以取消的行为。对于一项已送达受盘人的发盘能否撤销,不同的国家有不同的规定,《公约》则对此作了折中规定。《公约》规定,若发盘人撤销发盘的通知于受盘人发出接受通知前送达受盘人,则发盘得以撤销;但若在发盘中规定了有效期,或通过其他方式表明该发盘不可撤销,或受盘人有理由信赖该项发盘是不可撤销的,并已本着对该发盘的信赖采取了行动,则该发盘不可撤销。由《公约》的规定可见,发盘在大多数情况下是不可撤销的,因此我们在对外发盘时要采取谨慎的态度,严防差错,避免造成难以挽回的损失。

**5. 发盘的失效**

发盘的失效,又称发盘的终止,是指发盘法律效力的消失。它包含两方面的意义:一是发盘人不再受发盘的约束;二是受盘人失去了接受该发盘的权利。发盘失效的原因很多,归纳起来,主要有下列几种情况:

(1)发盘过了有效期。

(2)受盘人的拒绝。

(3)发盘被依法撤销。

(4)不可抗力。

(5)发盘人或受盘人丧失行为能力、破产或死亡。

(6)受盘人还盘。

**(三)还盘(Cownter Offer)**

还盘,又称还价,是指受盘人不同意或不完全同意发盘人在发盘中提出的条件,而对原发盘提出相应的修改或变更的意见的一种行为。例如:

Your cable 18th counter offer USD80.00 per dozen CIFNewYork.

还盘是对发盘的拒绝,它使原发盘失去效力。同时,一项还盘又是受盘人向原发盘人提出的新的发盘。因此,还盘与发盘具有同样的法律效力,还盘人受其还盘内容的约束,如果原发盘人在还盘的有效期内对还盘内容表示全部接受,还盘人必须按其还盘条件与原发盘人订立合同。

对于还盘,原发盘人也可表示不同意见,因而进行再还盘。有时,一项交易需经多次互相还盘,才能最后达成协议。虽然如此,还盘也还不是交易磋商的必经步骤。有时,发盘后没有还盘,而是直接被发盘人表示接受。

**(四)接受(Acceptance)**

接受,是指交易的一方无条件地同意对方在发盘或还盘中所提出的交易条件,并以声明或行为表示愿意按这些条件与对方成交、签订合同的一种行为。

接受与发盘一样,既是一种商业行为又是一种法律行为(承诺)。对发盘一旦表示接受,合同即告成立。此时,发盘中的交易条件不仅对发盘人有效,而且对接受人也有法律约束力。

**1. 构成一项有效接受的条件**

(1)接受必须由特定的受盘人作出。如上所述,一项有效的发盘必须是向1个或1个以上特定的人作出。因此,对发盘表示接受,也必须是发盘中所指明的特定受盘人,而不能是其他人。如果其他人通过某种途径了解到发盘的内容,而向发盘人表示接受,这种"接受"只是其他人向原发盘人作出的一项发盘,而不是有效的接受。

(2)接受必须表示出来。接受必须由特定的受盘人表示出来,缄默或不采取任何行动不能构成接受。按《公约》的规定,受盘人表示接受的方式有两种:一是用"声明"来表示,即受盘人用口头或书面形式向发盘人表示同意发盘的内容,这是国际贸易中最常用的表示方法。一般来说,对口头发盘要立即作出口头接受,对书面形式的发盘也要以书面形式表示接受,二是用行为来表示,通常是指由卖方发运货物或由买方支付价款(包括汇付货款或开立信用证)来表示,也可以用其他任何行为来表示,诸如开始生产所买卖的货物、为发盘人采购有关货物等。在用行为表示接受时,必须注意这种行为接受方式是根据该发盘的要求或依照当事人之间确立的习惯做法而行事的,而且该行为必须在发盘明确规定的有效期之内,或在合理时间之内(如果发盘未规定有效期)才有效。

(3)接受的内容必须与发盘相一致。受盘人必须无条件地同意发盘的全部内容,才能与发盘人成交,这也是接受的基本原则。如果受盘人在对发盘表示同意的同时对发盘的内容进行了修改或提出了某些附加条件,那么只能认为他拒绝原发盘并构成一项还盘。

然而在国际贸易的实际业务中,受盘人在表示接受时,往往对发盘作出某些添加、限制或其他更改,称之为有条件的接受。《公约》将有条件接受中对发盘内容的修改分为实质性变更与非实质性变更,前者构成还盘,并不是有效的接受,合同关系不能成立;后者被视为有效的接受,合同关系成立。

小资料:《公约》规定:"有关货物价格、付款、货物质量和数量、交货地点和时间、一方当事人对另一方当事人的赔偿责任范围或解决争端等的添加或不同条件,均视为在实质上变更发盘的条件。"应该注意的是,各国商人对实质性变更与非实质变更的划分可能会有不同的理解,因此,只要对方对我方发盘的内容作了修改而我方又不能接受,就应立即表示反对,以免以后产生争议。

**2. 接受的生效**

接受的生效各个国家的规定都不尽相同,英美法系采用"投邮生效"原则,即接受通知一经投邮或发出就立即生效。大陆法系采用"到达生效"原则,即接受通知只有在送达发盘人时才能生效。《公约》第十八条规定:"接受发盘于表示同意的通知送达发盘人时生效。"

**3. 接受的撤回**

按《公约》的规定,接受于送达发盘人时才生效。因此,若撤回或修改的通知先于接受或与接受同时到达发盘人,受盘人就可以在接受生效前将其撤回或对其进行修改。

在接受的撤回问题上,英美法与大陆法存在着重大的分歧。英美法认为,接受的通知一旦发出就立即生效,合同即告成立,因此接受不能撤回。但是,大陆法则认为,接受是在到达发盘人时才生效,因此,在接受生效前就可以撤回。由于接受一旦生效,合同即告成立,因此接受是不能撤销的。撤销一项已生效的接受,无异于撤销已生效的合同,是毁约行为,要承担相应的法律责任。

#### 4. 逾期接受

逾期接受,是指受盘人的接受通知超过发盘规定的有效期或发盘未明确规定有效期而超过合理时间才到达发盘人的一种行为。

按照各国的法律,逾期接受不能被认为是有效的接受,而只是一项新的发盘。《公约》也认为,逾期接受原则上是无效的。但是,为了有利于双方合同的成立,对逾期接受采取了一项灵活的处理方法,使它在符合某些条件的情况下,仍然具有接受的效力。《公约》第二十一条规定:"逾期接受仍有接受的效力,如果发盘人毫不延迟地用口头或书面将此种意见通知被发盘人。""如果载有逾期接受的信件或其他书面文件表明,它是在传递正常、能及时送达发盘人的情况下发出的,则该项逾期接受具有接受的效力,除非发盘人毫不延迟地用口头或书面通知被发盘人,他认为他的发盘已经失效。"由此可见,逾期接受是否有效,主动权掌握在发盘人手中。

## 第三节　订立合同

在国际货物买卖过程中,买卖双方经过一系列的交易磋商,最终达成交易,但为了明确买卖双方的权利和义务,还要以书面形式签订1份合同作为依据。合同是具有约束力的法律文件,任何一方违反合同的规定,都将承担法律责任。书面合同有广义和狭义之分:广义的书面合同是由一定的书面文件形成的合同,它可以是一份由买卖双方签署的有一定格式的书面合同,也可以是买卖双方为订立合同进行洽商而往来的多份信件、电报与电传构成的书面合同;狭义的书面合同,则仅指前一种有一定格式的书面合同。

### 一、合同有效成立的条件

合同是不是具有法律效力,还要视其是否具备了一定的条件。不具备法律效力的合同是不受法律保护的。一个具有法律效力的合同应具备以下条件:

(一)当事人必须在自愿和真实的基础上达成协议

《中华人民共和国合同法》第五十二条规定:"一方以欺诈、胁迫手段订立的合同无效。"

(二)当事人必须具有订立合同的行为能力

未成年人、精神病患者等不具有行为能力的人,其所签订的合同无效。

(三)合同必须有对价和合法的约因

"对价"是英美法系的一种制度,它是指合同当事人之间所提供的"相互给付",即双方互为有偿交换。例如,在货物买卖合同中,卖方交货是为了取得买方支付的货款,而买方支付货款是为了得到卖方提交的货物,这种买方支付货款和卖方提交货物就是买卖双方的"相互给付",即买卖合同的"对价"。"约因"是法国所强调的,它是指当事人签订合同所追求的直接目的。买卖合同只有在有"对价"或"约因"的情况下,才具有法律效力。

（四）合同的标的和内容必须合法

《中华人民共和国合同法》第五十二条规定:"损害国家、集体或者第三者利益;以合法形式掩盖非法目的;损害社会公共利益;违法法律、行政法规的强制性规定的合同无效。"

（五）合同的形式必须符合法律规定的要求

《公约》对国际货物买卖合同的形式,原则上不加限制,无论采用书面方式还是口头方式,均不影响合同的效力。

小资料:我国再加入《公约》时对这一条提出保留,坚持订立国际货物买卖合同必须采用书面形式,但随着《中华人民共和国合同法》的颁布,关于合同形式的规定我国法律与《公约》已不存在分歧。

## 二、订立书面合同

（一）订立书面合同的意义

根据法律的一般原则,买卖双方进行交易洽商,不论是口头洽商还是书面洽商,当任何一方作出的发盘为另一方接受时,合同即告成立。但是在国际贸易实践中,买卖双方往往还需要另行签订1份有一定格式的书面合同。签订合同是指不同国家的当事人按一定条件买卖商品,买卖双方经过洽商达成协议后,将各自的权利和义务用书面形式加以明确,此行为往往具有重大意义,主要表现在以下几个方面:

**1. 书面合同是合同成立的重要证据**

在一般情况下,虽然口头合同和书面合同具有同等的法律效力,但按照各国法律的要求,凡是合同都必须能得到证明,一旦发生争议而诉诸法律,法院将要求当事人对合同的成立提供书面证据。在这种情况下,口头合同不容易举证,这就给纠纷的正确解决带来一定的不便,有时会使当事人的合法权益得不到有效的保障。我国政府在核准《联合国国际货物销售合同公约》时,对有关规定提出了保留,即我国不同意国际货物买卖合同采用书面合同以外的其他形式订立、更改或终止。

**2. 书面合同是合同履行的依据**

在国际贸易中,合同的履行涉及的企业内外的部门和单位很多,过程也很复杂,口头合同如果不转变成书面合同,其履行的困难是不言而喻的,即使通过信件、电报或电传达成的交易,如果不将分散于多份信件、电报、电传中的双方达成一致的条款集中归纳到一份书面合同上来,也将难以正确履行合同。所以买卖双方不论是通过口头洽商,还是通过书面洽商,在达成交易后将商定的交易条件全面清楚地一一列明在一个书面文件上,对于进一步明确买卖双方的权利和义务,以及为合同的正确履行提供依据都有十分重要的意义。

**3. 书面合同是合同生效的条件**

书面合同虽不拘泥于某种特定的名称和格式,但是在洽商交易时,如买卖双方中的一方曾声明并经另一方同意,合同的成立以双方签订书面合同为准,即使双方已经对全部交易条件取得一致意见,在书面合同签订之前,也不存在法律上有效的合同。在这种情况下,书面合同就成为合同生效不可缺少的条件。

## (二) 书面合同的形式

在国际贸易中,对书面合同的形式亦没有具体的限制,买卖双方既可采用正式的合同、确认书、协议,也可以采用备忘录等其他形式。

在我国进出口业务中,书面合同主要采用两种形式:一种是条款较完备、内容较全面的正式合同,如进口合同或购买合同(Purchase Contract)以及出口合同或销售合同(Sale Contract)。这种形式适合于大宗商品或成交金额较大的交易。另一种是内容较简单的简式合同,如销售确认书(Purchase Confirmation)和购买确认书(Sale Confirmation)。这种格式的合同适用于金额不大、批数较多的小土特产品和轻工产品,或者已订有代理、包销等长期协议的交易。

这两种形式的合同,虽然在格式上、条款项目和内容的繁简上有所不同,但在法律上具有同等效力,对买卖双方均有约束力。

在实际业务中,各出口企业都印有固定格式的出口合同或销售确认书。书面成交的,由买卖双方共同签署;通过函电往来成交的,由我方签署后,一般将正本一式两份寄送国外买方签署,客户收到合同后,签署寄回一份,以备存查,同时附函说明,作为以后履行合同的依据。

## (三) 书面合同的内容

国际货物买卖合同的内容比较完整、全面,通常由以下三部分组成:

**1. 合同的首部**

合同的首部是指合同的序言部分,它对缔约双方均具有约束力。主要包括合同的编号、名称、缔约时间、缔约地点、缔约双方当事人的名称和地址等,有的还在合同的首部写明双方订立合同的意愿和执行合同的保证。这一部分是合同的开始部分。

**2. 合同的主干部分**

这部分是合同的主体部分,用以规定当事人的权利和义务,并具体列明各项交易条件,主要包括合同的各项条款,如商品的名称、品质、数量、包装、价格、运输、保险、货款收付、检验、索赔、仲裁、不可抗力等内容。

**3. 合同的结尾部分**

这一部分一般列明合同的正本份数、使用的文字及效力、附件的效力,以及缔约双方当事人的签字和适用的法律和惯例等问题。

此外,有的合同有附件部分,附在合同之后,作为合同不可分割的一部分。

## 本章小结

1. 本章关键词:询盘、发盘、还盘、接受、有条件的接受、逾期接受、书面合同。
2. 交易磋商前的准备,包括人员的准备、市场调研以及对成交对象的资信调查等。
3. 交易磋商的形式主要有口头和书面两种,其中以书面谈判为主;交易磋商的内容分为主要交易条款和一般性交易条款,其中主要交易条款尤为重要,包括品质、数量、包装、价格、支付、交货期。
4. 交易磋商的程序包括询盘、发盘、还盘、接受,其中发盘和接受是不可省略的环节,同时也是法律性行为。
5. 发盘与接受涉及的构成条件、生效条件、撤回与撤销问题都是本章的重点。
6. 有条件的接受要视具体的变更条件而定,逾期接受要根据具体情况来处理。
7. 书面合同主要有合同书和确认书两种,其内容包括约首、主体和约尾三部分。

## 思考题

1. 交易磋商的一般程序是什么?其中哪些环节是必不可少的?
2. 什么是发盘?构成一项有效的发盘应具备哪些条件?
3. 什么是接受?构成一项有效的接受应具备哪些条件?
4. 什么是逾期接受?关于这一点《联合国国际货物销售合同公约》中作出了哪些特殊的规定?
5. 签订书面合同的意义。合同有效成立的条件。

## 阅读资料

### 《联合国国际货物销售合同公约》概述

(一)《联合国国际货物销售合同公约》产生的背景

《联合国国际货物销售合同公约》(以下简称《公约》),是有关国际组织半个多世纪以来,在推动国际贸易法律统一化方面所取得的一项重要成果。为了克服各国贸易立法冲突给国际贸易带来的障碍,1934年国际私法研究所拟订了一部《国际货物买卖法》草案,交各国政府征求意见,尔后由于第二次世界大战爆发而中断。战后,1964年4月在海牙召开的外交会议上,终于通过了《国际货物买卖统一法公约》和《国际货物买卖合同成立统一法公约》,并分别于1972年8月18日和同年8月23日起生效。但是,这两个公约基本上是欧洲大陆法传统的产物,所体现的主要是大陆法的原则,参加的国家不多,并没有起到统一国际货物买卖法的作用。为纠正上述两个公约的缺陷,制定一部能为不同法律制度和不同社会经济制度国家所接受的国际货物买卖统一法,1969年国际贸易法委员会成立了一个专门工作组。1980年工作组完成起草工作,提出了一部《国际货物销售合同公约》,同年3月在维也纳外交会议上获得通过。1988年1月1日起正式生效。

## (二)《公约》的特点

概括地讲,《公约》的主要特点是既坚持国际贸易法的统一化,又照顾到不同社会、经济和法律制度的差别性,并把两者灵活、巧妙地结合起来,使之成为世界上不同法系都能接受,不同社会、经济制度都能容纳的调整国际贸易关系的统一规范。例如,海牙两公约之一的《1964年国际货物买卖统一法公约》规定,每一缔约国要保证在不迟于本公约对该国生效之日,按照本国立法程序把本公约纳入本国法律之中。这是一项强制性规定,换言之,凡是缔约国加入该公约时必须首先将公约的规定全部纳入本国立法,这是加入公约的一项前提条件;而纳入本国法则意味着全面修改本国原有与公约不同的立法,单就这一点对于不同法系、法制的国家来说,就是一个难以接受的条件。《联合国国际货物销售合同公约》改变了这种僵硬的做法,在《公约》的序言中明确宣布,本公约各缔约国认为采用照顾到不同社会、经济和法律制度的国际货物销售合同统一规则将有助于减少国际贸易的法律障碍,促进国际贸易的发展。这也是制定本公约的宗旨,具体说就是,在照顾到不同社会、经济和法律制度差别的条件下,制定一个缔约各国共同遵守的统一规则。这一宗旨本身就深刻体现了统一性与灵活性相结合的指导思想,《公约》在制定过程中通过反复磋商、修改和各种技术处理,使这一宗旨得到实现,使各国之间由于在社会、经济和法律制度各方面存在严重分歧而难以统一的棘手问题,诸如合同形式问题、实际履行问题以及所有权转移问题和对本公约能否部分承认等问题,通过不同的方式,得到较好的解决,从而为国际贸易法统一化打开了新的局面。

## (三)《公约》的基本结构

《公约》共分四部分101条。第一部分是《公约》的适用范围和总则。关于适用范围,《公约》详细规定了适用本公约和不适用本公约的有关事项。关于《公约》总则,主要有解释和适用《公约》的原则、解释当事人意旨的原则、惯例的适用和效力、当事人营业地的确定、关于合同形式的要求、书面的含义等。第二部分是合同的成立。这部分主要是对要约和承诺的规则作了详细的规定。关于要约的规则,主要有要约的定义、要约的生效与撤回、要约的撤销、要约效力的终止等;关于承诺的规则,主要有承诺的定义、承诺的期限、逾期承诺的效果、承诺的撤回等。第三部分是货物买卖。如果说第二部分是合同法部分的话,那么这部分实际上就是买卖法部分,其主要内容是买卖双方各项权利和义务、违约及其补救措施等规定。第四部分是最后条款。这部分的主要内容是一些程序性和技术性的规定,如《公约》的签字、加入、批准、生效、退出、允许保留的事项、联邦条款、本《公约》与其他国际条约的关系以及《公约》正本的保存等一般性条款。

## (四)《公约》的适用范围

根据《公约》规定,适用本公约的合同,其主体必须是具备以下条件:a.双方当事人的营业地必须处在不同的国家;b.双方当事人的营业地所在国必须是缔约国(第一条第1款(a)项),或者虽然不是缔约国,但如果根据国际私法规则导致适用某一缔约国的法律,也可以适用本公约(第一条第1款(b)项)。

《公约》在第一条第3款中指出,在确定本公约的适用时,当事人的国籍和当事人或合同的民事或商业性质,应不予考虑。关于《公约》适用需着重说明以下三点:

(1)适用《公约》的合同性质必须是营业地在不同国家的当事人之间所订立的货物销售合同。由此可见,《公约》确定一个合同是否为国际合同的标准是指当事人的营业地在不同的国家,而不论当事人的国籍、客体和法律事实是否有涉外因素。这一划分原则与我国涉外经济合同法对涉外经济合同的划分是不同的。其次,《公约》是针对国际货物销售合同而制定的,因此,工业产权、劳务、金融、租赁等合同均不适用于《公约》。

(2)《公约》规定,适用《公约》的当事人的营业地必须分处不同《公约》缔约国内,如其中一方营业地或双方营业地虽然不是缔约国,但如根据国际私法规则导致适用某一缔约国的法律,也应适用本公约。例如,我国(《公约》缔约国)与泰国(目前不是《公约》缔约国)某公司在青岛签订一项出口合同,贸易术语为 FOB 青岛,在合同未选择适用法律的情况下,本合同按照国际私法规则应适用合同订立地法或履行地法,而合同订立地或履行地均为中国,据此应适用中国法,而中国是《公约》的缔约国,依据《公约》上述规定,应适用《公约》。这样一来,泰国虽然不是缔约国,却导致适用《公约》,结果扩大了《公约》的适用范围。但是,这对于该国的当事人以及司法机关处理案件来说,都会产生在适用法律上的不确定性,甚至会出现某种偶然性的结果。这就是有许多国家对本条持反对态度的主要依据(我国和美国等国已声明对本条保留,因而不适用)。

《公约》第二条规定,《公约》不适用以下销售:a.供私人和家庭使用的货物买卖;b.以拍卖方式进行的买卖;c.根据法律执行令状或其他令状进行的买卖;d.公债、股票、投资证券、流通票据或货币的买卖;e.船舶、船只、气垫船和飞机的买卖;f.电力的买卖。

(3)《公约》第三条还规定,由买方供应所购货物所需的大部分材料的合同,以及供货一方大部分义务是提供劳务或服务的合同,也不适用于《公约》。

(五)《公约》不涉及的问题

《公约》在第四条、第五条中规定,《公约》不涉及以下问题:

(1)《公约》不涉及合同的效力,或其任何条款的效力,或任何惯例的效力。所谓国际货物买卖合同的有效性,是指该合同是否具备四个有效要件,即当事人具有行为能力、当事人意思表示真实、合同的内容合法以及合同的形式合法。关于国际货物买卖合同成立的形式要件,《公约》明确规定国际货物买卖合同无须以书面订立或书面证明,在形式方面也不受任何其他条件的限制。显然,关于国际货物买卖合同的有效性,《公约》并没有涉及除形式要件以外的另外三个要件。关于当事人的行为能力、意思表示真实以及合同内容合法等因素对合同有效性的影响,各国都有具体的法律规定,但由于各国经济制度、价值观念以及法律传统等方面的差异,这方面的法律规定分歧较大,因而《公约》无法对此作出统一规定。另外,关于惯例的有效性问题,《公约》规定当事人应受他们业已同意的任何惯例和他们之间业已建立起来的习惯做法的约束。据此，可以这样认为，当合同双方当事人选定的惯例与《公约》的规定不一致时，应当优先适用惯例，但《公约》的这一规定是指，国际货物买卖合同的当事人可以选择惯例作为合同的准据法。至于惯例本身的有效性、惯例的内容以及惯例的解释等问题，《公约》并没有作出规定，而应适用有关专门解释。

(2)《公约》不涉及合同对所售货物所有权可能产生的影响。所有权可能产生的影响十分广泛，而且是一个涉及当事人双方的实质利益的重要问题。其广泛包括所有权取得与丧失(转移的时间)、第三人对货物可能提出的各种权利要求，或对第三人可能产生的影响；其重要性表现为所有权的转移关系到当事人双方切身利益。例如A国甲向B国乙购买一批货物，贸易术语为FOB，8月1日按期装运开船，甲尚未付款赎单之前，B国乙破产，全部财产被法院查封，在这种情况下，该批货物的归属如何，就是所有权应回答的问题。但是，所有这些问题(包括所有权转移和涉及第三人的问题)，各国法律规定不同，无法作统一规定，因此，《公约》对涉及所有权的问题采取了不涉及的原则，一概由各该国内法解决。这一原则也适用于公约其他有关条款。

(3)《公约》不适用于卖方对于货物对任何人所造成的死亡或伤害的责任。根据《公约》的规定，卖方对所交付的货物负有品质担保义务。如果卖方交付的货物不符合合同或《公约》的规定，买方向卖方提出索赔或要求采取其他补救措施，但《公约》对因卖方所售的货物有缺陷而给买方或消费者造成人身伤亡或经济损失所引起的责任问题没有作出规定。因为，这已不是单纯的品质问题而是所谓的产品责任问题。产品责任是指因产品有缺陷而给买方或消费者造成人身伤亡或经济损失的责任；品质责任是指卖方因所交货物与合同规定品质要求不符而应承担的责任。由于各国产品责任法在制定目的、赔偿原则等方面规定各异，无法统一，因此，《公约》规定不涉及该问题，而转由有关国家国内法调整。

(六)我国企业在适用《公约》时应注意的问题

我们于1986年12月向联合国秘书长递交了《公约》核准书，因此，《公约》已于1988年1月1日对我国生效。按照一国缔结或参加的国际公约优先于国内法的原则，在无明确排除《公约》适用的情况下，《公约》将适用于我国企业与营业地设在其他缔约国的当事人间订立的国际货物销售合同。我国企业在适用《公约》时应特别注意以下几点问题。

(1)要注意《公约》与我国《涉外经济合同法》在适用范围方面的区别。a.《公约》的适用范围较窄，而我国《涉外经济合同法》的适用范围较宽。《公约》是关于国际贸易买卖合同的专业法，它仅适用于国际货物买卖合同；而我国《涉外经济合同法》适用于除国际运输合同以外的所有涉外经济合同。b.确定合同的国际性或涉外因素的标志不一样。《公约》所确定的合同的国际性，以双方当事人的营业地处在不同的国家为标志；而我国《涉外经济合同法》主要根据当事人的国籍来确定合同的涉外因素。

(2)由上述第五部分可以看出，《公约》只适用于国际货物销售合同的以下三项内容：合同的订立、买卖双方的权利义务、违约及其补救措施。除此之外,《公约》并没有对包括合同的效力等其他问题作出规定,因而当事人选择《公约》作为合同的准据法,并不意味着解决合同的一切纠纷都有了法律依据。据此,当事人在选择《公约》作为合同的准据法时,还应对《公约》没有规定的问题作出约定。

(3)《公约》第六条规定,双方当事人可以在合同中约定不适用本公约,或部分地排除,或改变《公约》中任何条款的规定。否则,《公约》即适用于营业地在不同缔约国当事人间所签订的货物销售合同,但缔约国提出保留声明的事项除外。

我国在1986年12月11日提交核准书时,对《公约》提出了两项重要保留。a.关于国际货物买卖合同书面形式的保留。《公约》规定,国际货物买卖合同无须以书面订立或书面证明,在证明方面也不受任何其他条件的限制,各国可以用包括人证在内的任何方法证明,即国际货物买卖合同可以用口头或书面方式成立。而我国考虑到国际货物买卖关系的金额巨大、复杂性及解决合同纠纷的便利性,认为国际货物买卖合同必须采用书面形式,故《公约》的上述规定和其他类似规定对我国不适应。b.我国对依据国际私法规则导致适用《公约》的规定提出了保留。这主要因为,《公约》的这一规定限制了缔约国有关国内法的适用,并易使《公约》的适用产生不确定性,作为《公约》缔约国,除非合同中有相反规定,《公约》将适用于我国企业与营业地在另一缔约国(如美国)的当事人间所签订的国际货物销售合同。因此,了解《公约》的有关规定对我们具有重大意义。

资料来源:http://www.examda.com/bgy/law/caikao/20060705/102914734.html

**【荐读书目及网络资源】**
[1] 冯智慧.变更发盘条件后合同是否成立争议案[J].对外经贸实务,2004(10).
[2] 冯智慧.一笔不应有的损失[J].对外经贸实务,2005(4).
[3] 田野青,郭蕊.国际贸易英文函电[M].北京:机械工业出版社,2010.
[4] 联合国官方网站 http://www.un.org/
[5] 阿里巴巴商业资讯 http://www.info.china.alibaba.com/
[6] 中国贸易金融网 http://www.sinotf.com/

# Chapter 4 第四章

## 国际贸易合同条款(一)

**【学习目的与要求】**

通过对本章的学习要求学生了解正确订立品质、数量、包装条款的重要性;商品品名与商标的联系与区别;买卖合同标的的概念及内容。掌握品质、数量、包装条款的主要内容和订立方法及应注意的问题。重点掌握常用数量的计量单位和计算方法,商品品质的表示方法,数量机动幅度条款规定方法,唛头的制作;了解价格条款的重要性及主要内容。

**【本章导读】**

我方某出口公司(以下简称出口方)与德国某进口公司(以下简称进口方)签订合同出口一批商品。数量为100长吨,单价为每长吨CIF不来梅某农产品100英镑,品质规格为:水分最高15%,杂质不超过3%品质检验,交货品质以中国商品检验局检验证书为最后依据。但在成交前我方公司曾向对方公司寄送样品,合同签订后又传真给对方,确认成交货物与样品相似。货物装运前由中国商品检验局检验签发了品质规格合格证书。

货物运抵德国后,该德国公司提出,虽有商检局出具的品质合格证书,但货物的品质却比样品低,卖方应有责任交付与样品一致的货物,因此要求每长吨减价6英镑。我方公司以合同中并未规定凭样品交货,而仅规定了凭规格交货为理由,认为所交货物符合合同规定,因此不同意减价。于是,德国公司请德国某检验公司进行检验,出具了所交货物平均品质比样品低7%的检验证明,并据此向我方公司提出索赔600英镑的要求。我方出口公司则仍坚持原来理由而拒赔。德国公司拟提请国外仲裁机构仲裁,但因合同中未规定仲裁条款,争议发生后双方无法达成仲裁协议。于是,德国公司请求中国国际贸易促进委员会对外贸易仲裁委员会协助解决此案。此时,我方出口公司进一步陈述说,这笔交易在交货时商品是经过挑选的,因该商品系农产品,不可能做到与样品完全相符,但不至于比样品低7%。但由于我方出口公司留存的样品已遗失,对自己的陈述无法加以证明,最后只好赔付了一笔品质差价而结案。

本案例中这笔交易究竟是凭规格买卖,还是凭样品买卖,或者是既凭规格又凭样品的买卖?出口方是否应承担品质与样品不符的责任?出口方应吸取哪些教训?本章将针对国际货物买卖中商品的标的物进行阐述。

## 第一节 商品名称

### 一、标的的含义

标的(Subject Matter),是指法律行为所要达到的目的。它是合同双方当事人权利、义务共同所指的对象。在国际货物买卖中是指双方买卖的主体——货物,这是交易赖以成立和进行的物质基础。商定国际货物买卖合同必须首先解决的问题是明确规定标的及相关条件,包括商品的品名、数量、质量和包装。如:

Article No.：HX1115

Commodity：35-piece dinnerware and tea set

Quantity：542 sets

Packing：packed in cartons of 1 set each only, Total：542 cartons

货号:HX1115

品名:35 头餐茶具

数量:542 套

包装:纸箱装,每箱装 1 套,总计 542 箱

严格地讲,商品的质量、数量和包装不应该划进标的范畴,但是,它们与商品品名的关系又十分密切。因此,可以把商品的名称称为狭义的标的,而把商品的质量、数量及包装称为广义的标的。标的必须具备的条件如下:

(1)必须是卖方所占有的;

(2)必须是合法的;

(3)必须是双方当事人一致同意的。

### 二、列明品名的意义

商品的品名即商品的名称,它能够反映商品的自然属性、用途、特性等,如彩色电视机、石油、煤。

在国际贸易中首先要确定的交易条件,一般是凭借对拟进行买卖的商品作必要的描述来确定交易的标的。对交易标的物的描述是构成商品说明的主要组成部分,是买卖双方交接货物的一项依据,它关系到买卖双方的权利和义务。好的商品名称能促进消费,激发消费者的购

买欲望,有利于买卖合同的签订。

### 三、命名品名的常用方法

(1)以其主要用途命名:旅游鞋、杀虫剂、自行车;
(2)以其所使用的主要原材料命名:羊毛衫、玻璃杯;
(3)以其主要成分命名:西洋参、蜂王浆、芦荟乳霜;
(4)以其外观造型命名:赤豆、圆锥滚子轴承;
(5)以其褒义词命名:青春宝、乐百氏果奶;
(6)以人物名字命名:孔府家酒、孔乙己茴香;
(7)以制作工艺命名:二锅头、精制油。

在规定商品品名时应注意如下事项:
(1)内容必须明确、具体;
(2)应尽可能使用国际上通用的名称;
(3)注意选用合适的品名,以利减低关税、方便进出口和节省运费开支;
(4)应注意单证间、单货间品名的一致。

## 第二节 品质条款

### 一、商品的品质

#### (一)商品品质的含义

商品的品质(Quality of Goods)又称商品的质量,是指商品的内在素质(Intrinsic Quality)和外观形态(Shade of Goods)的综合表现。内在素质指满足人们对商品的使用价值和使用性能的要求,如化学成分、物理和机械性能、生物特性等;外部形态则是指商品的外观和外部结构情况,如外形、结构、色泽、味觉等。

#### (二)商品品质的重要性

品质条款是国际货物买卖合同的主要条款之一;商品质量是买卖双方产生争议的主要原因;改进和提高商品质量是企业非价格竞争的重要手段;商品质量成为国家奖出限入的贸易保护主义手段(技术性贸易壁垒)。

卖方对货物的品质具有担保义务,《联合国国际货物销售合同公约》第35条规定卖方所交货物必须符合下列4项要求,否则与合同不符:
(1)货物应适用于同一规格货品通常的用途;
(2)货物应适用于订立合同时买方曾明示或默示地通知卖方的任何特定用途,除非买方

不依赖于卖方的技能和判断力;

(3)货物的质量应与卖方向买方所提供的货物样品或样式相同;货物应按同类货物通用的方式装入容器或包装,如无此种通用方式,则应按足以保全和保护货物的方式装入容器或包装。

(三)对进出口商品品质的要求

对出口商品品质的要求如下:

(1)树立商品国际化的观点;

(2)适应一些国家对商品品质的要求或规定;

(3)适应销售的季节和自然条件;

(4)适应各国政府有关法令与条例的规定。

对进口商品的品质要求为:切实保证进口货物品质规格,引进技术设备要注意经济效益,适合我国情况。

## 二、表示商品品质的方法

(一)以实物表示货物品质

1. 凭实际品质成交(Sale by Actual Quality)

凭实际品质成交也称看货买卖。一般由卖方在货物存放地点向买方展示拟出售的货物,经买方现场检验满意后达成交易。看货买卖只要卖方交付的货物与买方验看过的货物相符,买方就不得对品质提出异议。一般只适合于古董、工艺品及首饰等贵重物品交易。

2. 凭样品买卖(Sale by Sample)

(1)交易双方以样品来说明商品品质并约定以样品作为交接货物的品质依据,称为"凭样品买卖"。样品通常是指从一批商品中抽取出来,或由生产和使用部门设计加工出来能够代表商品品质的少量实物。样品无论是由卖方提供,还是由买方提供,一经双方凭样品成交便成为履行合同时交接货物的质量依据,卖方承担交付的货物质量与样品完全一致的责任,否则买方有权提出索赔甚至拒收货物。通常适用于那些品质难以用文字描述的商品的交易,如服装、玩具及某些轻工业品和矿产品。

如"Sample NT002 Plush Toy Bear Size 24"

① 参考样品(Reference Sample)。这种样品不作为交货时品质的依据,而仅供参考。

② 标准样品(Type Sample),又称标样或原样(Type Sample or Original Sample)。用以衡量交货品质的样品。一般确认后封存、铅封、公证处存。

③ 留样(Keep Sample)。主要指卖方按照买方提供的样品仿制出来的复制品。

④ 复样(Duplicate Sample)。指将原样交给对方时,自己所保留的与原样一致的样品。

⑤ 回样(Return Sample)。指卖方根据买方样品制作,并交买方确认的样品。

⑥对等样品(Counter Sample)。指卖方按照买方提供的样品仿制出来的复制品与原样的款式和品质等基本一致,这种样品就叫对等样品。

(2)凭样品买卖时应注意的事项。

①凭卖方样品买卖时应注意的几点:

a. 样品是以代表整批货物的平均品质,应具有代表性。

b. 提交"原样"的同时应留封"复样"(Duplicate Sample),以便将来组织生产、交货或处理纠纷时作核对之用。

c. 对非规格化的商品,难以做到货样一致的,应标"大致相符"(Quality to be about Same to the Sample)字样。

②凭买方样品时应注意的几点:

a. 应制作"回样"(Counter Sample),经买方确认后作为成交的依据。

b. 区分"标准样品"和"参考样品"(Reference Sample)。

c. 专利责任的规避问题。为防止发生意外纠纷,一般在合同中明确规定,如果发生由买方来样引起的工业产权等第三者权利问题时,与卖方无关,概由买方负责。

### (二)以文字说明表示货物品质

**1. 凭规格买卖(Sale by Specification)**

规格是指足以用来反映商品品质的若干主要指标,如成分、含量、纯度、容量、性能、大小、长短、粗细等。这是国际贸易中经常采用的表示品质的方法。在国贸中使用最为广泛。如电池,从1号到5号,长短粗细及电容量都不相等。某种特定的规格适应特定的用途,一般不能混用。如,玉米:水的质量分数小于等于15%,杂质的质量分数小于等于0.3%,不完善粒的质量分数小于等于6%。

**2. 凭等级买卖(Sale by Grade)**

等级是指同一类商品,根据生产及长期贸易实践,按其规格上的差异,用文字、数字或符号所做的分类。如0737中国绿茶,特珍一级

如:Fresh Hen Eggs,shell light brown and clean,ever in size

Grade AA : 60—65gm per egg

Grade A : 55—60gm per egg

Grade B : 50—55gm per egg

Grade C : 45—50gm per egg

Grade D : 40—45gm per egg

Grade F : 35—40gm per egg

**3. 凭标准买卖(Sale by Standard)**

标准是指经政府机关或工商业团体统一制定和公布的规格或等级。如阿莫西林胶囊,英国药典2006。

如：Rifampicin B. P. 1993
　　 Female Mink Overcoat
　　 Full Let Out Made
　　 Chinese Standard
　　 Body Length 120×115cm

在国际贸易中，对一些已经被广泛接受的标准，一般倾向于按该项标准进行交易。根据标准适用的范围和地域的不同可分为国际标准、国家标准、行业标准和企业标准。常用的工业品国家标准有：

　　NF(Normes Francaises)法国标准
　　DIN(Deutsche Industric Norman)德国工业品标准
　　BSI(British Standard Institute)英国标准协会标准
　　JIS(Japanese Industrial Standard)日本工业标准

小资料：质量管理体系
　　ISO9000(GB/T19000)——质管理与量质量保证标准
　　ISO9001——设计开发生产安装与服务的质量保证模式；
　　ISO9002——生产与安装的质量保证模式；
　　ISO9003——最终检验与试验的质量保证模式；
　　ISO9004——质量管理与质量体系要素；
　　ISO14001——环境管理体系认证标准。

"良好平均品质"（Fair Average Quality，简称 FAQ）指在一定时期内，某些出口商品的平均品质水平。这种"标准"含意笼统。具体指农产品的每个生产年度的中等货、某一季度或某一装船月份在装运地发运的同一种商品的"平均品质"。

目前，我国在出口农副产品时，对某些商品也使用 FAQ 表示，习惯上称之为"大路货"，其品质标准一般是以我国产区当年生产该项农副产品的平均品质为依据而确定的，采用这种标准成交时，除在合同内注明"FAQ"的字样外，对某些商品还要增订一些主要规格指标。如"中国花生仁"大路货，含油量(FAQ)45% 以上，不完善粒(FAQ)5% 以下。

"尚好可销品质"（Good Merchantable Quality，简称 GMQ）一般是指卖方所交货物应为"品质尚好，合乎商销"。

**4. 凭牌名或商标买卖**(Sale by Brand Name or Trade Mark)

在交易中采用牌名或商标来表示商品品质的方法称为凭牌名或商标买卖。商标的牌名(Brand)是指厂商或销售商所生产或销售的商品牌号，又称品牌。商标(Trade Mark)则是牌号的图案化，是特定商品的标志。商标与牌名受商标法保护。适用于买主已十分熟悉其品质的轻纺产品或农副产品的买卖。

例：Maling Brand Worcestershire Sauce

Finger Citron Brand Ve Tsin (Gourmet Powder) 90% & up

注意事项：

凭品牌或商标达成的交易中，如卖方所交货物的品质不合要求，买方仍有退货或索赔的权利。同一牌号或商标的商品品质规格不一致，还须对一些主要的规格作明确规定。

**5. 凭说明书和图样买卖**(Sale by Descriptions and Illustrations)

对于机械、仪器、大型设备（图4.1）等类商品，卖方要承担所交货物的质量必须与所附说明书、图样、图纸（图4.2）等说明的商品质量特征完全相符的责任，例如，在合同中规定："quality and technical data to be strictly in conformity with the description submitted by the seller"，"品质和技术数据必须与卖方提供的产品说明书严格相符。"

图4.1

图4.2

**6. 凭产地名称买卖**(Sale by Name of Origin)

例：Shichuan Preserved Vegetable（图4.3）. 例：Jumbo Brand Chinkiang Vinegar（图4.4）.

图4.3

图4.4

## 三、品质条款的制定

（一）合同中品质条款的基本内容

（1）合同中应明确具体的规定货物的品质，凭样品买卖时，应列明样品的编号和/或提供的日期。

（2）在实际业务中，由于商品特性、生产加工条件、运输条件和气候等因素的影响，商品的品质往往做不到完全一致。为了便利生产和对外交货，同时避免因交货品质与合同稍有不符而造成违约，保证交易的顺利进行，可按货物特性和实际需要在合同条款中规定品质机动幅度或品质公差和其他一些变通规定。

①交货品质与样品大体相等或其他类似条款,如"quality to be about equal to the sample"。
②品质机动幅度:允许卖方交货品质可在一定幅度内机动掌握。包括以下三种方法:

a. 规定范围:允许品质指标差异的范围。例:棉坯布幅宽"35/36 英寸",该种布的幅宽只要在 35 英寸(1 英寸=2.54 厘米)到 36 英寸的范围内均视为合格。

b. 规定极限:对有些商品的品质规格,规定机动的上下极限。如:芝麻,水分(最高)8%,杂质(最高)6%,含油量(最低)50%。

再如:Live Yellow Eel 75g and up per piece

| Fish Meal | Protein | 55% Min |
| | Fat | 9% Max |
| | Moisture | 11% Max |
| | Salt | 4% Max |
| | Sand | 4% Max |

c. 规定上下差异:允许品质指标上下变动幅度。如大豆含油量上下差异1%(+1%)。

③品质公差:指国际上公认的产品品质的误差范围。主要用于工业制成品,如手表、天平等。如:尺码或重量允许有"+3% ~ +5% 的合理公差",再如:C708 中国灰鸭绒,含绒量为 90% +1%。

### (二)制定品质条款时应注意的问题

**1. 正确运用各种表示品质的方法**

(1)能用科学的指标说明其质量的商品,凭说明。
(2)难以用科学的指标说明其质量的商品,如工艺品,凭样品。
(3)名优产品,用商标或牌名。
(4)机械产品,用说明书或图样。
(5)有地方特色、风味的产品,用产地名称。

**2. 品质条款要有科学性和合理性**

(1)品质的文字要简明、切合实际,不能订得过高,也不能订得太低。对某些商品可规定一定的品质机动条款。
(2)尽量采用一种方法表示商品品质,避免对所交货物品质承担双重担保义务。
(3)要考虑到生产加工、供货的可能性。
(4)尊重对方的贸易权利,了解进口国风俗习惯,适应进口国的有关法律与条例的规定。
(5)品质条款项目不宜太多。
(6)进口商品品质条款的规定,对主要项目指标应力求具体详细。
(7)敏感产品价格调整问题。

## 第三节 数量条款

### 一、商品数量的重要性

在国际货物买卖中,货物的数量是国际货物买卖合同中的主要交易条件之一,对于买卖双方顺利达成交易、合同的履行具有重要意义。货物的数量是指以一定的度量衡表示商品的重量、个数、长度、面积、体积、容积的量。数量的多少直接关系交易价格的高低以及总贸易量对市场的影响。根据《联合同国际货物销售合同公约》的规定,卖方所交付的货物的数量必须与合同规定相符。

商品的数量也是计算单价及总金额的重要依据,它直接关系着交易规模的大小、价格的高低及其他交易条件。因此,商品的数量也是交易的主要条件之一。

### 二、常用的度量衡制度

英制(British System),如英尺、英寸、长吨等。美制(U. S. System),如短吨、蒲式耳。国际单位制(International System of Units),如米、千米、克、千克等。我国采用的是以国际单位制为基础的法定计量单位。《中华人民共和国计量法》第三条中明确规定:"国家采用国际单位制。国际单位制计量单位和国家选定的其他计量单位为国家法定计量单位。"不同的度量衡制度,同一计量单位表示的实际数量可能有差别。要了解主要各单位之间的运算。

### 三、计量单位

#### (一)重量单位

公吨(metric ton,m/t)、长吨(long ton,l/t)、短吨(short ton,s/t)、千克、公斤(kilogram,kg.)、磅(pound,1b.)、盎司(ounce,oz.)、克(gram,g.)、公担(quintal,q.)等。重量单位多用于天然产品及其制品,如矿砂、钢铁、盐等。有些工业制品,如化工品和西药原料等也是用重量计算的。

#### (二)数量单位

只(piece,pc.)、双(pair)、件(package,pkg.)、头(head)、台、架、套(set)、打(dozen,doz.)、罗(gross,gr.)、令(ream,rm.)、包、捆(bundle,bale)、袋(bag)、箱(case,c/s)、盒(box,bx.)、卷(roll/coil)、辆(unit)等。个数单位多用于一般工业制品、杂货、机器、零件等商品。

#### (三)长度单位

米(meter,m.)、英尺(foot,ft.)、码(yard,yd.)、英寸(inch,in.)、厘米(centi-meter,cm.)等。长度单位多用于绳索、纺织品等商品。

### (四) 面积单位

平方米(square meter,sq. m.)、平方英尺(square foot,sq. ft.)、平方英寸(square inch,sq. in.)、平方码(square yard,sq. yd.)等。面积单位多用于纺织品、玻璃等商品。

### (五) 体积单位

立方米(cubic meter,cu. m.)、立方英尺(cubic foot,cu. ft.)、立方英寸(cubic inch,cu. in.)、立方码(cubic yard,cu. yd.)等。体积单位一般用于木材及化学气体等商品。

### (六) 容积单位

蒲式耳(bushel,bu.)、公升(liter,l.)、加仑(gallon,gal.)等。容积单位多用于小麦、谷类及大部分液体商品。

## 四、计量方法

计算重量的方法主要有以下五种：

### (一) 毛重(Gross Weight)

毛重即商品本身的重量加包装的重量。一般适用于低值商品。

### (二) 净重(Net Weight)

净重指商品本身的实际重量，即不包括包装(皮重)的重量。

对包装价与商品价相差不大的商品，以毛重作为计算商品总价的基础，通常将此种方法称为"以毛作净"(Gross for Net)。如："每公吨500美元，以毛作净"(US $ 500 per metric ton, gross for net)。毛重与净重的关系可用下式表示：

$$净重 = 货物的毛重 - 皮重$$

计算皮重的方法有以下四种：

1. **实际皮重**(Actual Tare)

实际皮重指包装经过衡量后的实际重量。如：Fish Meal in Gunny Bags of 50 kg gross for net。

2. **平均皮重**(Average Tare)

平均皮重指从整批商品中抽取一定件数，秤出皮重，除以抽取的件数，即得到平均皮重，再乘以整批商品的总件数，作为整批商品的总皮重。

3. **习惯皮重**(Customary Tare)

习惯皮重指一些比较规格化的包装，其重量已为市场所公认。

4. **约定皮重**(Computed Tare)

约定皮重无需经过实际衡量，而是以买卖双方事先约定的包装重量为准。

### (三) 公量(Conditioned Weight)

公量是指用科学方法除去商品所含的水分后，再加上标准水分，所求得的重量。这种计算

方法主要用于少数经济价值较高而水分含量极不稳定的商品,如羊毛、生丝、棉花等。其计算公式如下:

$$公量 = 干量 + 标准水分量 = \frac{实际重量 \times (1+标准回潮率)}{1+实际回潮率}$$

### (四)理论重量(Theoretical Weight)

理论重量是指有的商品如马口铁、钢板等,有固定的规格和尺寸,只要尺寸符合,其重量大致相同,可根据张数或件数推算出其重量,故称为理论重量。理论重量可作为计算实际重量的参考。

### (五)法定重量(Legal Weight)

法定重量是指商品重量加上直接接触商品的包装物料如销售包装等的重量。有些国家海关在对进口商品征收从量税时,规定以法定重量计算关税税额。

## 五、数量条款的制定

数量条款是国际货物买卖合同的主要交易条件,是双方交接货物的数量依据。

### (一)条款内容

《公约》规定卖方必须按合同数量条款规定如数交付货物,否则构成违约。如果卖方多交,买方可以收取多交部分的全部或部分(应按合同价格付款),也可以拒收多交部分。如果卖方少交(也称短交),卖方应在规定的交货期届满前补交,但不得使买方遭受不合理的不便或承担不合理的开支,同时买方保留要求损害赔偿的权利。

### (二)数量条款的规定

**1. 正确掌握成交数量**

对出口商品数量的掌握:
(1)国外市场的供求情况
(2)国内货源情况
(3)国际市场的价格动态
(4)国外客户的资信状况和经营能力

对进口商品数量的掌握:
(1)国内的实际需要
(2)国内的支付能力
(3)市场行情的变化

**2. 数量条款应当明确具体**

没有明确或统一的标准时不宜采用约量。约量法(Approximately or About)指使用"约"数

(Approximately or About)条款来表示实际交货数量,由于"约"数的含义在国际贸易中有不同解释,容易引起纠纷,如果买卖双方一定要使用"约"数条款时,双方应事先在合同中明确允许增加或减少的百分比,或在"一般交易条件"协议中加以规定,否则不宜采用。

### 3. 合理规定数量机动幅度

溢短装条款(More or Less Clause):规定卖方实际交货数量可多于或少于合同所规定的数量的一定幅度的条款,也称增减条款(Plus or Minus Clause)。如:5000M/T,with 5% more or less at seller's option。其内容包括以下几个方面:

(1)溢短装百分比,一般情况下,机动幅度在±5%以内;
(2)溢短装的选择权:由卖方决定(at seller's option);
　　　　　　　　　　由买方决定(at buyer's option);
　　　　　　　　　　由承运人决定(at carrier's/ship's option)。
(3)溢短部分的作价:按合同单价;
　　　　　　　　　按装运时市场单价。

### (二)影响商品成交数量的因素

(1)各国政府的贸易政策,如配额限制等;
(2)目标市场的需求情况;
(3)商品价格波动情况;
(4)出口商供货能力,进口商支付能力;
(5)商品的销售意图;
(6)其他交易条件,如包装、运输等。

### (三)订立数量条款时应注意的问题

#### 1. 对出口商品数量的掌握

(1)国外市场的供求情况;
(2)国内货源情况;
(3)国际市场的价格动态;
(4)国外客户的资信状况和经营能力。

#### 2. 对进口商品数量的掌握

(1)国内的实际需要;
(2)国内的支付能力;
(3)市场行情的变化。

# 第四节　包装条款

## 一、包装的重要性

包装是商品的附属品,使生产、流通以至消费顺利进行的重要因素,商品对包装的依附性越来越大。绝大多数商品只有经过包装,才算完成它的生产过程,才能进入流通和消费领域。出口商品包装的好坏直接关系到出口商品的销售和我国商品的信誉。包装的意义在于保护商品和美化商品。对包装的基本要求是科学、经济、牢固、美观、适销。

## 二、包装的种类

根据是否加以包装可将货物分为无包装货和包装货。无包装货又可分为散装货和裸装货两种。散装货(Bulk Cargo / Cargo in Bulk)是直接放置于仓体内,一般为颗粒、粉末、液体货物,适用于不易或不值包装的商品,如谷物、矿砂等。裸装货(Nude Cargo)是用铁丝、绳索捆扎成件,不加任何包装物料,适于品质稳定的货物,如钢材、橡胶、铝锭、巨型设备等。

包装货按作用可分为运输包装(Transportation Packing/ Outer Packing)和销售包装(Selling Packing/ Small Packing/ Inner Packing / Immediate Packing)两种。

### (一)运输包装

**1. 运输包装的分类**

按计件单位不同,可分为单件运输包装和集合运输包装。单件运输包装是指货物在运输过程中作为一个计件单位的包装(Single-Piece Packing)。有箱(图 4.5)(Wooden Case;Crate;Carton;Corrugated Carton)、桶(图 4.6)(Iron Drum;Wooden Cask)、袋(Gunny Bag;Cloth Bag;Plastic Bag;Paper bag)、捆包(Bundle;Bale)、罐(Can)、篓(Basket)、瓶(Bottle;Cylinder)、坛(Demijohn;Carboy)等。

图 4.5

图 4.6

集合运输包装则是指在单件运输包装的基础上,为了适应运输、装卸工作现代化的要求,将若干件单件包装组合成一件大包装。常用的有下列三种:

(1)集装包和集装袋:1~1.50公吨(1公吨=1吨),复合纤维袋。
(2)托盘:一组货物下加垫板,带叉口,便于叉车作业。
(3)集装箱:由钢、铝板制成的大型货框,可反复周转,既是包装又是运输工具,主要有20尺(1尺=33.3厘米)和40尺两种。

2. 对运输包装的要求
(1)必须适应商品的特性;
(2)必须适应各种不同运输方式的要求;
(3)要便于各环节有关人员进行操作;
(4)要在保证包装牢固的前提下节省费用;
(5)必须考虑有关国家的法律规定和客户的要求。

(二)销售包装(Selling Packing)

销售包装又称小包装(Small Packing)、内包装(Inner Packing)、直接包装(Immediate Packing),是直接接触商品,随商品进入零售市场直接和消费者见面的包装。对销售包装的要求为:
(1)包装的造型与装潢设计要有利于促销;
(2)标签的使用不能违反有关国家的标签管理条例的规定;
(3)注意进口国对销售包装的规定和习惯爱好;
(4)要有条形码标志;
(5)包装的设计要有利于再用、再循环和最终处理,实行绿色包装标志。

在销售包装上,一般都附有装潢画和文字说明,有的还有条形码。条形码是由一组带有数字的黑白及间隔不等的平行条纹所组成的,利用光电扫描设备为计算机输入数据的特殊代码语言。

## 三、包装标志

(一)运输标志(Shipping Mark)

运输标志又称唛头,是由一个简单的几何图形和一些字母、数字以及简单的文字组成。运输标志的作用在于识别货物以免装错或卸错;便于海关、买方了解货物;起到商业保密作用。

唛头一般由下列内容组成:
(1)收货人(发货人)的代号、合同号码、信用证号码;
(2)目的港(目的地)的名称;
(3)件号。

此外,有的运输标志还包括原产地、许可证号和体积与重量等内容。

联合国欧洲经济委员会简化国际贸易程序工作组,在国际标准化组织和国际货物装卸协

调会的支持下,制定了一套运输标志向各国推荐使用。该标准运输标志包括:

(1)收货人或买方简称或代号;

(2)参考号,如运单号码、订单号码或发票号码;

(3)目的地;

(4)件数号码。

举例说明如下:

收货人或买方名称的英文缩写字母或简称　　　ABC

参考号(运单号、订单号、发票号)　　　　　　99/CNO.12345

目的地　　　　　　　　　　　　　　　　　　NEW YORK

件号　　　　　　　　　　　　　　　　　　　1/50

## (二)指示性标志

指示性标志(Indicative Mark)(图4.7)是指对一些易碎、易损、易变质商品的性质,用醒目的图形和简单的文字提醒有关人员在装卸、搬运和储存时应注意的事项。例如:"易碎"、"防湿"、"防热"、"防冻"、"由此吊起"、"重心"等。

图4.7

## (三)警告性标志(Warning Mark)

警告性标志又称危险性标志(图4.8),是指必须在运输包装上标明,以示警告,便于装卸、运输和保管人员按货物特性采取相应的防护措施,以保护物资和人身的安全。包括爆炸品、易燃物品、有毒物品、腐蚀物品、氧化剂和放射性物资等危险货物。

图4.8

小资料:相关的国际危险货物运输规则

1.《联合国危险货物运输建议》(UN,危险货物运输的橙皮书)

1956年由联合国经济及社会理事会危险货物运输专家委员会(UN CETDG)编写的《关于

危险货物运输的建议书》首次出版,为了反应技术的发展和使用者不断变化的需要,《建议书》每半年进行一次修订,每两年出版新的版本。在委员会第十九届会议(1996年12月2日至10日)上,通过了《危险货物运输规章范本》(《规章范本》)第一版,为方便《规章范本》纳入国家和国际规章,使其有助于协调一致,从而使各成员国政府、联合国、各专门机构和其他国际组织都能节省大量资源,委员会将《规章范本》作为《建议书》的附件,橙皮书从第十修订版起,定名为《关于危险货物运输的建议书·规章范本》。为对危险品作适当的分类,委员会还编写了《关于危险货物运输的建议书·试验和标准手册》(又称小橙皮书),《手册》介绍了联合国关于某些类型危险品的分类方法,并阐述被认为最有助于主管当局获得所需资料以便对待运输的物质和物品作出适当分类的试验方法和程序。《手册》应与橙皮书一起使用。

2.《国际海上危险货物运输规则》(IMDG Code)

国际海事组织(IMO)制定,主要内容包括:危险货物的分类,危险货物明细表,包装和罐柜的规定,托运程序,容器、中型散装容器、大型容器、可移动罐柜,公路槽车的构造和试验,运输作业等七大部分,其格式基本与《规章范本》一致,具体要求是针对海运的特点作出的,与《规章范本》有些不同。

3.《危险品规则》(DGR)

《危险品规则》(DGR)由国际航协(IATA)制定,为危险品行业提供必要的信息和指导,以保证他们能安全完成操作和运输危险品的任务,同时减少航空运输中危险品可能带来的危害。

## 四、中性包装及定牌、无牌

### (一)中性包装的含义

中性包装是指在出口商品包装的内外不标明生产国别、地名和厂商名称包装。中性包装包括无牌中性包装和定牌中性包装两种。无牌是指包装上既无生产国别和厂商名称,又无商标、品牌;定牌则是指包装上仅有买方指定的商标或品牌,但无生产国别和厂商名称。采用中性包装的目的是为了打破某些进口国家与地区的关税和非关税壁垒以及适应交易的特殊需要(如转口销售等)。

### (二)采用中性包装要注意的问题

(1)采用中性包装后商品售价应合理,不应该影响我方外汇收入。

(2)在接受定牌中性包装时,对买方提供的商标要慎重,是否有可能侵犯他人的商标专用权。

(3)接受定牌中性包装条件时,要注意审查买方提供的图案,文字内容是否有损于我国声誉或与我国对外政策相抵触。

(4)要注意品牌策略。

### 五、买卖合同中的包装条款

买卖合同中包装条款的内容主要有包装材料、包装方式、包装费用和运输标志等。

#### (一)包装条款实例

如:每20件装一盒,每10盒装一纸箱,共500纸箱。(20 pieces to a box, 10 boxes to an export carton. Total 500 cartons only.)

如:木箱装,每箱净重60千克。(In wooden cases of 60 kg net each.)

如:单层新麻袋,每袋净重40千克。(In new single gunny bags of 40 kg net each.)

如:每只包纸,并套塑料袋,每一打装一坚固新木箱,适合长途海运、防湿、防潮、防震、防锈,耐粗暴搬运。(each to be wrapped with paper then to a polybag, every dozen to a new strong wooden case, suitable for long voyage and well protected against dampness, moisture, shock, rust and rough handling.)

#### (二)订立合同包装条款时应注意的问题

(1)出口包装要遵循外国对包装的有关规定和惯例。比如在包装材料和衬垫物的选用上,各国对包装材料有着不同的规定。美国海关边境保护局2006年7月5日全面执行于2005年9月16日生效的木质材料包装规例,所有以有关木质材料为包装(包括装货托板、装货箱、盒子、货垫、木块、垫木等)的货品均受影响(豁免除外)。处理及标记规定:国际货物所使用的木质包装材料必须经过加热处理,最低木心温度为56℃,最少需处理30分钟,或以甲基溴进行熏蒸约16小时。此外,木质包装材料必须加上国际植物保护公约标记,以及国际标准化组织ISO的双字母国家编码,显示处理木质包装材料的国家。标记又必须包括由国家植物保护机构向负责公司分配的独有号码,确保木质包装材料已经适当处理。同时美国规定,为防止植物病虫害的传播,禁止使用稻草作为包装材料。海关一旦发现稻草包装材料,必须当场烧毁。

小资料:各国禁用的包装材料

日本、加拿大、毛里求斯及欧洲若干国家都禁用稻草、干草和报纸屑作为包装衬垫物。埃及禁用原棉、葡萄树枝、旧材料或易于滋生害虫、寄生虫的植物材料作为包装衬垫物。

新西兰农渔部农业检疫所规定,进口商品包装严禁使用以下材料:土壤、泥灰、干草、稻草、麦草、谷壳或糠、生苔物、用过的旧麻袋和其他废料等。

菲律宾卫生部和海关规定,凡进口的货物禁止用麻袋和麻袋制品及稻草、草席等材料包装。

澳大利亚防疫局规定,凡用木箱包装(包括托盘木料)的货物进口时,均需提供熏蒸证明。

(2)努力实现运输包装标准化,使我国出口包装与国际包装标准逐步一致。

(3)对包装方式、材料要作出明确的规定,必要时,对包装标志的内容和费用也要作出规定。文字使用正确,避免含糊不清。如:Seaworthy packing(适合海运包装),customary packing(习惯包装)。

## 本章小结

1. 本章关键词:标的物、凭样品买卖、溢短装条款、货物品质、良好平均品质、质量机动幅度、品质公差、运输包装、销售包装、中性包装。

2. 国际货物贸易合同中的品名、品质、数量和包装条款的订立,是买卖双方交接货物的依据。

3. 货物品质的表示方法有两大类:凭实物样品表示货物的品质和凭文字说明表示货物的品质。前者包括看货买卖、凭样品买卖;后者包括凭规格买卖、凭等级买卖、凭标准买卖、凭包装或牌名买卖、凭产地名称买卖、凭说明书和图样买卖。

4. 国际货物贸易中常用的计量单位有:按数量、重量、长度、面积、体积和容积等计算;货物计量重量的方法有:按毛重、净重、公量、理论重量、法定重量和实物重量等计量。

5. 在国际贸易中包装可分为运输包装和销售包装。运输包装可分为单件运输包装和集合运输包装。运输包装标志可分为运输标志、指示标志和警告性标志。销售包装有便于陈列展销包装、便于识别商品包装和便于使用包装等。采用定牌、无牌生产和中性包装是国际贸易中常用的习惯做法。

## 思考题

1. 表示货物品质的方法有哪些?说明其含义及在使用中应注意的问题。
2. 什么是样品、复样和对等样品?
3. 什么是定牌、无牌和中性包装?
4. 运输标志由哪些内容组成?在使用中应注意哪些问题?
5. 请自己设计一个运输标志。
6. 我方与越南某客商凭样品成交达成一笔出口镰刀的交易。合同规定复检有效为货物到达目的港60天。货物到达目的港经越商复检后,未提出任何异议。但事隔半年,越商来电称:镰刀全部生锈,只能降价出售,越商因此要求我方按成交价的40%赔偿损失。我方接电后立即查看我方留存的复样,也发现类似情况。问我方应否同意对方的要求,为什么?
7. 买卖合同中的数量条款规定"100M/T 5% more or less at sellers option",则根据《公约》规定,卖方最多最少可交多少公吨货物?多交部分如何作价,若双方未约定多交部分如何作价,当市场价格上涨时,卖方应多交还是少交?
8. 我某公司向国外某客商出口榨油大豆一批,合同中规定大豆的具体规格为水的质量分数为14%、油的质量分数为18%、杂质的质量分数为1%。国外客户收到货物不久,我方便收到对方来电称:我方的货物品质与合同规定相差较远,具体规格水的质量分数为18%、油的质量分数为10%、杂质的质量分数为4%,并要求我方给予合同金额40%的损害赔偿。问对方的索赔要求是否合理,合同中就这一类商品的品质条款应如何规定为宜?

## 阅读资料

### 出口产品质量是获取信保的前提

中国出口信用保险公司保户南方某生产企业(以下简称 A 公司)向美国某专业贸易公司(以下简称 B 公司)出口微型轴承,累计金额达 33 万美元。B 公司提货后拒绝支付货款。A 公司遂向中国出口信用保险公司报可能损失,并委托中国出口信用保险公司追讨。

在追讨过程中,B 公司一再声称 A 公司的产品存在严重质量问题,导致其蒙受了巨大的经济损失。A 公司则对此予以否认。由于双方在质量问题上存在很大的争议,中国出口信用保险公司根据保单条款的规定,要求 A 公司对 B 公司提起诉讼,并由中国出口信用保险公司律师代理 A 公司在美国诉讼。

为使出口商能够吸取教训,提高自我保护意识,现特就本案启示总结如下:

(1)质量细节不可忽视。本案中,A 公司出口的产品在规格上与标准的要求仅相差 0.000 2 英寸,但法庭还是判定产品存在质量缺陷,法官在判决书中明确指出,该产品的特性和用途决定了其在质量问题上,只有合格与不合格两个截然对立的概念,非此即彼,不存在中间区域,只要产品不是完全符合质量标准,就应被认为是存在质量缺陷。

本案的经验告诉我们,那种认为微小的误差不影响产品质量的观点是完全错误的,出口商应对质量细节予以充分的关注。

(2)违约可导致高额赔偿。虽然《联合国货物买卖公约》第 74 条规定违约赔偿的金额一般不高于违约方在订立该合同时所能预期到的损失,但也有例外。《联合国货物买卖公约》第 75 条同时规定买方可以就合理损失要求赔偿,而《公约》对"合理"并没有明确界定,这就赋予了法官充分的自由裁量权,而在某些情况下,合理费用支出完全可能超过合同的金额。

此外,在产品质量瑕疵导致人身伤害的情况下,产品的供货方还会被判支付高额的惩罚性赔偿金。为此,出口商一定要对产品质量问题可能导致的法律后果有充分的认识。

(3)质量异议期作用有限。实践中,许多出口商在合同中规定买家需在 10 天至 15 天内提出质量异议,否则无权就质量问题提出索赔,认为这样可以迫使买家放弃索赔的权利。事实上,这种观点是片面的。

《联合国货物买卖公约》第 39 条规定买方应根据质量问题的性质,在知道或应该知道产品存在质量问题后,于合理的时间内提出质量异议,否则将丧失提出质量异议的权利,法院往往会针对个案情况,结合产品的特性、用途、瑕疵的性质以及产品检验的复杂程度和可行性对"合理"的标准进行综合判定,合理的期限可能是 10 天,也可能是 1 年、2 年。

合同中所做的上述质量异议期约定只能针对那些在短时间内易于发现的表面质量问题,而潜在质量问题则不应受其约束。

(4)质量条款意义重大。我国出口商在对外贸易中一般都使用格式条款,格式条款中一般都没有对产品质量问题作出明确规定。然而,适用不同的检验标准、使用不同的检验方法、由不同的检验机构进行检验,其结果都可能存在差异。因此,在合同中明确规定质量条款既可以指导其自身按照质量标准进行质量控制,也可以在出现纠纷时有章可循。

**案情结果**

2001年6月A公司在美国对B公司提起诉讼,B公司在收到起诉书后随即对A公司提起反诉。

2002年6月中国出口信用保险公司收到律师转来的最终判决。法庭认定A公司提供的价值7万美元的产品存在质量问题,该部分货款应从合同总金额(33万美元)中扣除,判定B公司偿还A公司26万美元的货款;但同时支持了B公司在反诉中提出的索赔请求,要求A公司赔偿B公司因产品质量问题而蒙受的20万美元的损失。法庭最终判令B公司向A公司支付6万美元。

法官在判决书中对有关事实认定和法律依据进行了集中论述,其内容主要包括如下:

(1)关于产品是否存在质量问题。B公司辩称曾指示A公司按照该标准生产,并提供了用于检验的锌棒。

B公司提供的证据显示,A公司的检验员证明工厂在检验产品时未使用过锌棒,而是使用电子检测手段。另有证据表明A公司在检验中使用ISO标准,而用ISO标准进行检测与ABEC-3标准检测的结果十分接近,但不完全一致,而微型轴承主要应用于计算机和医疗设备等高科技产品,对精度有极为严格的要求,细微的差别可能导致产品无法使用。

根据有关判例,法庭认为A公司对产品质量问题负有举证责任。而A公司未能向法庭提供产品的检验证明。为此,法院认定A公司提供的部分产品存在质量问题。

(2)关于B公司是否履行了及时验货的义务。《联合国货物买卖公约》规定买方有验货的义务,并应在合理的时间内提出质量异议,否则无权就质量问题向卖方提出索赔。为此,法院认定B公司对及时通知的事实负有举证责任。

B公司向法院提供的往来函电显示,B公司在发现A公司的产品存在质量问题后立即与A公司取得了联系,但B公司发现产品存在质量问题距收到货物已18个月。显然,B公司就质量问题进行了通知,但关键是是否在合理的时间内。《联合国货物买卖公约》对"合理"的解释是买家知道或应该知道产品存在质量问题时。对此,法庭认为"合理"的标准应根据当事人的业务性质、产品的特性和检验的可行性进行综合判断。

本案B公司是经营分销业务的,这一点A公司也了解无误。分销商为保证及时为客户供货,一般都保留大量的库存。B公司在向客户供货时总是首先将库存的货物先发运给客户,而不是首先发运最新收到的货物,这样从A公司将货出运给B公司,到B公司将货发运给最终买家可能经历相当长的时间。由于该产品对精度要求高,规格上的细微差别是目测检验所不能发现的,而对产品的技术检验需在净化间中进行,而在检验后还应在净化间中对产品进行超声清洗,施用昂贵的润滑剂并重新进行密封包装。用于医疗设备的产品还需重新消毒;其检验成本远远高于产品的货值,收货后对产品进行全部检验是不可能的,产品质量问题只有在最终买家应用产品时才能发现。为此,法庭认定B公司应被认为是在合理的时间内向A公司提出了质量异议。

（3）关于B公司的损害赔偿请求。B公司在反诉中提出由于产品存在质量问题，为履行与最终用户的合同，B公司从美国国内另外购买了部分产品，此外，还支出了检验费用、修理费以及仓储、运输、清关和退货等费用，要求A公司赔偿上述损失。

《联合国货物买卖公约》关于违约赔偿的规定主要见诸于第74、75、和77条。根据第74条的规定，违约损失金额一般不高于违约方在订立该合同时所能预期到的损失。但第75条则规定如买方为履行与第三方的合同重新购买了产品，则可以就第三方合同与原合同的差价以及其他合理损失要求赔偿。

资料来源：http：//www.findlaw.cn

**【荐读书目及网络资源】**

[1] 田运银.国际贸易实务精讲[M].北京：中国海闻出版社，2007.

[2] 黎孝先.国际贸易实务[M].3版.北京：对外经济贸易大学出版社，2007.

[3] 周瑞琪，等.国际贸易实务[M].英文版.北京：对外经济贸易大学出版社，2008.

[4] http：//trade-2008.blog.sohu.com/64725301.html

[5] 阿里巴巴 http：//china.alibaba.com.cn

[6] 世纪人才网 http：//class.wtojob.com/glossary/

[7] 中国贸促网 http：//www.ccpit.org.com.cn

[8] 中国国际贸易网 http：//www.chinaintertrade.com/

[9] 国贸人 http：//www.guomaoren.com

# Chapter 5

## 国际贸易合同条款(二)

【学习目的与要求】

在国际贸易业务中,商品的价格是交易双方进行磋商和订立合同不可或缺的要素,也是双方最为关心的重要条款。因为该条款不仅直接影响到双方预期的贸易利益是否能够实现,更与合同中其他交易条件密切相关。通过本章学习,可以使得学生熟悉出口商品的价格构成,掌握出口商品价格核算的要点,熟练掌握各种常用贸易术语之间的价格换算,并能将报价运用到实践,掌握国际贸易中的价格条款制定中的作价方法、计价货币的选择,订立好合同中的价格条款。

【本章导读】

维睿进出口有限公司是某市一家专业经营瓷器(Ceramic)进出口的公司,产品包括各种茶具(Tea Set)、餐具(Dinner Set)、厨房用具(Kitchenware)等。在某年的日内瓦(Geneva)国际博览会(International Fair)上,日本东京一家公司代表 Miss Carol 对我公司出口的瓷器表现出浓厚的兴趣。她感兴趣的是货号为 N729 的 15 头茶具系列(15PC TEA SET),该系列既实用又具收藏价值。所以,Miss Carol 要求我公司对 N729 商品进行报价 CIFC5%,后经过协商又把成交条件改为 FOB。我公司应如何进行核算给出价格?佣金应如何计算?价格术语之间应如何转换?

## 第一节 出口商品价格核算

商品的价格是交易合同的核心条款,是双方交易磋商的焦点问题。作为出口方,既不能定价过高而降低出口商品的竞争力,又要尽量实现预期利润的最大化,因此,出口商品的价格核算对于保证完成出口任务、提高经济效益具有十分重要的意义。

出口价格核算是一项非常复杂的工作。在计算价格时,首先需要明确价格的构成,然后则需要清楚了解各组成部分的计算方法,最后将各部分加以合理的汇总即可。

## 一、出口商品价格的构成

出口商品价格的构成包括三大要素:成本、费用和利润。

### (一)成本

**1. 采购成本(Purchasing Cost)**

采购成本也称为进货成本,它是指出口商向其供应商采购商品的价格,一般来说,供货商报出的价格中除了商品净价以外,还包括了增值税。采购成本与商品净价之间的关系为

$$采购成本 = 净价 + 增值税$$

其中,增值税=净价×增值税率,因此,采购成本与净价之间的关系为

$$采购成本 = 净价 \times (1+增值税率)$$

$$净价 = \frac{采购成本}{1+增值税率}$$

但对于从事外贸经营的出口商而言,成本不一定是采购成本。因为,出口商品是要进入国外的流通领域的,许多国家为了增强本国产品在国际市场上的竞争力,降低出口商品的成本,通常会对出口商品予以增值税全部或者一定比例的退还,既出口退税。如果存在出口退税情况,出口商的成本就是"实际成本"。

**2. 实际成本**

在出口商品享受出口退税的情况下,出口商在进行价格核算时,为了增加其产品价格上的国际竞争力,通常会将采购成本中的出口退税部分扣除,从而得到实际成本。

$$实际成本 = 采购成本 - 出口退税额$$

其中

$$出口退税额 = 净价 \times 出口退税率$$

所以

$$实际成本 = 采购成本 - \frac{采购成本}{1+增值税率} \times 出口退税率$$

### (二)费用

国际贸易均属于跨国交易,其费用的构成不仅包括国内部分产生的费用,还包括货物在国际运输过程中的运输费用和保险费用,因此比较复杂。

**1. 国内费用**

国内费用是指对出口商品出库到离境以前支付的国内费用的账务处理方法。在出口商品价格中的,国内部分的费用比重不大,但内容繁多,而且计算的方法又不尽相同,是价格核算中比较复杂的一个方面。在具体的出口业务操作中通常会发生的费用有如下几项:

(1)包装费。包装费用通常包括在采购成本之中,但如果客户对货物的包装有特殊的要

求,由此产生的费用就要作为包装费另加。

(2)国内运费。出口货物在装运前所发生的境内运输费,通常有卡车运输费、内河运输费、路桥费、过境费及装卸费等。

(3)仓储费。需要提前采购或另外存仓的货物往往会发生仓储费用。

(4)认证费。出口商办理出口许可、配额、产地证明、其他证明所支付的费用。

(5)港区港杂费。出口货物在装运前在港区码头所需支付的各种费用。

(6)商检费。出口商品检验机构根据国家的有关规定或出口商的请求对货物进行检验所发生的费用。

(7)捐税。国家对出口商品征收、代收或退还的有关税费,通常有出口关税、增值税等。

(8)贷款利息。出口商由向国内供应商购进货物至从国外买方收到货款期间由于资金的占用而造成的利息损失,也包括出口商给予买方延期付款的利息损失。

(9)业务费用。出口商在经营中发生的有关费用,如通信费、交通费、交际费、广告费等,又称为经营管理费。

(10)银行费用。出口商委托银行向国外客户收取货款、进行资信调查等所支出的费用。

**2. 国际运输中产生的费用**

(1)国际运费。国际贸易中,根据货物运输方式的不同,运费的收取方法也不相同,即便是同一种运输方式,不同的港口、码头费用的规定也不尽相同。在国际贸易业务实际操作中通常采用的是海洋运输方式,且在海运方式中多采用班轮运输。

(2)国际运输途中的保险费。国际贸易中,交易双方以 CIF 或 CIP 术语成交时,出口商就需要在价格中核算保险费用。保险费是保险金额乘以保险费率来计算的。一般情况下,国际贸易货物运输保险的保险金额是以发票价格为基础确定的,从买方的进口成本看,包括货物本身价格、运费和保险费,也就是 CIF 或 CIP 价格为保险金额基础。为保障被保险人货物发生损失造成的已付经营费用和预期利润,一般规定货物运输保险的保险金额要在 CIF 或 CIP 基础上适当加成。保险费公式如下:

$$保险费 = 保险金额 \times 保险费率$$

$$保险金额 = CIF(或 CIP)货价 \times (1+投保加成率)$$

因此

$$保险费 = CIF(或 CIP)货价 \times (1+投保加成率) \times 保险费率$$

例如:某公司向日本出口钢材,已知 CIF 价为每公吨 520 美元,投保一切险,投保加成为 10%,试计算保险费为多少。

查表钢材为指明货物,其每公吨保险费计算如下:

查一般货物费率表,到日本的一切险费率为 0.25%;

查指明货物费率表,钢材附加费费率为 0.3%。

$$实际保险费率 = 0.25\% + 0.30\% = 0.55\%$$

$$保险费 = 保险金额 \times 保险费率 = CIF 货价 \times (1+投保加成率) \times 保险费率 =$$

$$520×(1+10\%)×0.55\%=3.146(美元)$$

（三）预期利润

在贸易实践中，利润往往是包含在价格中的，它并没有一定的标准，需要出口商根据所生产的商品的市场需求状况、行业发展状况和企业的价格策略来确定。通常，出口商可以通过两种方式计算利润：一种是根据以往的贸易经验确定一个单位产品的利润额；一种是以产品的成本或者销售价格作为计算利润的基数，乘以利润率。即

$$预期利润额=出口成本×利润率$$

$$预期利润额=出口报价×利润率$$

## 二、出口价格核算的要点

（一）成本核算

我国某些行业在出口时，企业都出于提高自身产品竞争力的需要，盲目降低价格、扩大出口，不但大大削弱了本企业的经营利益，造成外销价格的混乱，还造成许多国家纷纷控诉我国该行业产品倾销，使我国蒙受很大的经济损失，出口陷于被动局面。出于在确定成交价格时，为了提高经济效益，防止不计成本、不论盈亏或者单纯追求成交量等非正常倾向，出口方在制定商品价格时，加强成本核算具有非常重要的现实意义。

**1. 出口商品成本核算的重要数据**

出口企业进行成本核算时应该注重收集以下几个用以计算出口成本指标的数据：

（1）出口总成本。是指外贸企业为出口商品支付的国内总成本。它由两个基本因素构成：进货成本和国内费用。如果是需要缴纳出口税的商品，出口总成本中还要包括出口税。计算公式为

$$出口总成本=成本+国内费用+出口税$$

（2）出口销售外汇净收入。出口商品按照 FOB 价格出售所得到的外汇净收入，既无论出口商品的合同是按照哪种贸易术语成交的，出口销售外汇净收入都是将实际的报价换算成 FOB 所对应的收入。

（3）出口销售人民币净收入。出口销售人民币净收入是指按照当时外汇牌价将出口商品的 FOB 价格折算成为人民币的数额。

**2. 出口盈亏核算的指标**

（1）出口盈亏率。出口盈亏率是指出口商品盈亏额与出口总成本的比率，它能够反映出出口商品的盈亏程度。其中，出口商品盈亏额是出口销售人民币净收入与出口总成本之间的差额。如果前者大于后者，说明该笔交易盈利，反之，则说明该笔交易是亏损的。具体公式如下：

$$出口商品盈亏率=\frac{出口销售人民币净收入-出口总成本}{出口总成本}×100\%$$

例题:我国某公司出口纽约乙公司货物,总货价是 CIF 纽约 80 000 美元,其中从装运港到纽约港的海运费是 3 800 美元,保险费是 176 美元,该货物的出口总成本是 58 万人民币,若收汇当天的汇率是 100 美元换 800.00 人民币,试计算该货物的出口盈亏率(结果保留两位小数点)。

出口销售外汇净收入 = CIF 价 - 运费 - 保险费 = 80 000 - 3 800 - 176 = 76 024(美元)

出口销售人民币净收入 = 出口销售外汇净收入 × 8 = 76 024 × 8.00 = 608 192.00(人民币)

$$出口商品盈亏率 = \frac{出口销售人民币净收入 - 出口总成本}{出口总成本} \times 100\%$$

$$= \frac{(608\ 192.00 - 580\ 000)}{580\ 000} \times 100\% = 4.86\%$$

因此,该笔交易盈利率为 4.86%。

(2)出口商品换汇成本。出口商品换汇成本是指某商品出口净收入一个单位的外汇所需要的人民币成本。即用某商品的出口总成本比出口所获得的外汇净收入,看用多少人民币可以换得一美元。其计算公式如下:

$$出口换汇成本 = \frac{出口总成本(人民币)}{出口销售外汇净收入(美元)}$$

它与出口总成本成正比,与出口销售外汇净收入成反比。它也是用来衡量出口企业一笔出口交易盈亏的重要指标。换汇成本如果高于当期银行的外汇牌价,则出口是亏损的;反之,则是盈利的。例如,在一笔出口贸易中,计算出的出口换汇成本为 6.4 元人民币,如果当时外汇牌价为 1 美元折 7.4 元人民币,则出口 1 美元的该商品取得 1 元人民币的盈利。反之,如果计算出的出口换汇成本是 8.4 元人民币,则出口 1 美元该商品,就会出现 1 元人民币的亏损。例如上题:计算出口商品换汇成本。

$$出口换汇成本 = \frac{出口总成本(人民币)}{出口销售外汇净收入(美元)} = \frac{580\ 000(人民币)}{76\ 024(美元)} = 7.63$$

当期汇率为 1 美元兑换 8 元人民币,而该笔贸易花费 7.63 元人民币即可获得 1 美元,因此是盈利的。

(3)出口创汇率。出口创汇率也叫外汇增值率或者出口收汇率,它主要是用来考核加工贸易中的进料加工的经济效益,它可以反映外汇购买原材料后,经过加工成为制成品出口时创造的外汇效益。其具体的计算方法是以成品出口所得的销售外汇净收入减去进口原料所支出的外汇成本,算出成品出口外汇增值的数额,即创汇额,再将其与原料外汇成本相比,计算出百分率。公式如下:

$$出口创汇率 = \frac{成品出口外汇净收入 - 原料外汇成本}{原料外汇成本} \times 100\%$$

如果原材料为进口的,则按照该原材料的 CIF 价格计算;如果原材料是本国产品,则原材料的外汇成本部分按照 FOB 出口价进行计算。通过出口创汇率可以反映出成品出口的创汇情况,如果为正,则表示外汇增值;如果结果为负值,则表示倒贴外汇。

例题:某公司进口原材料每公吨 CIF 大连是 22 600 美元,加工后成品的出口价 FOB 大连每打 117.52 美元,已知每公吨原材料可加工 250 打成品,试计算它的出口创汇率。

$$成品出口外汇净收入 = 117.52 \times 250 = 29\ 380(美元)$$

$$出口创汇率 = \frac{(成品出口外汇净收入 - 原料外汇成本)}{原料外汇成本} \times 100\% =$$

$$\frac{(29\ 380 - 22\ 600)}{22\ 600} \times 100\% = 30\%$$

### (二)佣金和折扣核算

国际贸易的交易双方有时会在价格条款中规定佣金和折扣,而不是采用不包含这两项的净价签订合同。佣金和折扣也是出口价格核算的重要部分。

**1. 佣金(Commission)**

(1)佣金的含义。佣金是指卖方或者买方因中间商介绍生意或代买代卖而向其支付的酬金。它有明佣和暗佣两种形式。明佣是在合同中将佣金明确地表示出来;而暗佣不在合同中表示佣金,而是由支付佣金的一方与中间商另行约定。

(2)佣金的规定办法。

①用绝对数表示:

例如:每公吨佣金 10 美元

USD 10 per M/T for Commission

②用文字来说明:

例如:每公吨 300 美元 CIF 大连 包括 3% 佣金

USD 300 per M/T CIF DaLian including 3% Commission

③在贸易术语上加注佣金的缩写英文字母"C"和佣金的百分比来表示:

例如:每公吨 500 美元 CFRC2% 纽约

USD 500 per M/T CFRC2% NewYork

(3)佣金的计算。在国际贸易中,不仅佣金的高低会影响交易双方的利益,计算佣金的方法也会对经济效益产生直接的影响。实际贸易业务中,有按成交金额一定比例计算的,以合同价格直接乘以佣金率;也有按成交数量来计算的,其中最常见的是第一种。计算公式如下

$$佣金 = 含佣价 \times 佣金率$$

$$净价 = 含佣价 - 佣金 = 含佣价 - 含佣价 \times 佣金率 = 含佣价(1 - 佣金率)$$

在实际操作中,只能先确定出商品的净价,才能算出含佣价。将净价转换成含佣价的公式为

$$含佣价 = \frac{净价}{1 - 佣金率}$$

需要指出的是，用成交金额作为佣金基数时，采用 FOB 净价是最合理的。如果简单以发票金额作为计佣基数，则意味着中间商会从运费和保险费，甚至是佣金本身中获得佣金。因此，如果发票金额是用其他贸易术语表示的，那么最好将其换算成 FOB 价，再进行计算佣金。

例如：一批出口商品的成交条件为：USD 300 per M/T FOB DaLian including 3% Commission ，计算其净价为多少。

已知含佣价求净价，公式为

净价＝含佣价×(1－佣金率)＝300×(1－3%)＝291(美元)

### 2. 折扣(Discount)

(1)折扣的含义。折扣是指卖方按原价给予买方一定百分比的价格减让，即在原来合同价格的基础上给予买方适当的优惠。在国际贸易中，折扣的使用比较常见，种类众多。除了一般性的折扣外，出口商为了扩大销售量会使用数量折扣；为了实现特定目的而使用的特别折扣、年终折扣等。折扣直接关系到商品的价格，货价中是否包括折扣和折扣率的大小，都影响商品价格，折扣率越高，则价格越低。

折扣可以分为两种形式：明扣和暗扣。凡在合同的价格条款中明确规定折扣率的，叫做明扣；凡交易双方就折扣问题已达成协议，但在合同价格条款中未订明折扣率的，叫做暗扣。在国际贸易中，暗扣的做法往往不够透明甚至存在不公平竞争。公职人员或者企业员工在交易中拿暗扣，应该属于一种贪污受贿行为。

(2)折扣的规定办法。

①用绝对数来表示：

例：每公吨折扣 10 美元

USD 10 per M/T for discount

②用文字明确表示：

例：CIF 伦敦每公吨 200 美元，折扣 3%

USD 200 per M/T CIFLondon including 3% discount

USD 200 per M/T CIFLondon less 3% discount

(3)折扣的计算。折扣是以合同中的成交价格或者商业发票的金额为基数计算出来的，其计算公式为

单位货物折扣额＝原价(或含折扣价)×折扣率

卖方实际净收入＝原价－单位货物折扣额＝原价－原价×折扣率＝原价×(1－折扣率)

## 三、出口报价核算操作

了解了出口商品价格构成的各要素及其核算方法及要点后，就可以进行出口报价了。下面介绍在实际业务中，经常用以报价的 FOB、CFR 和 CIF 价格的核算方法。

## （一）FOB 价格的核算

$$FOB = 实际成本 + 国内费用 + 预期利润$$

$$FOB = \frac{采购成本[1-出口退税率/(1+增值税率)] + 国内费用}{1-利润率}$$

## （二）CFR 价格的核算

$$CFR = 采购成本 + 国内费用 + 出口运费 + 预期利润$$

$$CFR = \frac{采购成本[1-出口退税率/(1+增值税率)] + 国内费用 + 出口运费}{1-利润率}$$

## （三）CIF 价格的核算

$$CIF = 出口成本 + 出口运费 + 运输保险费 + 预期利润$$

$$CIF = \frac{采购成本[1-出口退税率/(1+增值税率)] + 国内费用 + 出口运费}{1-利润率-保险费率-投保加成率 \times 保险费率}$$

## 四、常用价格术语的换算

在对外洽商交易过程中，有时一方按某种贸易术语报价时，对方要求改报其他术语所表示的价格，如一方按 FOB 报价，对方要求改按 CIF 或 CFR 报价，这就涉及价格的换算问题。在了解贸易术语的价格构成基础上，贸易术语之间的价格换算方法，也是国际贸易人员所必须掌握的基本知识和技能。现将最常用的 FOB、CFR 和 CIF 三种价格和多式联运下的 FCA、CPT 和 CIP 的换算方法及公式介绍如下：

### （一）传统贸易术语 FOB、CFR、CIF 之间的换算

**1. FOB 价换算为其他价**

$$CFR = FOB + F$$

$$CIF = FOB + F + I$$

$$CIF = (FOB + F) / [1 - 保险费率 \times (1 + 投保加成率)]$$

**2. CFR 价换算为其他价**

$$FOB = CFR - F$$

$$CIF = CFR / [1 - 保险费率 \times (1 + 投保加成率)]$$

**3. CIF 价换算为其他价**

$$FOB = CIF \times [1 - 保险费率 \times (1 + 投保加成率)] - F$$

$$CFR = CIF \times [1 - 保险费率 \times (1 + 投保加成率)]$$

### （二）货交承运人贸易术语 FCA、CPT、CIP 之间的换算

**1. FCA 价换算为其他价**

$$CPT = FCA + F$$

$$CIP=(FCA+F)/[1-保险费率×(1+投保加成率)]$$

**2. CPT 价换算为其他价**

$$FCA=CPT-F$$
$$CIP=CPT/[1-保险费率×(1+投保加成率)]$$

**3. CIP 价换算为其他价**

$$FCA=CIP×[1-保险费率×(1+投保加成率)]-F$$
$$CPT=CIP×[1-保险费率×(1+投保加成率)]$$

例如:某公司出口货物一批,对外报价为每公吨 2 000 美元 CIF NEW YORK。该种货物每公吨出口运费为 100 美元,投保一切险费率为 1%,该货物 FOB 价应为

$$FOB=CIF 价×[1-保险费率×(1+保险加成率)]-运费=$$
$$2\,000×[1-1\%×(1+10\%)]-100=1\,878(美元)$$

## 第二节　价格条款的制定

### 一、制定价格的基本原则

在确定进出口商品价格时,必须遵循以下三项基本原则:

**(一)参照国际市场价格水平**

所谓国际市场价格是指商品国际集散中心的市场价格和输出输入国家或地区当地市场的国际贸易价格。它是以商品的国际价值为基础,在国际市场竞争中形成的,是商品在国际市场上确定价格的客观依据。获取国际市场价格的途径有:

(1)商品交易所的价格;

(2)国际组织或国际公司在媒体上公布的价格;

(3)各国的外贸、海关统计的价格。

**(二)结合国别(地区)政策**

我国的对外贸易是外交关系的重要方面,贸易业务中要本着顾全大局的思想,积极配合外交政策。在制定商品价格时,要在参考国际市场价格的同时,适当地考虑国家的国别、地区政策进行作价。

**(三)按照购销意图**

进出口商品价格在国际市场价格水平的基础上,配合国家的外交政策后,可根据购销意图来确定,即可略高或略低于国际市场价格。

### 二、制定价格时应考虑的因素

由于国际贸易本身和价格构成的复杂性,影响价格变动的因素种类繁杂。因此,在交易双

方确定商品价格的时候,必须要尽量给予各种影响因素充分的考虑。为了掌握进出口价格,除了要正确贯彻商品作价的基本原则以外,还必须要考虑以下的一些因素:

(一)商品的质量和档次

以质论价是国际市场交易中贯彻的主要原则。货物的好坏、品质的优劣、包装的简奢、样式的新旧、品牌的知名度、商家的信用度等对商品价格都具有重要甚至是决定性的影响。

(二)运输的距离和方式

国际货物交易,一般都要通过长途运输。运输距离的远近,直接影响到运费和保险费的开支;另外,采用不同运输方式,运输费用和保险费用也不同,从而影响商品的价格。因此,在制定商品价格时,一定要核算运输成本,做好比价工作,以体现地区差价。

(三)交货的地点和条件

国际贸易中,交货地点和交货条件不同,买卖双方承担的责任、费用和风险划分都不同,同一运输距离成交的同种货物,不同贸易条件下价格必然不同。因此,在确定进出口商品价格时,必须考虑交货地点和条件。

(四)季节性需求的变化

在国际市场上,一些季节性需求变化明显的商品,如赶在需求上升之前到货,抢行应市,即能卖上好价。需求下滑的商品,其售价往往回落,甚至有时以低于成本的"跳楼价"出售。因此,应充分利用季节性需求的变化,切实掌握好商品旺季和淡季的差价,争取最为有利的成交价格。

(五)商品成交的数量

按国际贸易的习惯做法,成交数量的多少影响价格。当成交数量比较多时,卖方经常给予买方适当的价格优惠,即通常所说的折扣;反之,当成交数量过少,甚至低于起订量时,卖方也可以适当提高出售价格。

(六)支付方式和汇率变动的风险

不同的支付方式对于交易双方的风险不同,从而可能造成一些费用甚至损失。例如,同一商品在其他交易条件相同的情况下,采取预付货款和货到付款方式,其价格应当有所区别,因为预付货款对买方不利,而货到付款对卖方不利。同时,确定商品价格时,一般应争取采用对自身有利的货币成交,如采用不利的货币成交时,应当把汇率变动的风险考虑到货价中去,即适当提高出售价格或压低购买价格。

此外,交货期的远近,市场销售习惯等因素,对确定价格也有不同程度的影响。

## 三、价格条款的基本内容

进出口合同中的价格条款,一般包括商品的单价和总值两项基本内容。除此之外,成交商品的作价办法和佣金、折扣也是价格条款的组成部分。

(一)单价和总价

商品的单价通常由四个部分组成,即包括计量单位、单位价格金额、计价货币和贸易术语。总值也叫总价是指单价同成交商品数量的乘积,即一笔交易的货款总金额,总值所使用的货币名称必须与单价所使用的货币名称一致。

单价:每公吨 4 000 美元 CIF 香港
US $ 4 000 per metric ton CIF Hong Kong

总价:US $ 10 000

国际贸易中,常见的价格条款如下:

例 1　每公吨 100 美元 CIF 伦敦(US $ 100 per metric ton CIF London)

例 2　每打 20 美元 CFRC3% 纽约(US $ 20 per dozen CFRC3% New York)

例 3　每台 600 法国法郎 FOB 大连减 3% 折扣(FFr600 per set FOB 大连 less 3% discount)。

例 4　每件 5 000 港元 CIF 香港(HK $ 5 000 per bale CIF Hong Kong)

例 5　5 000 公吨,以毛作净,4% 上下。单价:每公吨 1 000 美元 CIF 新加坡。总值:5 000 000美元。(5 000 M/T,gross for net,4% more Or less. Unit Price:US $ 1 000 per metric ton CIF Singapore. Total Price:US $ 5 000 000.)

(二)作价办法

国际贸易业务中的作价的方法有很多种,交易双方可以根据不同需要采取不同选择。通常使用的作价方法有如下几种:

**1. 固定价格**

(1)固定价格的含义。固定价格是指交易双方在签订合同的时候,就将货物的价格进行具体明确的规定,在约定的风险范围内价款不再调整。在合同有效期内,即便是约定的价格与市场上实际价格相差甚远也不得变更。这种作价方法也是国际中最常见的,我国进出口合同,绝大部分也都是在双方协商一致的基础上采用这种方式制定价格条款的。

(2)固定价格法的特点。优点:按照各国法律的规定,采用固定价格法作价时,合同价格一经确定,就必须严格执行,交易的任何一方都不得擅自变更。因此,这种方法规定的价格非常明确、具体也便于双方进行核算。缺点:由于国际贸易的复杂性,从双方签订合同到交货付款的时间间隔比较长。国际市场商品价格又比较多变,因此,采用固定价格就意味着交易双方要承担价格变动的风险,甚至有时会因为价格变动过于剧烈而影响合同的顺利履行。一些不守信用的贸易商很可能为逃避巨额损失,而寻找各种借口撤销合同。

(3)采用固定价格作价应注意的问题。为了减少使用固定作价法带来的价格风险,促成交易,提高合同的履约率,首先,必须在签订合同前对交易对象进行充分的资信调查。其次,必须对所贸易商品的市场供需状况进行仔细的分析,对影响其价格变动的各种因素进行研究,预测未来价格的变动趋势。最后,对于那些市场价格变动频繁的商品、所在国货币汇率不稳定的交易对象签订合同时,不选用该种作价方法定价。

**2. 非固定价格**

(1)非固定价格的含义。非固定价格也叫做"活价",是指交易双方签订合同时,没有对商品的价格作出具体、肯定的规定,而是只采用规定一个确定价格的方法或者时间,或者暂定一个价格,待日后根据情况予以规定的作价方法。它也是进出口合同中一种常见的作价办法。

(2)非固定价格的种类。从我国进出口合同的实际做法看,非固定价格,一般可分为以下几个种类:

① 只规定作价方式而具体价格待定。采用这种方法时,交易双方有两种方式可以选择使用:

一是在合同的价格条款中明确规定定价时间和定价方法,例如:"在装船月份前30天,参考当地及国际市场价格水平,双方通过协商议定正式价格"、"按照该商品的某个期货交易所6月份的期货价格降低3美分,作为正式价格"、"按提单签发日期的国际市场价格计算"。

二是只在合同的价格条款中规定作价的具体时间。

例如:"正式价格由双方在××年××月××日协商确定。"这种方式由于未就作价方式作出规定,容易给合同带来极大的不稳定性,双方可能因缺乏明确的作价标准,而在商订价格时各执己见、相持不下,导致合同无法执行。因此,这种方式应该尽量避免采用,只有在交易双方存在长期交往,形成了固定交易习惯的合同下使用。

② 暂定价格。暂定价格是指在合同的价格条款中先订立一个初步价格,作为开立信用证和初步付款的依据,待双方确定最后价格后再进行最后清算,多退少补。这种作价方法用于某些市价变化较大的货物的远期交易,以避免价格的不确定性给交易双方带来的风险。

③ 部分固定价格、部分非固定价格。国际贸易中为了照顾交易双方的利益,解决双方在作价方法中采用固定价格或非固定价格方面的分歧,可采用部分固定价格、部分非固定价格的做法,交货期近的价格在签订合同时固定下来,剩下的在交货前一定期限内作价。

④ 滑动价格。滑动作价法是指交易双方在签订合同时,先规定一个基础价格,并同时订立价格调整条款,约定价格调整的百分比,交货时再按照工资、原材料价格的变动指数对基础价格进行调整,计算出最后的成交价格。采用滑动价格有利于贸易双方利益实现均衡,因此,这种作价方法在国际贸易中的应用极为广泛。主要适用于市场价格变动较大的大宗交易,如农产品、矿产品,尤其适用于加工周期比较长的大型机器设备的交易。现在滑动价格已经成为国际上公认的大型机器设备的作价方法。其确定程序是:首先,确定合同基价、滑动期限、交货日期;其次,确定构成价格的内部要素比例,即原材料、工资费用和固定支出分别占产品售价的百分率;最后,确定滑动价格的上限和下限。

(3)非固定价格的特点。优点:非固定价格是贸易中交易双方确定价格的一种变通做法,在市场行情变动比较剧烈或是交易双方未能就价格达成统一意见时,采用这种做法有一定好处表现在暂时解决交易双方在价格方面的分歧,先就其他条款达成协议,促进交易;以及解除价格风险的顾虑,提早确定成交数量和交货日期,不但有利于巩固和扩大出口市场,也有利于生产、收购和出口计划的安排。缺点:价格条款是合同的主要交易条件,采用非固定价格作为成交条件的实质是交易双方并未对这一条款达成一致,因此,存在着这种合同是否具备法律效力的问题。目前,大多数国家的法律认为,合同只要规定作价办法,即是有效的;《联合国国际货物销售合同公约》允许合同只规定"如何确定价格",但对"如何确定价格"却没有个体规定或作进一步的解释。非固定作价方法的法律问题仍待进一步明确、统一。另外,由于采用非固定价格作价是先签订合同再商讨价格,这就会造成价格条款(交易双方最为关注的关键性条款)存在着很大的不确定性,直接影响到整个合同的不确定性。当双方在签订合同后,对最后的成交价格进行商榷时极有可能产生意见不一致,而导致合同无法执行的现象。

(4) 采用非固定价格条款应注意的问题。

① 酌情确定作价标准。为了减少非固定价格条款给合同带来的不稳定性影响,解除交易双方在确定价格时的矛盾。就必须在合同中,明确未来确定最终成交价格的标准,但作价标准应该根据不同商品、不同情况酌情作出规定。

② 明确规定作价时间。关于作价时间的确定,一般采用如下三种做法:

在装船前作价,合同价格条款中明确规定:在合同签订后若干天或装船前若干天作价。

装船时作价,合同价格条款中规定:按提单日期的行市或装船月的平均价作价。实际业务操作中,这种做法一般在装船后进行。除非有明确的客观的作价标准,否则卖方为避免风险不会轻易采用。

装船后作价,合同价格条款中规定:在装船后若干天,甚至在船到目的地后才进行作价,采用这类做法,卖方承担的风险也较大,故一般很少使用。

## 四、制定价格条款应注意的主要问题

### (一) 合理确定单价,防止偏高偏低

制定价格时,应该遵循商品作价的基本原则:参考国际市场价格水平、结合购销意图和成交数量确定一个合理的价格。既不能过高,过高不利于市场份额的拓展,甚至有可能导致市场的丧失;也不能过低,过低不利于经济效益的提高,甚至招来倾销的嫌疑。而且,在确定进出口商品价格时,必须充分考虑影响价格的种种因素,并注意同一商品在不同情况下应有合理的差价,防止出现不区分情况,采取全球同一价格的错误做法。

### (二) 根据货源和船源情况选择适当的贸易术语

制定价格条款时,一定要考虑到贸易标的物的特征以及货源状况,还要考虑到我国船源的供给情况,选择适当的贸易术语,以便在更好地履行合同的基础上,促进我国的运输业和保险

业的发展。

(三)选择有利的计价货币或加订保值条款

**1. 计价货币的选择**

计价货币(Money of Account)是指合同中规定用来计算价格的货币。在一般的国际贸易中,合同价格条款中的价格表现为一定量的特定货币,而不规定用其他货币进行支付,那么这种货币,就是计价货币,也是用以结算的货币——支付货币(Money of Payment)。但也有的合同将计价货币和支付货币定为两种货币。

根据国际贸易的特点,用以计价的货币可以是出口国的货币也可以是进口国的货币,也可以是双方通过协商均同意的第三国货币。由于世界各国普遍使用浮动汇率制度,货币价值并不能一成不变,而国际贸易通常交货期比较长,从合同的签订到履行的间隔很长。在此期间计价货币的价值变化就会直接影响交易双方的经济利益。因此,如何选择计价货币具有很重要的经济意义,是交易双方在制定价格条款时必须注意的主要问题。

选择计价货币时考虑的问题:

一是外汇风险负担问题。

在当前国际金融市场普遍实行浮动汇率制的情况下,货币价值不是一成不变的,买卖双方都将承担一定的汇率变化的风险,因此在选择使用何种货币时,就不能不考虑货币汇价升降的风险。

在国际贸易中,把具有上浮(升值)趋势的货币称为"硬币",把具有下浮(贬值)趋势的货币称为"软币"。通常情况下,在出口贸易中,应当选择"硬币"作为计价货币;在进口贸易中,应当选择"软币"货币作为计价货币。在金额较大的进出口合同中,为了缓冲汇率的急升急降,应当采用多种货币组合来计价,称之为"一篮子计价法"。

二是要考虑货币的自由兑换性。

货币的自由兑换有利于调拨和运用,以及在必要时可转移货币汇价的风险。

国际贸易制定价格时,选择计价货币一般应遵循以下原则:

(1)遵循"收硬付软"的原则。在出口贸易中,力争选择硬货币来计价结算;在进口贸易中,力争选择软货币计价结算。但是在实际业务中,交易双方都希望选择对自己有利的货币,将汇率风险转嫁给对方。因此,交易双方在计价货币的选择上往往产生争论。为促成交易,采用"收硬付软"原则时要灵活多样。比如,可以将汇率变动风险计入货物价格中,也可以采用"硬币"和"软币"组合的方法,使升值的货币所带来的收益用以抵消贬值的货币所带来的损失。如果在交易中对方坚持选择货币,可以通过协商,使交易双方平等互利。

(2)进口、出口货币一致的原则。一个进出口企业,进口商品使用某种货币计价,那么,出口商品也采用该货币计价,这样做可以将外汇风险通过一"支"一"收"相互抵消。比如,计价货币升值,则进口成本因此而升高,企业遭损失;然而,出口收益却因此而增加,企业有盈利。二者相抵,风险降低或消除。

(3) 以本币作计价货币的原则。在国际交易中,如果用本币计价结算,进出口商不需要买卖外汇,也就不承担汇率变动的风险。但这种方法给贸易谈判带来一定困难,因为这实际上是将汇率风险转嫁给了对方,所以只能在价格或期限上作出让步,作为给对方的风险补偿,交易才能做成。由于人民币还未成为自由兑换货币,所以总地来说在国际贸易中使用有限。我国很多进出口企业在对外贸易和引进技术设备时不得不采用其他外汇。另外,对于世界性交易商品,如石油、森林产品和某些原材料,一律用美元计价结算,没有货币选择余地。

小资料:国际石油交易的计价货币为什么是美元?

"石油工业起源于得克萨斯,但发展却是与美元分不开的。石油供应链、运输路线和期货市场,这一切的核心都是美元。"石油以美元计价是一个相当自然的问题,因为直到20世纪50年代早期,美国的石油生产量都占到全球的一半左右。石油美元机制在布雷顿森林体系下得到进一步的加强,这是因为美元在双挂钩体系中的特殊地位,以及美元是国际货币基金组织的官方贷款货币使然。

有趣的是,国际石油交易计价货币最初并不为美元垄断。在20世纪70年代以前,国际石油交易的计价货币是多元的。在第二次世界大战期间,英国曾利用英镑的国际货币职能排挤美国石油公司在国际市场上与英国石油公司的竞争,英镑区的国家也曾经联合起来提高英镑结算比例、控制美元结算比例。这被后来的学者称之为"英镑-美元石油问题"。当1971年尼克松总统宣布美元和黄金脱钩后,欧佩克国家的确想过摆脱石油美元计价机制,因为美元不再像过去那样具有稳定的价值。而美国的回应是在20世纪70年代和沙特阿拉伯签订了一系列秘密协议,在这项所谓"不可动摇的协议"中,沙特同意继续将美元作为出口石油唯一的定价货币。而由于沙特是世界第一大石油出口国,因此欧佩克其他成员国也接受了这一协议。美元与石油"挂钩"成为世界的共识,任何想进行石油交易的国家不得不把美元作为储备。正是这一系列协议奠定了美元在国际石油交易计价货币中的垄断地位。该协议的实质是,布雷顿森林体系崩溃以后,美国正是通过美元垄断石油等大宗商品的交易媒介地位来维系和巩固美元的霸权地位。

按照这种逻辑的推理,只要世界各国联合起来放弃美元标准,就能推翻美国的霸权地位。但放弃美元标准对世界其他国家的损失也很大,这涉及结算货币转换的菜单成本,最致命的是各国外汇储备的大幅度缩水。这是一个相互依赖的世界,就像美国前财政部长萨默斯所说的金融恐怖平衡。美元的霸权迫使人们不得不认同美元的标准货币地位。

(资料来源:管清友,张明. 国际石油交易的计价货币为什么是美元? http://www.xslx.com)

**2. 利用货币保值条款**

货币保值条款(Exchange Rate Proviso Clause)是防范汇率风险常用的一种手段,即在交易谈判时,双方协商在合同中(往往是长期合同中)加入适当的保值条款,以防汇率多变的风险。在合同中规定了一种(或一组)保值货币与本国货币之间的比价,如支付时汇价变动超过一定幅度,则按原定汇率调整,以达到保值的目的。货币保值条款的常见类型有三种:黄金保值条款、硬货币保值和一篮子货币保值。

(四)避免承担价格变动的风险

在制定价格时,应该对价格变动的趋势进行分析和预测,并选择不同的作价方法规避价格变动带来的风险。例如,对一些价格波动幅度大的敏感性商品,规定价格水平时,不宜使交货期过长、分批装运的或使用固定价格等。

除了上述问题之外,还需要注意参照国际贸易的习惯做法,注意佣金和折扣的合理运用;当交货品质、交货数量有机动幅度或包装费另行计价时,应订明机动部分作价和包装费计价的具体办法;单价中的计量单位、计价货币和装运地或卸货地名称,必须书写清楚,以利合同的履行等。

## 本章小结

1. 本章关键词:出口盈亏率、出口换汇成本、出口创汇率、佣金、折扣。

2. 出口价格主要由成本、费用和利润三部分构成。常常用以核算的成本有采购成本和实际成本两类。费用包括国内部分的费用和国际运输中的费用。其中国内费用包括包装费、认证费、港区港杂费、商检费、捐税、贷款利息、业务费用和银行费用等;国际费用包括国际运输过程中的运费和保险费。预期利润则是出口成本和利润率的乘积。

3. 常用贸易术语的出口报价公式主要有

$$FOB = \frac{采购成本[1-出口退税率/(1+增值税率)]+国内费用}{(1-利润率)}$$

$$CFR = \frac{采购成本[1-出口退税率/(1+增值税率)]+国内费用+出口运费}{(1-利润率)}$$

$$CIF = \frac{采购成本[1-出口退税率/(1+增值税率)]+国内费用+出口运费}{(1-利润率-保险费率-投保加成率\times保险费率)}$$

4. 常用价格术语的换算公式有

$$CFR = FOB + F$$
$$CIF = FOB + F + I$$
$$I = CIF \times (1+投保加成率) \times 保险费率$$

5. 单价由计量单位、单位价格金额、计价货币和贸易术语四个部分构成;总价是单价同成交商品数量的乘积,使用的货币名称必须与单价所使用的货币名称一致。

6. 商品的作价方法有固定作价和非固定作价之分,非固定作价法又包括只规定作价方式而具体价格待定、暂定价格、部分固定价格部分非固定价格和滑动价格四种。

## 思考题

1. 传统贸易术语 FOB、CFR、CIF 之间的换算。

2. 制定商品价格时应该考虑哪些因素?

3. 国际贸易中,商品作价方法有哪些?

4. 下面是我国某外贸公司出口合同的单价和价格条款,请根据《INCOTERMS 2000》予以纠正:

(1) 每打 35 元 CIF 上海;

(2) 每公吨 1 000 美元 FOB 伦敦;

(3) 每箱 80 法郎 CIFC 马赛;

(4) 500 美元 CIF 鹿特丹减 1% 折扣;

(5) 每包 CFR 上海 25 港币。

## 阅读资料

常用的货币保值条款有:

1. 黄金保值条款

布雷顿森林体系崩溃以后,各国货币与黄金脱钩,黄金平价失去作用,浮动汇率制取代了固定汇率制,因而国际经济活动中的外汇风险大大增加,为此,有的国家采用市场黄金价格来保值。

其具体做法是:在订立合同时按签约日的黄金价格将支付货币的金额折合为若干一定数量的黄金,到支付日再将特定数量的黄金按当时的金价转换成一定数量的计价货币。如果黄金价格上涨,则支付货币金额要相应增加,反之,则相应减少。实行黄金保值条款的前提是黄金价格保持稳定,目前黄金价格本身不断波动,这种方法已不能起到避免风险的作用。

2. 硬货币保值

即在合同中订明以硬货币计价,用软货币支付,记录两种货币当时的汇率,在执行合同过程中,如果由于支付货币的汇率下浮,则合同中的金额要等比例调整,按照支付日的支付货币的汇率计算。这样,实收的计价货币金额和签订合同时相同,支付货币下浮的损失可以得到补偿。如前几年,我国对香港地区出口的部分商品在港币计价成交合同中增加了一条保值条款,即:若港元兑美元的汇价上下浮动各达 3% 时,就按照港元对美元汇价变化幅度,相应调整港元价格,上下浮动幅度不到 3% 时,价格不变。

例:设某出口商品合同单价为 10 港元,折合 2 美元(当时汇率为 1 美元=5 港元)。待港商支付货款时,汇率变为 1 美元=6 港元,由于汇率变动幅度超过 3%,故单价应改为 12 港元。若汇率变为 1 美元=4 港元,单价应为 8 港元。由此可见,从美元角度分析,不论港元对美元汇价是涨是落(指超过 3% 而言),双方都不承担汇价风险。

3. 一篮子货币保值

一篮子货币的含意是多种货币的组合。在浮动汇率制下,各种货币的汇率每时都在变化,但变动的幅度和方向并不一致。用一篮子货币保值就是在合同中规定用多种货币对合同金额进行保值。

具体的做法是：在签订合同时，双方协商确定支付货币与一篮子保值货币之间的汇率，并规定出各种保值货币与支付货币之间汇率变动的调整幅度。如果到支付期时汇率的变动超过规定的幅度，则要按合同中已规定的汇率调整，从而达到保值的目的。由于一篮子货币当中，货币的汇率有升有降，汇率风险分散化，这就可以有效避免外汇风险，把较大的外汇风险限制在规定的幅度内。目前在国际支付中，对一些金额较大、期限长的合同和贷款用特别提款权和欧洲货币单位等一篮子货币保值的极为普遍。

（资料来源：http：//baike.baidu.com/view/2130218.htm？fr=ala0_1）

**【荐读书目及网络资源】**

[1] 阿里巴巴：进出口报价的核算 http://blog.china.alibaba.com/blog/quickly001/article/b0-i3859102.html

[2] 安徽工商职业学院精品课程 http://www.ahbvc.cn/jpkc/gmswjpkc/5.htm

[3] 田运银.国际贸易实务精讲[M].北京：中国海关出版社，2007.

[4] 祝卫.出口贸易模拟操作[M].上海：上海人民出版社，2003.

[5] 项义军.国际贸易实务操作[M].哈尔滨：黑龙江人民出版社，2004.

# 第六章
# Chapter 6

## 国际贸易合同条款(三)

【学习目的与要求】

国际货物运输的方式众多,但海洋运输方式占其中的 80% 以上。因此本章重点介绍有关海运及与之相关联的集装箱运输和国际多式联运等业务方面的基本知识,同时,简要介绍铁路运输和航空运输。要求学生了解国际铁路运输、航空运输、邮包运输、集装箱运输、国际多式联运的做法;国际货物贸易的运输方式和特点。了解租船订舱、程租船、期租船、速遣费、滞期费、装运港、目的港。掌握海洋运输中班轮运输的特点、运费的计收标准,海运提单的性质和作用,提单的主要种类及其含义和作用。

国际货物运输保险是国际贸易实务的主要交易环节之一。本章还将介绍有关海运货物运输保险以及中国人民保险公司的海运货物保险条款。同时,简略介绍伦敦保险协会海运货物保险的相关条款。要求学生了解国际货物贸易合同中的运输条款的主要内容,国际货物贸易中涉及的各种运输单据,了解伦敦保险协会现行的《协会货物条款》的基本内容以及国际货物运输险别的选择、手续的办理和保险费的计算等问题。掌握海上货物运输保险的范围、除外责任和责任起讫,海上货物运输基本险和一般附加险别、特殊附加险别的含义和责任起讫。

【本章导读】

2009 年 10 月,澳大利亚达通贸易有限公司向我国华东吉发有限责任公司订购饲料用玉米 10 000 吨。货船在厦门装船以后直接驶向达尔文港。途中船舶货舱起火,大火蔓延到机舱。船长为了船货的共同安全,命令采取紧急措施,往舱中灌水灭火。火虽然被扑灭,但由于主机受损,无法继续航行。为使货轮继续航行,船长发出求救信号,船被拖至就近的维佳港口修理,检修后重新将货物运往达尔文港。事后经过统计,事故总共造成如下损失:①2 500 吨玉米被火烧毁;②1 300 吨玉米由于灌水不能食用;③主机和部分甲板被火烧坏;④雇用拖船支付费用若干；⑤因为船舶维修，延误船期，额外增加了船员工资以及船舶的燃料。试问：在上述各项损失中的损失性质是什么？在投保了平安险的情况下，被保险人有权向保险公司提出哪些赔偿要求？为什么？

什么是海损的性质？如何判断货物损失的性质？货物在运输过程中的损失由谁来承担？如何合理地进行运输保险？

# 第一节 运输方式

## 一、海洋运输

海洋运输特点比较突出，优点利用天然水路，不受道路和轨道的限制、运输量大，对货物的适应力强、运费低廉等；缺点是航行速度慢、易受自然条件影响、风险较大等。

小资料：国际海洋运输的主要规则

国际海洋运输的主要规则有《海牙规则》、《海牙-维斯比规则》、《汉堡规则》、《国际海事委员会海运单统一规则》和《国际海事委员会电子提单规则》。

(1) 海牙规则（Hague Rules） 全称《统一提单若干法律规定的国际公约》(International Convention for the Unification of Certain Rules of Law Relating to Bill of Lading)。其草案于 1921 年在海牙通过，1924 年 8 月 25 日由 26 个国家在布鲁塞尔签订，1931 年 6 月 2 日生效。该规则使得海上货物运输中有关提单的法律得以统一，促进了海运业，推动了国际贸易发展，是最重要的和目前仍被普遍使用的国际公约。包括欧美许多国家在内的 50 多个国家先后加入了公约。1936 年，美国政府以公约作为立法基础，制定了 1936 年美国海上货物运输法。我国于 1981 年承认该公约。其特点是较多地维护了承运人的利益，在风险分担上很不均衡。因此引起作为主要货主国的第三世界国家的不满，要求修改海牙规则，建立航运新秩序。

(2)《维斯比规则》(Visby Rules)。由于第三世界国家强烈要求修改海牙规则，北欧国家和英国等航运发达国家主张折中方意见，只对海牙规则中明显不合理或不明确的条款作局部的修订和补充。也称为海牙-维斯比规则(Hague-Visby Rules)。全称是《关于修订统一提单若干法律规定的国际公约的议订书》(Protocol to Amend the International Convention for the Unification of Certain Rules of Law Relating to Bill of Lading)，或简称为《1968 年布鲁塞尔议订书》(The 1968 Brussels Protocol)，1968 年 2 月 23 日在布鲁塞尔通过，于 1977 年 6 月生效。目前已有英、法、丹麦、挪威、新加坡、瑞典等 20 多个国家和地区参加了这一公约。

(3)《汉堡规则》(Hamburg Rules)，在第三世界国家的反复斗争下，经过各国代表多次磋商，并在某些方面作出妥协后通过的。它全面修改了海牙规则，其内容在较大程度上加重了承运人的责任，保护了货方的利益，代表了第三世界发展中国家的意愿，这个公约于 1992 年生效，但对国际海运业影响不是很大。其全称为《1978 年联合国海上货物运输公约》(United

Nations Convention of the Carriage of Goods by Sea, 1978), 1976 年由联合国贸易法律委员会草拟, 1978 年经联合国在汉堡主持召开有 71 个国家参加的全权代表会议上审议通过。

国际贸易海上运输的经营方式主要有班轮运输和租船运输两种。

(一) 班轮运输

班轮运输又称定期船运输,是指在一定航线上、一定的停靠港口、定期开航并按事先公布的费率收取运费的船舶运输。其主要特征体现为"四固定",即有固定的装卸港、固定航线、固定的船期表、按相对固定的运费率收取运费。

班轮运输由船方负责配载装卸,装卸费包括在运费中。船、货双方的权利、义务与责任豁免。

班轮运费通常是按照班轮运价表的规定计收的。班轮运价表一般包括货物分级表、航线费率表、附加费率表及活畜费率表、港口规定和条款等。

班轮的运费=基本运费+附加费

基本运费是指货物运往班轮航线上固定挂港,或者可以直接挂靠的基本港口,按照运价表内对货物划分的等级所必须收取的基本费用。

附加运费:超重附加费、超长附加费、燃油附加费、直航附加费、转船附加费、港口附加费、港口拥挤附加费、选择卸货港附加费、变更卸货港附加费、绕航附加费、货币贬值附加费、洗舱费、冰冻附加费等。

其中班轮运费基本运费的计收方法种类多样,主要有以下几种:

(1) 按重量吨计收(W);

(2) 按尺码吨计收(M);

(3) 按价格计收(AD、VAL);

(4) 按重量吨或尺码吨计收(W/M);

(5) 按重量吨或尺码吨或从价运费计收(W/M/AD、VAL);

(6) 按重量吨或尺码吨中收费较高的作为标准再另行加收一定百分比从价运费;

(7) 按货物的件数计收;

(8) 按议价计收。

在业务操作中,班轮运费的计算可遵循下列程序和步骤:

(1) 先根据货物的英文名称从货物分级表中查出有关的计费等级及其计算标准,即从航线费率表中查出有关货物的基本费率以及各项需支付的附加费率;

(2) 该货物的基本费率和附加费率之和即为每一运费吨的单位运价;

(3) 用该货物的计费重量吨或尺码吨乘以单位运价即得出总运费额。

**例 1** 某企业出口柴油机一批,共 15 箱,总毛重为 5.65 吨,总体积为 10.676 立方米。由青岛装船,经香港转船至苏丹港,试计算该企业应付船公司运费多少?

A. 查阅货物分级表:Diesel Engine:10 级 W/M;

B. 查阅中国—香港航线费率表:10 级货从青岛运至香港费率为 22 美元,中转费 13 美元;

C. 查阅香港—红海航线费率表:10 级货从香港到苏丹港费率为 95 美元;

D. 查阅附加费率表:苏丹港要收港口拥挤附加费,费率为基本运费的 10%。

**解** 10.676×(22+13+95+95×10%) = 10.676×139.5 = 1 489.302(美元)。

**例2** 出口到澳大利亚悉尼港某商品 100 箱,每箱毛重 30 公斤,体积 0.035 立方米,运费计算标准为 W/M 10 级,查 10 级货直运悉尼港基本运费为 200 美元,加货币附加费 35.8%,再加燃油附加费 28%,港口拥挤费 25%,求总运费。

**解** M>W,按 M 计算,基本运费:RMB 200。

基本运费的币值附加费:2 005×35.8% =71.6(美元);

燃油附加费:(200+71.6)×28% =76(美元);

港口拥挤费:(200+71.6)×25% =67.9(美元);

运费合计:(200+71.6+76+67.9)×0.035×100 = 1 454.25(美元)。

**小资料**:使用班轮运输的技巧

(1)班轮运输计收标准不一,如果属于按照体积计算运费的货物,特别是一些轻泡货,应改进包装,压缩体积,节省运费。

(2)对外报价时,应慎重考虑运费因素,仔细核算运费,特别是对可能加收的各种附加费必须计算在内。

(3)我国出口货物由我方订舱托运时,应争取在基本港口卸货,节省直航和转船附加费。

(4)要熟悉各类班轮运价表,选择填写收费比较低的适当货物名称,要做到合理套级,尽量避免按"未列明货物"计算运费;托运样品,一般不要超过一定的重量和体积。

(5)对无商业价值的样品,凡体积不超过 0.2 立方米,重量不超过 50 公斤时,可要求船方免费运送。

(二)租船运输

租船运输(Charter Transport)是指租船人向船东租赁船舶用于运输货物的业务,租船运输又称不定期租船运输。与班轮运输相比,无固定的航线、装卸港口、船期运价、租金及装卸费用,可根据货主各种不同的需求,结合租船场上的各种因素临时决定;租船运价一般比较低,适用于大宗低价成交货物。

在国际海运业务中,租船方式分为定程租船、定期租船和光船租船三大类。

(1)定程租船(Voyage Charter)。又称程租船或航次租船,是按航程为基础的租船方式 。它又分为单航次租船(Single Trip Charter)、来回程航次租船(Return Trip Charter)、连续航次程租船(Consecutive Voyages)。

(2)定期租船(Time Charter)。简称期租船,是指船舶所有人按照租船合同约定,将特定的船舶,在约定的期限内,交给承租人使用的一种租船方式。期租船合同一般规定船舶得在期满日前十天还船,或延长至该航次结束,但不超过期满日 5 天为限。

(3)光船租船(Bare Charter)。又称"净船期租船",是指船东将船舶出租给承租人使用一个时期,但船舶所有人提供的是空船,承租人要自己任命船长,配备船员,负责船舶的给养和船舶营运管理所需的一切费用。光船租船实际上属于财产租赁,不同于一般的期租船。

## 二、其他运输方式

### (一)铁路运输(Rail Transport)

铁路运输是指利用铁路进行国际贸易货物运输的一种方式。

铁路运输一般不受气候条件的影响,可保障全年的正常运输,而且具有运载量大、速度快、成本低、连续性强、手续简单、风险小等特点和优势,它是国际贸易中仅次于海洋运输的一种主要运输方式。铁路运输可分为国内铁路运输和国际铁路联运两种。

凡是使用1份统一的国际铁路联运票据,由铁路负责经过两国或两国以上铁路的全程运送,并由一国铁路向另一国铁路移交货物时,不需要发货人和收货人参加,这种运输称为国际铁路货物联运。

### (二)航空运输(Air Transport)

航空运输是指利用飞机通过空中飞行在航空港之间运送客货的运输方式。

航空运输具有速度快、交货迅速、安全准确、货损率低、节省包装费、保险费和储藏费、航行便利、不受地面条件限制等优点。缺点是运费较高,运量不大。它适宜运送易腐商品、鲜活商品、急需物资和贵重物品。我国航空运输的承运人是中国对外贸易运输总公司。它可以是货主的代理也可以是航空公司的代理。航空货运的方式有:班机运输、包机运输、集中托运、急件传递。

### (三)公路、内河、邮包运输

公路运输既是一个独立的运输体系,也是车站、港口和机场集散物资的重要手段。

内河运输是水上运输的组成部分,是连接内陆腹地与沿海地区的纽带,是边疆地区同邻国边境河流的连接线。在运输和集散进出口货物中起着重要作用。

邮包运输是各国邮政部门之间订有协定和公约,通过这些协定和公约,各国的邮件包裹可以互相传递,从而形成国际邮包运输网。邮包运输是一种简便的运输方式,手续简便,费用不高,是国际贸易中普遍采用的运输方式之一。

### (四)集装箱运输、国际多式联运和大陆桥运输

**1. 集装箱运输(Container Transport)**

集装箱运输是以集装箱作为运输单位进行货物运输的现代运输方式。适合于海洋运输、铁路运输、公路运输、内河运输和国际多式联运等。

(1)集装箱运输的特点。

①加速货物装卸;

②提高港口吞吐能力;

③加速船舶周转；

④减少货损货差；

⑤节省包装材料；

⑥减少运杂费用、降低营运成本；

⑦简化货运手续和便利货物运输。

(2) 集装箱的类型。集装箱又称"货柜"或"货箱"，是一种容器，能够作为运输辅助设备反复使用。在国际货物运输中经常使用的是20英尺(1英尺=0.304 8米)和40英尺集装箱，其型号和具体规格如下：

1C型 8'×8'×20'　　　　　　　　1A型 8'×8'×40'

【外径】(2 438×2 438×6 058 mm)　【外径】(2 438×2 438×12 191 mm)

【内径】(238×234×590 cm)　　　【内径】(238×230×1 205 cm)

为了适应运输各类货物的需要，集装箱除了通用的干货集装箱外，还有罐式集装箱、冷藏集装箱、框架集装箱、平台集装箱、通风集装箱、牲畜集装箱、散装集装箱、挂式集装箱等种类。

(3) 装箱、交接方式。装箱方式有以下两种：

①整箱货(Full Container Load, FCL)，由货方在工厂或仓库进行装箱，然后直接交集装箱堆场等待装运，货到目的地(港)后，收货人可直接从目的地集装箱堆场提走。

②拼装货(Less than Container Load, LCL)，货量不足一整箱，须由承运人在集装箱货运站负责将不同发货人的少量货物拼装在一个集装箱内，货到目的地(港)后，由承运人拆箱后分拨给各收货人。

交接方式为以下5种：

①堆场(Container Yard)到堆场，即CY—CY。由起运地或装箱港的堆场至目的地或卸箱港的堆场(Container Yard, 即CY)，一般也为整箱货的运输。

②集装箱货运站(Container Freight Station)到集装箱货运站，即CFS—CFS。由起运地或装箱港的集装箱货运站(Container Freight Station, 即CFS)至目的地或卸箱港的集装箱货运站，这种方式通常用于拼箱货的运输。

③堆场到集装箱货运站，即CY—CFS。

④集装箱货运站到堆场，即CFS—CY。

⑤门对门(Door to Door)由发货人货仓或工厂仓库至收货人的货仓或工厂仓库，这种方式通常适用于整箱货的运输。

集装箱类型的选用，货物的装箱方法对于贸易商减少运费开支起着很大的作用。货物外包装箱的尺码、重量，货物在集装箱内的配装、排放以及堆叠都有一定的讲究。一般来说，以重量法计费的货物通常用20英尺集装箱；而以体积法计费的货物则用40英尺集装箱更能节省运费。20英尺和40英尺集装箱装箱数量理论算法：20英尺集装箱的载货质量为17 500千克，40英尺集装箱的载货质量为24 500千克；20英尺集装箱的有效容积为25立方米，40英尺集装箱的有效容积为55立方米。

## 2. 国际多式联运(International Multimodal Transport)

国际多式联运是在集装箱运输基础上产生和发展起来的一种综合性连贯运输方式,它以集装箱为媒介,把海陆空各种单一的传统运输方式有机地结合起来,组成一种国际间的连贯运输。指按照多式联运合同,以至少两种不同的运输方式,由多式联运经营人将货物从一国境内接受货物的地点运往另一国境内指定交付货物的地点。

(1)国际多式联运应具备的条件。根据《联合国国际货物多式联运公约》,构成国际多式联运的条件如下:

① 必须有一个多式联运合同;
② 使用一份包括全程的多式联运单据;
③ 必须至少是两种不同运输方式的连贯运输;
④ 必须是国际间的货物运输;
⑤ 必须由一个联运经营人对全程运输负责;
⑥ 必须是全程单一的运费费率。

(2)多式联运应注意的问题。

① 考虑货价和货物性质是否适宜装集装箱;
② 要注意装运港和目的港有无集装箱航线,有无装卸及搬运集装箱的机械设备,铁路、公路沿途桥梁、隧道、涵洞的负荷能力如何;
③ 装箱点和起运点能否办理海关手续。

## 3. 大陆桥运输

大陆桥运输是指使用横贯大陆的铁路(公路)运输系统作为中间桥梁,是海、陆、海的连贯运输形式。国际贸易货物使用大陆桥运输具有运费低廉、运输时间短、货损货差率小、手续简便等特点,大陆桥运输是一种经济、迅速、高效的现代化的运输方式。现代主要的大陆桥有:北美大陆桥、西伯利亚大陆桥和亚欧大陆桥(图6.1)。

图6.1

## 第二节 装运条款

### 一、装运时间的规定方法

（一）明确规定具体装运期限

明确规定出具体的装运期限,但不确定在某一日期上,而是确定在一段时间内。
(1)规定在某月内装运。
(2)规定在某月月底以前装运。
如:Shipment at or before the end of March 2008.
(3)规定在某月某日前装运。
如:Shipment before May 30th.
(4)跨月装运。
如:Shipment during Jan./Feb. 2009.

（二）规定在收到信用证后若干天内装运

这种规定方法主要用于以下几种情况:专为买方制造的商品;对一些外汇管制较严的国家和地区,或该项商品系该国实行许可证或配额制范围之内;对一些不太了解资信的客户,或对某些信用较差的客户。

如:Shipment within 30 days after receipt of L/C.
如:The Buyer must open the relative L/C to reach the Sellers Before××(date).

（三）笼统规定近期装运

如:立即装运"prompt shipment"或"immediate shipment",尽快装运"shipment as soon as possible"或"shipment by first available steamer"。

（四）规定装运时间应注意的事项

(1)货源情况:库存、生产能力、配套能力、生产周期、技术要求、货物数量等;
(2)运输情况:运输能力、航线、港口条件、气候条件等;
(3)商品的性质:受潮霉变、受热融化、震荡、加工、包装、检验等;
(4)市场需求情况:季节、成套设备;
(5)资金占用问题:预付货款、交货付款。

### 二、装运港和目的港的规定方法

在确定装运港和目的港的时候,尽量采用"选择港"的办法。有时资源不十分稳定的时候,可不规定具体港口。在规定港口的时候应注意:

(1) 不能接受我国政策不允许进行贸易的国家或地区的港口为目的港。
(2) 对目的港的规定必须明确具体,避免笼统规定方法,如 E. M. P. (European Main Port)。
(3) 接受外国客户选择港要求时,应注意:
① 合同规定的"选择港"数目一般不超过3个;
② 备选的港口必须在同一条班轮航线上,且为班轮停靠的港口;
③ 应按备选港口中最高费率和附加费计算,并在合同中说明费用的负担方。如:CIF London, optional Hamburg / Rotterdam. Optional additionals for buyer's account。

## 三、分批装运和转运

(一) 分批装运(Partial Shipment)

**1. 分批装运的含义**

分批装运又称分期装运,是指一个合同项下的货物分若干批装运。国际货物交易中,买卖双方可根据交货数量、运输条件和市场销售需要等因素在合同中规定分批装运条款。

规定分批装运的方法主要有两种:
(1) 只是原则规定允许分批装运,对分批的具体时间、批次和数量均不作规定;
(2) 具体订明每批的装运时间、批次或数量。

**2. 分批装运的规定方法**

分批装运的规定方法可以是分若干批,每批平均装运,也可以不平均装运,另行规定每批的装运数量。

如:3~6月分四批每月平均装运(Shipment during March/June in four equal monthly lots)
再如:During Oct./ Nov./Dec. 2000 in three monthly Shipments:

During Oct. 500 metric tons

During Nov. 750 metric tons

During Dec. 1 000 metric tons

(二) 转运(Transshipment)

转运是指货物从装运港到目的地的运输途中,由于没有直达船或无合适的船舶运输,而从中途港转船。买卖双方可以在合同中商定"允许转船"的条款(Transshipment to be Allowed)。如:

1. Shipment during Oct./ Nov./Dec. 2001, with partial shipments and transshipment allowed.
2. Shipment during Jan./Feb. 2001 in two equal monthly lots (in two equal monthly Shipments), transshipment to be allowed.
3. During Mar/Apr in two equal monthly Shipments, to be transshipped at Hong Kong.

## 四、滞期费和速遣条款

装卸时间、滞期费、速遣费等条款一般适用于程租船,船方不负责装卸货物时所规定的一些租船合同条款。

### (一)滞期费

滞期费是指在程租船方式下,因承租人装卸货物不及时,超过了租船合同中规定的装卸时间,船方按规定向承租人收取的罚金。

### (二)速遣费

速遣费是指在承租船方式下,因承租人装卸货物及时,比原租船合同中规定的装卸时间提前完成了货物的装卸,船方按规定向承租人支付的奖金。

通常,速遣费的比例是滞期费的一半。例如,租船合同规定的装卸时间为3个工作日,超过一天罚 USD 4 000.00。如果承租人实际只用了2天,则船东只奖励 USD 2 000.00。

## 五、其他装运条款(OCP)

O.C.P.(Overland Common Points)意为"内陆地区",而 O.C.P. 条款通常被称为美国内陆运输。根据美国运费率的规定,以美国西部九个州,即洛矶山脉为界其以东地区,都为 O.C.P. 地区的范围。按 O.C.P. 条款达成的交易,托运人可以享受美国内陆运输的优惠费率,但要求同时满足以下三个条件:

(1)货物最终目的地必须属于 OCP 范围内。
(2)美国西海岸港口中转。
(3)提单上必须表明 OCP 字样。

# 第三节 运输单据

## 一、海运提单

海运提单简称提单(B/L),是船方或其代理人签发的,是证明已收到货物或货已装船,允许将货物运至目的地,并交付给收货人的书面凭证。它是承运人和托运人之间的契约证明,在法律上具有物权凭证的效用。海运提单式样如图6.2所示。

### (一)海运提单的性质和作用

(1)作为货物收据(Receipt for the Goods)。
(2)作为运输合同的证明(Evidence of Contract)。
(3)作为物权凭证(Documents of Title)。

# 第六章 国际贸易合同条款（三）

**BILL OF LADING**
FOR COMBINED TRANSPORT OR PORT TO PORT SHIPMENT

| Shipper | B/L NO. | Number of Originals |
|---|---|---|
| Consignee | \multicolumn{2}{l\|}{GREATING MARINE LIMITED} |
| Notify Party (No claim shall attach for failure to notify) | For Cargo Delivery, Please Apply To: | |

| Pre-carriage by | Place of Receipt | | |
|---|---|---|---|
| Ocean Vessel　Voy. No. | Port of Loading | Shipper's Ref. | |
| Port of Discharge | Place of Delivery | Precarriage | Freight Payable |

| Marks and Numbers | Quantity | Description of Goods | Gross Weight (KGS) | Measurement(CBM) |
|---|---|---|---|---|

ABOVE PARTICULARS AS DECLARED BY SHIPPER

| Total No. Containers or Packages (in words) | | | RECEIVED by the Carrier the Goods as specified above in apparent good order and condition, unless otherwise stated, to be transported to such place as agreed, authorized or permitted herein and subject to all the terms and conditions appearing on the front and reverse of this Bill of Lading to which the Merchant agrees by accepting this Bill of Lading, any local privileges and customs notwithstanding.
The particulars given above as stated by the shipper and the weight, measure, quantity, condition, contents and value of the goods are unknown to the Carrier.
In WITNESS where of one (1) original Bill of Lading has been signed if not otherwise stated above, the same being accomplished the other(s), if any, to be void. If not otherwise stated above, the same being accomplished the other(s), if any, to be void. If required by the Carrier one (1) original Bill of Lading must be surrendered duly endorsed in exchange for the Goods or delivery order.
Place and date of issue
Signed as agent for and on behalf of the Carrier: |
|---|---|---|---|
| Freight and Charges | Prepaid | Collect | |
| TOTAL $ | | | |

2000576

(GREATING MARINE LIMITED STANDARD FORM 01)

图 6.2　海运提单式样

## （二）海运提单的格式和内容

### 1. 提单正面的内容

①托运人；②收货人；③被通知人；④装货港；⑤卸货港；⑥船名及航次；⑦唛头及件号；⑧货名及件数；⑨重量及体积；⑩运费预付或运费到付；⑪正本提单的张数；⑫船公司及代理人签章；⑬签发提单的地点及日期。

### 2. 提单背面的条款

在班轮提单背面，通常都有印就的运输条款，这些条款是作为确定承运人与托运人之间、承运人与收货人及提单持有人之间的权利和义务的主要依据。关于统一提单背面条款的国际公约有以下三种：《关于统一提单的若干法律规则的国际公约》，简称《海牙规则》；《布鲁塞尔议定书》，简称《维斯比规则》；《联合国海上货物运输公约》，简称《汉堡规则》。

## （三）海运提单的种类

### 1. 按货物是否已装船划分

（1）已装船提单（Shipped or on Board B/L），是指货物装船后，由承运人签发给托运人的提单。提单上必须载明装货船名和装船日期。已装船提单在国际贸易中被广泛使用。

（2）备运提单（Received for shipment B/L），是指承运人在收到托运货物等待装船期间，向托运人签发的提单。这种提单没有肯定的装货日期，往往不注明装运船舶的名称，因而买方和银行一般不接受备运提单。备运提单如经承运人加注"已装船"字样，注明装船名称、装船日期并签字证明，也可转为已装船提单。

### 2. 按提单有无批注划分

（1）清洁提单（Clean B/L），是指货物交运时外表状况良好，承运人未加有关货损或包装不良或其他有碍结汇批注的提单。清洁提单是国际贸易中广泛采用的提单。

（2）不清洁提单（Unclean B/L），是指承运人加注货物外表状况不良或存有缺陷等批注的提单。如"包装不固"、"破包"、"×件损坏"等。

### 3. 根据抬头划分

（1）记名提单（Straight B/L），是指收货人是具体的公司名称，只有收货人才能提货，又称为"不可转让提单"。当货物装上船的时候，这份货权就完全是收货人的了，无论对卖方与付款银行都不利。记名提单一般只用于运输贵重物品或有特殊用途的货物。

（2）指示提单（Order B/L），指示行为是用背书来体现：凭×××的指示才能使另外的人使用提单来提货。记载方式如下：

To order of shipper 凭托运人指示（托运人背书）

To order of ××× Bank 凭银行指示（银行背书）

To order of ××× 凭×××公司指示（公司背书）

To order = To the order 凭指示（托运人背书）

(3)不记名提单(Bearer B/L),又称"空白提单"。收货人一栏内不填写收货人名称而留空的提单。提单持有人可以不作任何背书转让或提取货物。由于这种提单风险大,国际贸易中很少使用。

4. 根据按运输方式划分

(1)直达提单(Direct B/L),是指货物从装运港装船后,中途不换船而直接运到目的港使用的提单。直达提单上仅列有装运港和目的港的港口名称。在国际贸易中,如信用证规定货物不准转船,卖方就必须取得承运人签发的直达提单后才能向银行办理议付货款。

(2)转船提单(Transshipment B/L),是指货物需经中途转船才能到达目的港而由承运人在装运港签发的全程提单。转船提单上注有"在某港转船"的字样,承运人只对第一程运输负责。

(3)联运提单(Through B/L),是指需经两种或两种以上运输方式(海陆、海河、海空、海海等)联运的货物,由第一承运人收取全程运费后,在起运地签发到目的港的全程运输提单。联运提单虽然包括全程运输,但签发提单的承运人只对自己运输的一段航程中所发生的货损负责,这种提单与转船提单性质相同。

5. 根据提单的签发日期划分

(1)预借提单(Advanced B/L),是指承运人在货物未装船或未装船完毕时签发的提单。在托运人需要提前取得运输单据办理货款结算手续,或派作其他用途时,通常会要求承运人签发预借提单。

(2)倒签提单(Anti-dated B/L),是指承运人在提单上签注的货物装船完毕的日期早于货物实际装船完毕的日期。这种提单与"预借提单"一样,通常被认为是非法的和欺诈性的,应禁止使用。

6. 根据提单的使用效力划分

(1)正本提单(original B/L)。提单上注明"original",有承运人、船长或其代理人签章并注明签发日期。信用证常规定议付时提交全套正本提单"full set of ××"。

(2)副本提单(copy B/L)。提单上没有承运人、船长或其代理人签章而仅作参考用,上面标明"copy" or "non-negotiable"。

## 二、其他运输单据

(一)铁路运输单据(Rail Way Bill)

铁路运单是国际铁路运输中使用的单据,是由铁路承运人或其代理人签发的证明托运人与承运人运输合同的凭证。铁路运单只是货物收据,不是物权凭证,一律记名,不得转让。

(二)公路运单(Roadway Bill)

由承运人或代理人签发的,作为收到货物的收据和运输合同的证明。公路运单不可转让。

### (三)航空运单(Air Way Bill)

航空运单是由承运的航空公司或其代理人签发的货运单据。它是承运人与托运人之间签订的运输契约,也是承运人或其代理人签发的货物收据。航空运单也不是物权凭证,一律记名,不可转让。

### (四)多式联运单据(Combined Transport Documents)

多式联运单据是在货物的运输过程中使用一种以上的运输工具,由联运经营人签发的证明多式联运合同以及证明联运经营人接管货物并按合同条款妥善交付货物的单据。

### (五)电子提单

电子提单是一种利用 EDI 系统对海运途中的货物支配权进行转让的程序。

电子提单具有以下三个特点:(1)卖方、发货人、银行、买方和收货人均以承运人(或船舶)为中心,通过专有计算机密码通告运输途中货物支配权的转移时间和对象;(2)在完成货物的运输过程中,通常情况下不出现任何书面文件;(3)收货人提单,只要出示有效证件证明身份,由船舶代理验明即可。

## 第四节  国际货物运输保险

国际货物运输保险是指被保险人向保险人按一定金额投保一定的险别,并交纳保险费,保险人承保以后,如果保险标的在运输过程中发生约定范围内的损失,应按照规定给予被保险人经济上补偿的一种财产保险。

### 一、海运货物的承保范围

保险可保的危险应具有如下几个基本条件:
(1)危险必须是偶然的;
(2)危险必须是意外的;
(3)危险不是投机性的;
(4)危险导致的损失必须是可以确定的;
(5)必须是大量的标的均有遭遇此种危险的可能性,而且危险造成的损失应是相当重大的等。

### (一)风险(Risk)

(1)自然灾害(Natural Calamity)是仅指不以人的意志为转移的自然界破坏力量所引起的灾害。如恶劣气候、雷电、海啸、地震、洪水、火山爆发、浪击落海等,人力不可抗拒的灾害。这些灾害在保险业务中都有其特定的含义。

(2)海上意外事故(Fortuitous Accidents)仅指由于偶然的、难以预料的原因造成的事故,如船舶搁浅、触礁、沉没、焚毁、互撞、遇流冰或其他固体物体,以及码头碰撞、失火、爆炸等原因造成的事故。

(3)外来风险(Extraneous Risks)是指由于海上风险以外的其他外来原因引起的风险,可分为一般外来风险和特殊外来风险。

①一般外来风险是指被保险货物在运输途中由于偷窃、雨淋、短少和提货不着、短量、玷污、渗漏、破损、受潮受热、串味、生锈等一般外来原因所造成的风险损失。

②特殊外来风险是指由于战争、罢工、交货不到、拒收、政府禁令等特殊外来原因所造成的风险损失。

(二)损失(Average)

海上损失又称海损,是指被保险货物在运输途中,因遭遇海上风险施救所造成的各种损失。海损也包括与海运相连的陆运和内河运输过程中的货物损失。按照程度不同可分为全部损失和部分损失。

**1. 全部损失(Total Loss)**

全部损失简称全损,指运输途中整批货物或不可分割的一批货物的全部损失。根据情况不同,可分为实际全损和推定全损。

(1)实际全损(Actual Total Loss/ATL)是指该批被保险货物在运输途中完全灭失,或者受到严重损害完全失去原有的形体、效用,或者不能再归被保险人所拥有,或者载货船舶失踪,达到一定时期(国际惯例为6个月)仍无音讯。

(2)推定全损(Constructive Total Loss)指被保险货物在运输途中受损后,实际全损已经不可避免,或者为避免发生实际全损所需支付的费用与继续将货物运抵目的地的费用之和超过保险价值,即恢复、修复受损货物并将其运送到原订目的地的费用将超过该目的地的货物价值。

**2. 部分损失(Partial Loss)**

部分损失是指被保险货物的损失没有达到全损的程度。部分损失按损失的性质又可分为共同海损和单独海损。

(1)共同海损(General Average/GA)是指载货船舶在航行途中遭遇自然灾害或意外事故,威胁到船方、货方、运费收入方的共同安全,船方为了维护船舶和所有货物的共同安全,或者为了使航程能继续完成,而有意识地、合理地采取挽救措施所造成的某些特殊性质的牺牲或支出的额外费用。根据惯例,共同海损的牺牲和费用,应由船舶、货物和运费三方按最后获救的价值多寡,按比例进行分摊。这种分摊称之为共同海损分摊。

构成共同海损的条件如下:

① 船方在采取措施时,当时必须确有危及船、货共同安全的危险存在。
② 船方所采取的措施,必须是为了解除船、货共同安全的危险,有意识而且是合理的。
③ 所作牺牲具有特殊性,支出的费用是额外的,是为了解除危险,而不是由危险直接造成

的。

④ 牺牲和费用的支出最终必须是有效的,也就是说经过采取某种措施后船舶和/或货物全部或一部分最后安全抵达航程的终点港或目的港,从而避免了船、货同归于尽的局面。

(2) 单独海损(Particular Average/PA)是指除共同海损以外的部分损失,即被保险货物遭遇海上风险受损后,其损失未达到全损程度,而且该损失应由受损方单独承担的部分损失。

共同海损与单独海损的区别在于:

① 在造成海损的原因上,共同海损不是承保风险直接造成的损失,而是为了解除或减轻这些风险而人为地造成的损失,单独海损则是承保风险所直接造成的船、货损失。

② 在损失的承担上,共同海损应由受益各方按照受益方价格多少的比例分摊,单独海损一般应由受损方自己承担。

③ 单独海损的事故往往先于共同海损的行为而发生,但两者经常是有联系的。

(三) 海上费用

海上费用是指保险货物遭遇保险责任范围内的事故所产生费用方面的损失。主要有施救费用和救助费用,这种费用保险人也给予赔偿。

**1. 施救费用**

施救费用是指在遭遇保险责任范围内的灾害事故时,被保险人或他的代理人、雇佣人员和保险单受让人等为抢救被保险货物,防止其损失扩大而采取措施所指出的费用。保险人对这种施救费用负责赔偿。

**2. 救助费用**

救助费用是指被保险货物遭遇保险责任范围内的灾害事故时,由保险人和被保险人以外的第三者采取救助行为而向其支付的报酬费用。

## 二、中国保险条款

(一) 保险险别

保险险别是指保险人对风险和损失的承保责任范围,也是承保人责任义务大小及被保险人缴付保费数额的依据。海运货物保险的险别可分为基本险和附加险。

**1. 基本险别**

我国国际货物运输保险主要采用中国人民保险公司于1981年1月1日修订的《海洋运输货物保险条款》(The People's Insurance of China, PICC)。该条款规定,海洋运输货物保险的基本险别分为一般货物险和特别货物险(散装桐油险和冷藏货物险)。以下重点介绍一般货物险中的三种险别。

(1) 平安险(Free from Particular Average, F. P. A.)。平安险的承保范围如下:

① 被保险货物在运输途中因恶劣气候、雷电、海啸、地震、洪水等自然灾害造成的整批货

物的实际全损或推定全损。

② 由于运输工具遭受搁浅、触礁、沉没、互撞、与流冰或其他物体碰撞以及失火、爆炸等意外事故造成货物的全部损失或部分损失。

③ 在运输工具已经发生搁浅、触礁、沉没、焚毁等意外事故的情况下,货物在此前后又在海上遭受恶劣气候、雷电、海啸等自然灾害所造成的部分损失。

④ 在装卸或转运时,由于一件或数件整件货物落海造成的全部或部分损失。

⑤ 被保险人对遭受承保责任内风险的货物采取抢救、防止或减少货损措施而支付的合理费用,但以不超过该批被救货物的保险金额为限。

⑥ 运输工具遭遇海难后,在避难港由于卸货引起的损失以及在中途港、避难港由于卸货、存仓以及运送货物所产生的特别费用。

⑦ 共同海损的牺牲、分摊及救助费用。

⑧ 运输契约订有"船舶互撞条款"。根据该条款规定应由货方偿还给船方的损失。

(2)水渍险(With Particular Average,W.P.A.)。英文原意为"负责单独海损责任"。它的责任范围除包括"平安险"保险责任范围外,还包括被保险货物因恶劣天气、雷电、海啸、地震、洪水等自然灾害所造成的部分损失。水渍险的责任范围除平安险所承保的全部责任外,还承保被保险货物在运输途中由于恶劣气候、雷电、海啸、地震、洪水等自然灾害所造成的部分损失。

(3)一切险(All Risks ,A.R.)。一切险的责任范围除平安险、水渍险的所有保险责任外,还包括被保险货物在运输途中由于一般外来原因所造成的全部或部分损失。一切险实际上是水渍险、平安险和一般附加险责任的总和。

2. 附加险别

附加险别又具体分为一般附加险和特殊附加险。

(1)一般附加险。一般附加险指承担一般外来风险所造成的损失,不能独立投保。具体包括以下几种:

① 偷窃、提货不着险(Theft Pilferage and Non—Delivery, T.P.N.D.)。指保险有效期内,被保险货物被偷走或窃走,以及货物运抵目的港后,货物的全部或整件未交的损失,由保险公司负责赔偿。

② 淡水雨淋险(Rain Fresh Water Damage, F.W.R.D.)。指货物在运输途中,由于淡水、雨水以及冰雪融化所造成的损失,保险公司都应负责赔偿。淡水包括船上淡水舱、水管漏水以及舱汗。

③ 短量险(Risk of Shortage)。指保险人承担承保货物数量和重量发生短少的损失。

④ 混杂、玷污(Risk of Intermixture and Contamination)。指承保货物在运输过程中混进杂质所造成的损失。

⑤ 渗漏险(Risk of Shortage)。指流质、半流质的液体物质和油类物质在运输过程中因为

容器损坏而引起的渗漏损失。

⑥ 碰损、破碎险(Risk of Clash and Breakage)。指保险人承保货物碰损和破碎的损失。

⑦ 串味险(Risk of Intermixture and Contamination)。指承保货物在运输途中因受其他/带异味货物的影响而造成的串味的损失。

⑧ 受潮受热险(Damage Caused by Sweating and Heating)。指承保货物在运输途中因受气温变化或水蒸气的影响而使货物发生变质的损失。

⑨ 钩损险(Hook Damage)。指被保险货物在装卸过程中因为使用手钩、吊钩等工具所造成的损失。

⑩ 包装破裂险(Loss for Damage Caused by Breakage of Packing)。指保险人承保因包装破裂造成货物短少、玷污等损失。

⑪ 锈损险(Risk of Rust)。指保险公司承保货物在运输过程中因为生锈造成的损失。

(2)特殊附加险。特殊附加险主要承担特殊外来风险所造成的损失。诸如战争险、罢工险、交货不到险、进口关税险、舱面险、拒收险、黄曲霉素险和货物出口到香港(包括九龙)或澳门存仓火险责任扩展条款。

① 战争险(War Risk)。指保险人承保战争或类似战争行为导致的货物损失的特殊附加险。被保险人必须投保货运基本险之后,才能经特别约定投保战争险。

② 罢工险(Strikes Risk)。指保险人承保被保险货物因罢工等人为活动造成损失的特殊附加险。

③ 交货不到险(Failure to Deliver Risk)。

④ 进口关税险(Import Duty Risk)。

⑤ 舱面险(On Deck Risk)。

⑥ 拒收险(Rejection Risk)。

⑦ 黄曲霉素险(Aflatoxin Risk)。

⑧ 货物出口到香港(包括九龙)或澳门存仓火险责任扩展条款。

(二)承保责任起讫期限

(1)采用"仓对仓条款"(Warehouse to Warehouse Clause,W/W),即保险公司对保险货物所承担的保险责任,从运离保险单所载明的起运港(地)的发货人仓库开始,一直到货物到达保险单所载明的目的港(地)收货人仓库为止(在仓库发生的损失概不负责)。

(2)当货物从目的港的海轮卸离时起满60天为限,即不论被保险货物是否进入收货人仓库,保险责任均告终止。

(3)在保险期内被保险货物转运到非保险单所载明的目的地时,则以该项货物开始运转时终止。

(4)当货物在运至载明的目的港之前的某一仓库发生分配、分派情况,则保险责任在货物运抵该仓库时终止。

### (三) 除外责任

**1. 基本险的除外责任**

(1) 被保险人的故意行为或过失所造成的损失。

(2) 属于发货人责任所引起的损失。

(3) 在保险责任开始前,被保险货物已经存在的品质不良或数量短少所造成的损失。

(4) 被保险货物的自然损耗、本质缺陷、特性以及市价跌落、运输延迟所引起的损失和费用。

**2. 战争险的除外责任**

由于敌对行为使用原子或热核制造武器所造成的被保险货物的损失和费用。

**3. 罢工险的除外责任**

间接损失不予负责。

## 三、伦敦保险协会的海运货物保险条款

伦敦保险协会是世界上最早,也是规模和影响最大的保险机构。本章仅简要介绍伦敦保险协会的"协会海运货物险条款"(ICC,Institute Cargo Clause)。

现行的伦敦保险业协会的海运货物保险条款共有6种险别,它们是:

协会货物(A)险条款 Institute Cargo Clauses A,简称 ICC(A);

协会货物(B)险条款 Institute Cargo Clauses B,简称 ICC(B);

协会货物(C)险条款 Institute Cargo Clauses C,简称 ICC(C);

协会战争险条款(货物) Institute War Clauses-Cargo;

协会罢工险条款(货物) Institute Strikes Clauses-Cargo;

恶意损害险条款 Malicious Damage Clauses。

## 四、合同中的保险条款与投保手续

### (一) 合同中的保险条款

合同中的保险条款具体包括以下内容:

①投保人的约定;

②保险公司和保险条款的约定;

③保险险别的约定;

④保险金额的约定;

⑤保险单的约定。

如:以 FOB、CFR 或 FCA、CTP 条件成交的合同,保险条款可订为"保险由买方负责"。

Insurance:To be covered/effected by the Buyer

如：加保附加险的条款："加保破损、破碎险"

Insunance：Including Risk of clashing and Breakage

如：CIF 或 CIP 合同的保险条款可订为：

"保险由卖方按发票金额的××%投保××险，××险别，按中国人民保险公司1981年1月1日的有关海洋运输货物保险条款为准。"

Insurance：To be covered by the Seller for 110% of total invoice value against … as per the relevant Ocean Marine Cargo Clauses of the People's Insurance Company of China dated 1/1 1981.

### （二）运输货物的投保手续

**1. 选择保险险别**

根据成交商品的特性，选择保险险别。

**2. 出口货物保险手续**

若按 CIF 条件成交，应由我方出口公司及时向当地的中国人民保险公司办理投保手续。具体投保程序如下：

（1）投保人填写投保单。

（2）保险公司以投保单为凭出具保险单，以作为其接受保险的正式凭证。

（3）投保人需要更改险别、运输工具、航程、保险期限及保险金额等，应向保险公司提出申请，若保险公司接受申请，应立即出立批单，作为保险单的组成部分附在保险单上。

（4）被保险人按规定缴纳保险费。

（5）若发生承保责任范围内的损失时，可由国外收货人凭有关凭证直接向中国人民保险公司或其代理人索赔。

**3. 计算保险金额**

出口货物的保险金额也可以称为投保金额，指被保险人向保险公司投保的金额，也是保险公司承担的最高赔偿金额，还是计算保险费的基础。一般是按 CIF 价计算后再加 10% 的投保加成率（涉及买方预期利润和有关费用）。其中保险费率按照商品的品种、航程、险别计算。

（1）保险金额的计算公式为

$$保险金额 = CIF（或 CIP）总值 \times 110\%$$

（2）保险费的计算公式为

$$保险费 = 保险金额 \times 保险费率$$

**4. 我国进出口货物保险的做法**

出口保险：按 CIF 或 CIP 条件出口的货物，由出口企业向当地保险公司逐笔办理投保手续。

进口保险：按 FOB、CFR、FCA 或 CPT 条件进口的货物，一般采用预约保险的做法，即被保险人(投保人)和保险人就保险标的物的范围、险别、责任、费率及赔款处理签订长期的保险合同。

**5. 出口投保考虑因素**

在保险范围和保险费之间寻找平衡点,对面临的风险作出评估,甄别哪种风险最大、最可能发生,结合不同险种的保险费率来加以权衡。需考虑的因素如下:

(1) 货物的种类、性质和特点;
(2) 货物的包装情况;
(3) 货物的运输情况(包括运输方式、运输工具、运输路线);
(4) 发生在港口和装卸过程中的损耗情况等;
(5) 目的地的政治局势。

## 本章小结

1. 本章关键词:班轮运输、国际多式联运、装运期与交货期、海运提单、转运、分批装运、风险、实际全损、推定全损、共同海损、单独海损、平安险、水渍险、一切险、保险金额、保险费。
2. 国际货运方式主要有海洋运输、铁路运输、航空运输、集装箱运输、国际多式联运和大陆桥运输。
3. 海洋运输分为班轮运输和租船运输,租船运输又分为定程租船、定期租船和光船租船。
4. 海运单据主要有海运提单、海运单和电子提单。
5. 国际货物运输条款主要包括装运时间、装运港和目的港、分批装运和转船以及装卸时间。
6. 海运货物保险范围主要包括风险、损失、费用。我国海洋货物运输的保险险别为基本险和附加险。

## 思考题

1. 国际货物运输主要有哪些方式?班轮运费的计算标准有哪几种?
2. 进出口业务中,在确定装运港(地)和目的港(地)时应注意哪些问题?
3. 集装箱运输具有哪些特点?其货物交接方式有哪几种?
4. 什么是国际多式联运?它有哪些特点?
5. 风险和损失有哪些种类?实际全损和推定全损有何区别?
6. 什么是共同海损?共同海损的构成条件有哪些?
7. 单独海损和共同海损有哪些区别?
8. 我国海上货物运输保险的险别有哪些种?各自的责任范围有何区别?
9. 现行伦敦保险业协会货物保险条款有哪些险别?
10. 有一批出口货物的发票金额为 USD12 000,如投保加一成,试问:
(1) 这批货物的保险金额是多少?

(2)投保一切险费率为0.6%,战争险费率为0.4%,试计算保险费应为多少?

11. 有一货轮在航行中与流冰相撞,船身一侧裂口,舱内部分乙方货物遭浸泡。船长不得不将船就近驶入浅滩,进行排水,修补裂口。而后为了浮起又将部分甲方笨重的货物抛入海中。乙方部分货物遭受浸泡损失了3万美元,将船舶驶上浅滩以及产生的一连串损失共为8万美元,那么,如何分摊损失?(该船舶价值为100万美元,船上载有甲、乙、丙三家的货物,分别为50万、33万、8万美元,待收运费为2万美元)

12. 我某出口企业同某国A商达成交易一笔,买卖合同规定的支付方式是即期付款交单。我方按期将货物装出并由B轮船公司承运,并出具转运提单,货物经日本改装后,再由其他轮船公司船舶运往目的港。货到目的港后,A公司已宣告破产倒闭。当地C公司伪造假提单向第二程船公司在当地的代理人处提走货物。

我方企业装运货物后,曾委托银行按跟单托收(付款后交单)方式收款,但因收货人已倒闭,货款无着,后又获悉货物已被冒领,遂与B轮船公司交涉,凭其签发的正式提单要求交出承运货物。B公司却借口依照提单第13条规定的"承运人只对第一程负责,对第二程运输不负运输责任"为由,拒不赔偿。请问轮船公司是否应该负责?

## 阅读资料

### "ARTI"轮共损案

1993年7月2日,"ARTI"轮装载着共约2.4万吨生铁和钢材自印度某港口启航来我国,其中有中国人民保险公司海南省分公司(以下简称"保方")保单HN76/CP93-042承保的3 849.65吨钢材,保险金额为1 509 753.00美元,保险范围为平安险附加短量险、偷窃提货不着险、战争险。但该轮开航后不到48个小时,船长就发现船壳板与骨架脱开,而不得不将船就近挂靠印度另一港口避难,同时船方宣布共同海损。

案发后一个月,保方从有关方获得事故信息。鉴于案情重大,保方及时通过伦敦联络处委请律师处理此案,同时向买方了解买卖合同执行过程的情况,并收集有关资料。由于买方在本合同下开出的是远期信用证,在卖方提交了全套装船单据并经审核无误之后,开证行已在汇票上签字承兑了。鉴于此,就开证行本身而言,要想不支付此笔货款已是不可能。而与此同时,印度洋洋面上气候渐转恶劣,失去航行能力的"ARTI"轮,漂泊于港外锚地的海面上,随时都有倾覆、沉船、造成货物全损的危险。

因此,保方紧急指示律师积极与船方接触,争取以较有利的条件使船方放货,并及时组织货物转运,以便尽早将货物运至目的港。但是,由于船方一再坚持以货方赔偿其数额巨大的共同海损损失、费用并放弃对其索赔的权利作为放货的先决条件,并且事事采取不合作的态度,以至于保方经过几个月的努力也毫无结果。在此情况下,保方设法另寻解决问题的途径,在不得已的情况下采取法律手段解决问题。

## 案例分析

原因：

1. "ARTI"轮1993年5月27日靠港,5月28日开始装货,同租船人检验师登轮进行承租检验,检验结果以及事故后的检验结果均证明该轮开航前已处于不适航状态。

2. 该单货5月28日开始装船,5月31日装完。船方出具的大副收据上批注"装船前所有货物均有锈蚀并曾被水浸泡,捆带和卡箍有不同程度断裂,船方对货物状况和质量概不负责。"这一批注也经由租船人保协检验师验货确认,船长也曾多次传真通知租船人及其代理。

3. 该单货于5月31日装船完毕后,由租船人代理签发了第一份清洁提单。该提单有租船人代理和托运人正式签章和背书,并贴有印度官方契税。提单通知方为中国外运,卸货港为上海。

4. "ARTI"轮7月2日启航,当日卖货人将买卖合同传给买方签署,合同中含有"表明'部分捆上有表面锈和风化锈'的提单是可接受的"这一条款。

5. "ARTI"轮7月4日发生事故,7月6日进入避难港并宣布共同海损。7月7日租船人代理对该单货签发了第二份清洁提单提交议付,该提单与第一份清洁提单明显不同之处是没有加贴印度官方契税,提单通知方则为我国汕头建筑材料企业集团公司,卸货港为汕头。

6. 卖货方事前未向买方提供租船合约,但从有关往来函件中可以确定,卖货方同时也是"ARTI"轮的期租人。

"ARTI"轮共损案保方处理方案：

第一个方案以船舶不适航为由拒赔;因为被保险人并未违反告知和保证的诚信原则。

第二个方案以运输合同起诉承运方;因为货方利益不能保全,保赔协会不一定担保,开证行必须支付货款。

第三个方案以贸易合同起诉卖方合同欺诈和单证欺诈。卖方(租船人)了解不适航情况;合同隐瞒货物状态(大副收据);伪造清洁提单(两套);合同无管辖权条款。

"ARTI"轮共损案处理与判决：

被保险人接受了保方的建议,首先采取断然的诉前保全措施,向法院申请止付令。随后,保方向被保险人提供了所收集的资料、证据,配合被保险人在法院止付令的1个月有效期内在海口海事法院向卖方提起侵权诉讼,起诉卖方隐瞒货物的真实情况,诱使买方签订了一个欺骗性合同之后又提供了与合同不符的货物,并且以内容不真实提单提交议付,以至损害了买方的利益,造成买方的经济损失;要求法院确认该欺诈性贸易合同无效,所提交议付的提单无效,退回货款(信用证),并赔偿买方所遭受的经济损失。

海口海事法院在经过一段时间的庭审、调查之后,在保方所提交的证据、材料的基础上,于1994年10月14日对本案作出了判决,判决原、被告所签贸易合同无效,被告所提交的海运提单无效;被告(卖方)返还原告信用证项下货款1 366 627.75美元(退回信用证);赔偿原告利息损失、营业损失合计人民币933 985.76元。被保险人最后胜诉。

**【荐读书目及网络资源】**

[1] 田运银. 国际贸易实务精讲[M]. 北京:中国海关出版社,2007.
[2] 周瑞琪,等. 国际贸易实务. 英文版[M]. 北京:对外经济贸易大学出版社,2008.
[3] 中国国际电子商务网 http://www.wto.moftec.gov.vn
[4] 中国贸促网 http://www.ccpit.org.com.cn
[5] 报关员考试网 http://bgy.customs.gov.cn
[6] 我们同行——国际结算网 http://www.10588.com
[7] 小叶国际结算专业站 http://www.xiaoye.org
[8] 慧聪网 http://www.hc360.com/

# 第七章
## Chapter 7

# 国际贸易合同条款(四)

【学习目的与要求】

通过本章学习,要求学生掌握国际贸易支付工具的种类及使用方法;了解国际贸易结算中涉及的各种单据;掌握汇款、托收、信用证三种支付方式的含义、种类、相关当事人及业务流程,并能够灵活运用,防范结算风险。

【本章导读】

国内某出口公司向韩国出口 1 万吨水泥,价值 40 万美金,FOB 术语成交。韩国买方租用越南籍货船将整船货物由青岛港运韩国某港口,支付方式为议付信用证,在信用证项下要求开立汇票。后因我国货源紧张,请求韩国买方延迟派船,买方同意,但信用证不延期,付款方式按"随证托收"办理。我方对此并未表示反对。在信用证过期后,买方船到,我方装货后取得船长签发的提单并随附其他所要求的单据送中国银行某分行向韩国进口商办理"随证托收",单据至韩国开征行后,因为提单日期晚于信用证规定日期,单证不符,且信用证本身已过有效期,韩国银行只能向进口商按 D/P 方式代收货款。但此时韩国进口商借故拒绝付款赎单,并声称货已失踪。经我方调查,韩国进口商在无提单情况下早已从船方手中提走了货物,而该船再也未到中国港口来,致使我方不能据以申请法院采取扣船拍卖等补救措施,造成我方钱货两空的重大损失。

案例中的汇票应该如何使用?什么是信用证支付?什么是托收支付?为何信用证要改为托收来支付货款?哪种支付方式对出口商收汇更有利?出口商如何防范诈骗风险?

## 第一节 支付工具

### 一、汇票

#### (一)汇票的定义

英国票据法中汇票的定义是:汇票是一人向另一人签发的,要求即期或定期或在可确定的将来时间对某人或某指定人或持票人支付一定金额的无条件书面支付命令。(A bill of exchange is an unconditional order in writing, addressed by one person to another, signed by the person giving it, requiring the person to whom it is addressed to pay on demand or at a fixed or determinable future time a sum certain in money to or to the order of a specified person bearer.)

我国票据法第十九条对汇票定义是:汇票是出票人签发的,委托付款人在见票时或者在指定日期无条件支付确定金额给收款人或者持票人的票据。

#### (二)汇票的记载项目

对汇票的解释各国相似,但汇票的格式和内容则略有差别。如加以归纳,有些汇票的项目并不是必不可少的,有些则是绝对必备的,即少了一项,就构不成汇票。国际贸易中使用的汇票多用英文,格式是横条式,其式样如图7.1 所示。

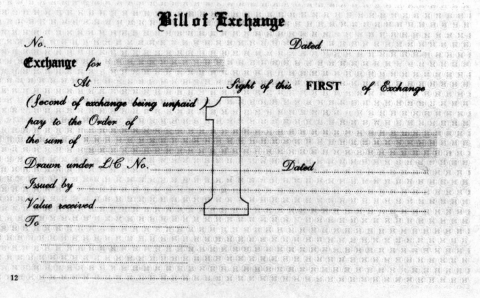

图7.1 汇票实样

汇票的必备项目如下:
### 1. 表明其为"汇票"的文字
我国票据法和《日内瓦统一法》都要求在汇票的正面标明其名称,《英国票据法》未加以规定,但在实务中,一般都注有"汇票"字样,其目的是为了与本票、支票等相区别。有的汇票无上方的"Bill of Exchange",但"汇票"的字样是通过文中的"Exchange for"显示出的,用汇票的同义词"draft"也可。

### 2. 无条件书面支付命令
首先,汇票是支付命令而不是请求,因此汇票上不能出现请求的词语,但不排斥用词的礼貌,"请付(Please Pay to)"及"付(Pay to)"命令性语句,但不能用"Would you please pay to"这种请求性用语。其次,支付不能附加条件,如 On arrival of××或 After clearance 等。另外,汇票必须是书面的包括打字和印刷的,不能是口头的。

### 3. 确定的金额
这是指要表明确定或可以确定的金额,如果金额是"about USD200"或"USD200 or USD100",由于不能确定,因此无效。汇票上表示的金额在"Exchange for"处用阿拉伯数字填写,数字金额包括两部分,一是货币名称,二是金额。货币名称一般用缩写(标准代码)表示,金额一般保留两位小数。在"The Sum of"处用文字填写,当大小写出现不一致时,各国票据法一般都规定以文字表示的为准。我国《票据法》第八条规定,金额要大小写同时记载,二者必须一致,否则票据无效。

### 4. 付款人
汇票式样中的左下角"To"填写汇票的付款人及其详细地址。《英国票据法》还允许有两个或两个以上的付款人,但任何一个付款人都必须对全部债务负责,没有主次之分。

### 5. 出票日期和地点
记载于汇票的右上方,有时空白汇票已先行印就了出票地,若没有,则以出票人的实际所在地填写。出票地直接关系到汇票适用哪国的法律,当汇票未注明出票地时,则以出票人签名后注明的地址为该汇票的出票地。关于汇票的形式及有效性,一般以出票地的国家法律为准。

出票日期的作用很重要,它可以确定出票人在签发汇票时有无行为能力,若出票时已宣告破产,则票据不成立;可以用来计算汇票的到期日及利息的起算日等;可以确定有些汇票提示或追索的有效期限,因这个有效期限往往自出票日起算。

### 6. 付款期限
付款期限指付款人支付汇票金额的日期,付款期限的表示方法主要有以下几种:
(1)即期付款(at sight/on demand /on presentation),即见票即付,也就是持票人向付款人提示汇票的当天,就是该汇票的到期日。没有注明付款日期的汇票默认为即期付款。
(2)见票后定期付款(Payable at a fixed period after sight or at ×× days after sight)。此种汇票是持票人向付款人提示,经承兑后确定付款到期日,等到到期日再付款。这里的提示与即汇票的提示不同,不是要求付款而是要求承兑,到期日从承兑日算起,而且不是以"出票日"而是以"见票日"来决定到期日。如果汇票是"见票后一个月付款",虽然是3月30日出票,但4月10日付款人才见到,这时到期日是4月10日以后的30天,即5月10日。

(3)出票后定期付款(Payable at a Fixed Period after Date)。这种汇票是在汇票开出后的若干时日到期,如"出票后150天付款"(150 days after date)。

(4)确定日期付款(Payable at Fixed Date)。此种汇票是以某一确定的日期为付款日(其期限是可以确定的,否则失效),如20××年11月1日(on November 1,20××)。此外,有的信用证将汇票到期日规定为提单后180天(180 days after date of bill of lading)或"交单后30天"(30days after date of presentation of the documents)。在这种情况下,起算日是提单签发日或交单日。出票人常在汇票注明提单日或交单日,到期日计算出来后通常要在汇票上注明。

《英国票据法》、《日内瓦统一法》及我国《票据法》都规定,如果汇票没有载明付款期限,一律作为"见票即付"处理。除即期付款外,其余都属远期付款。可见,付款期限并不是绝对必须记载的,汇票即使没有载明付款时间,其效力也不受影响。

### 7. 收款人

汇票的收款人是在式样中的Pay to(the order of)字眼之后注明的,这也是汇票的抬头。通常有三种方式规定收款人:

(1)限制性抬头:

①Pay to A,在汇票的其他地方有"不可转让"字样。

②Pay to A only。

③Pay to A not transferable。

(2)指示性抬头:

①Pay to the order of A。

②Pay to A or order,英国人喜欢这样用,以防止作弊。

③Pay to A,虽无order字样,但在别处无"不可转让",实际上与①是一样的。

指示性抬头的汇票,除A可收款外,还可通过背书将汇票转让给第三者。

(3)来人抬头:

①Pay to Bearer。

②pay to A or Bearer。

来人种抬头是命令向任何持有该汇票的人付款。《日内瓦统一法》和我国《票据法》禁止以这种抬头开立汇票。

### 8. 出票人签字

汇票须经出票人亲笔签名或盖章方有效。签字的地方是在上列汇票式样的右下方。可以说这是汇票最主要的项目。因票据法是根据某人在票据上的签字来确定他的责任,不签字就不负责,签字等于承认了自己的债务,收款人因此有了债权,从而票据成为债权凭证。

小资料:根据《英国票据法》不完整汇票的规定,只要交付了一张签过字的白纸就算确定了债务,其他的项目可由持票人根据授权来填写。

9. 付款地

汇票的支付地叫付款地,一般付款人旁边的地址即是。若出口商所开汇票是以外币表示的,有时要在金额的后面注明以何地的货币为付款货币,如 New York Funds 或 Payable by an Approved banker's desk New York 或 Payable in New York Funds 等。在付款地发生的承兑付款等行为,都适用于付款地的法律。

在以上9个项目中,付款期限、付款地及出票地不是绝对必备记载的项目,汇票并不因未记载它们而无效,我国票据法及《日内瓦统一法》都是这样规定的。《英国票据法》除这几项外,认为"汇票"字样出票日期及也非必记载项目。《英国票据法》认为出票日期不是绝对必备项目,规定如未列明日期,任何持票人都可把实际的出票日填上。这样,汇票只有5项必记载的项目了。除此之外,汇票上有时还有一些其他记载事项,这些记载事项票据法并未禁止,加列上也不影响汇票的法律效力,大致如下:

①外汇汇率条款;

②利息条款;

③无追索权条款;

④免除做成拒绝证书条款;

⑤成套汇票;

⑥出票条款;

⑦汇票号码;

⑧单据交付条件;

⑨对价条款。

(三) 汇票主要关系人

汇票有三个基本当事人,即出票人、付款人和收款人,它们是汇票设立时产生的,此时汇票尚未进入流通领域。汇票进入流通领域后,还会出现其他的当事人,如背书人、被背书人、持票人等。

1. 出票人(Drawer)

出票人,即签发汇票并交付汇票的人,进出口业务中就是出口商,他是汇票上的债务人。在汇票承兑之前,他是汇票的主债务人,承兑后,承兑人变成主债务人,出票人是次债务人。它的主要责任是对汇票的收款人或持票人保证汇票的承兑和付款,一旦汇票不被承兑或遭到拒绝,持票人可向出票人行使追索权,这时出票人应承担支付票款的责任。

2. 付款人(Payer)

付款人,又叫做受票人,即接受出票人开出的汇票及相应的支付命令的人,汇票的付款人不是汇票上的债务人,持票人不能强迫其付款,因为汇票的付款人在理论上有权防止他人无故向他乱发汇票,在未承兑前,付款人对汇票可不负责。但远期汇票一经付款人承兑,则表示付款人承认此项债务的有效性,变成了主债务人,也是承兑人。这时出票人、持票人或背书人均可要求其在到期时付款。

3. 收款人(Payee)

收款人,也叫受款人,是汇票的债权人,也是第一持票人,他有权获得票面上的金额。若远期汇票已经承兑,则收款人对付款人和出票人都有要求付款权,一旦拒付,即可行使追索权;若远期汇票被付款人拒绝承兑,则收款人不能直接向付款人追索,因为这时的主债务还未转移,主债务人仍是出票人,所以应向出票人追索。总之,作为收款人,他有两项权利,一是要求付款权,二是追索权。

4. 背书人(Endorse)

背书人,是以转让为目的在汇票背面签章并交付给受让人的人。背书人对被背书人或其后手,负有担保付款人承兑或付款的责任。当最后的被背书人,即持票人不能得到承兑或付款时,可向前手行使追索权。

5. 被背书人(Endorsee)

被背书人,即背书的受让人。依据票据法的规定,票据一经背书,票据上的权利便由背书人转让给了被背书人,因此被背书人是票据的权利人,他可以凭票要求付款人付款,也可以通过背书再转让汇票。

6. 持票人(Holder)

持票人可能就是收款人,也可能是最后的被背书人或来人。

7. 保证人(Guarantor)

保证人,即由非票据债务人对出票人、背书人或参加承兑人作出保证行为的人。票据保证人与一般债务人的担保人都具有债务的从属性,最大的不同点在于,票据保证人的责任具有独立性,即使被保证人的债务无效,也要对票据负责。

(四)汇票的票据行为

票据行为即票据法律行为,指票据权利义务关系的发生、变更或消灭所必要的全部法律行为,包括出票、背书、承兑、参加承兑、保证、付款、参加付款以及提示、追索等。

1. 出票(Draw/Issue)

出票即票据的签发,其包括两个动作,先做成汇票,由出票人本人或授权人签名,然后交付给付款人承兑或交给收款人。若出票人仅有出票的行为而无交付的行为,汇票就是无效的。交付是法律上的一个重要行为。

小资料:《英国票据法》规定,不论出票、背书或承兑,如无交付这一法律行为来最后完成,以上各种行为都是无效的。出票人出票后,对收款人或持票人承担汇票的及时承兑和付款责任,若付款人拒绝,持票人就有权向出票人行使追索权。出票在票据诸行为中是主要的票据行为,其他的行为都是在出票的基础上进行的,称附属票据行为。

### 2. 背书(Endorsement)

汇票的持有者在汇票背面注明转让的签名并交给被背书人的行为称为背书。背书的作用可以理解为:表明票据权利由背书人转让给被背书人,而且可以连续背书。背书人实际上对票据所负的责任与出票人是相同的,只不过他属"从债务人",只有在汇票的主债务人即出票人或承兑人拒付时,才会被追索。

(1) 空白背书(Blank Endorsement),即背书人只在汇票背面签名,而不载明被背书人的名称。汇票一经空白背书,就成了来人汇票,受让人可以不作背书仅凭交付来转让汇票的权利。但空白背书可以变成记名背书,也可再回复到空白背书。

(2) 记名背书(Special Endorsement),也叫特别背书、正式背书、完全背书。除背书人在汇票背面签名外,还要在名字上面写上"Pay to the order of ××"的字样,被背书人可再做记名或空白背书来继续转让。

(3) 限制性背书(Restrictive Endorsement)。背书人签名后加注该汇票的限制性条件,它禁止汇票的继续转让,使汇票的转让受到限制。如:

①Pay to A only。

②Pay to A not transferable 。

③Pay to A not to order 。

以上三种背书是以转让票据权利为目的的背书,通常所说的背书多属此类;其他背书种类一般是非转让背书,它是用于转让票据权利以外的其他目的的背书。

### 3. 提示(Presentation)

汇票持票人将汇票交给付款人,要求付款或承兑的行为叫提示。即期汇票只有一次提示,一经提示,付款人就要付款,这叫付款提示;远期汇票要经过两次提示,第一次提示,付款人要承兑汇票,这叫承兑提示,到期时再进行第二次付款提示。提示一般要在付款地进行,且要在合理时间内提示。

小资料:《英国票据法》规定已承兑汇票付款提示在付款到期日的当天,《日内瓦统一法》规定在付款到期日或次日的两个营业日内提示,即期从出票日起一年内作付款提示。对于承兑,《英国票据法》规定在合理的时间内提示,那么"合理"如何掌握,一般只要不是故意拖延,就算在合理的时间内,实务中,一般认为不应超过半年。《日内瓦统一法》规定从出票日起算一年作承兑提示,如未在规定时间提示,持票人就丧失了对前手背书人的追索权,出票人和背书人的责任就解除了,但承兑人对持票人仍有付款责任。至于责任期间,《日内瓦统一法》规定从到期日起算3年,《英国票据法》则规定从承兑日起算6年。我国票据法规定,见票即付汇票的付款提示是出票后1个月内,定日付款、出票后定期付款的提示时间为到期日起10日内;对于承兑提示,定日付款、出票后定期付款的是在到期日前,见票后定期付款的是从出票日起1个月。

### 4. 承兑(Acceptance)

汇票付款人表示承担到期付款责任的行为叫承兑。承兑也包括两个动作,一是写成,二是交付。交付可以是实际的交付,即在承兑后将汇票交给持票人,也可以是推定的交付,只要付款人通知持票人在某日已作了承兑,就算交付。国际上习惯的做法是,对180天以内的远期汇票承兑后不退给持票人,而只是书面通知(承兑通知)。

### 5. 付款(Payment)

付款是指汇票的付款人于汇票到期日支付汇票金额以解除票据关系的行为。付款是一种支付汇票金额的行为但其目的是解除票据关系,因此,只有汇票上的主债务人向持票人支付票据的行为才能产生消灭票据关系的效力。至于其他人如出票人、背书人、参加付款人和保证人等的付款,就不能称之为票据的付款。

### 6. 拒付(Dishonour)

当持票人提示汇票要求承兑和付款时,遭到拒绝就叫拒付,也叫退票。一旦发生拒付,持票人要及时通知前手,即发出退票通知或拒付通知。我国票据法规定退票通知只能是书面形式的。

小资料:《英国票据法》规定,如果某一当事人忘了通知其前手,他自己对持票人仍负有责任,但却丧失了对出票人及全体前手背书人的追索权。《日内瓦统一法》和我国的票据法均认为,不及时通知并不丧失追索权,但若给前手带来损失,则应负赔偿责任,赔偿金额不超过汇票金额。

退票通知必须在合理的时间内发出。《英国票据法》规定,如被通知人和通知人同住一地,通知书应于退票的第二天送到;如被通知人住在其他城市,通知书要在次日寄出去。《日内瓦统一法》规定,持票人在拒绝证书做成后4天通知前手,前手再在两天之内通知其前手。我国《票据法》第六十六条规定,持票人应当自收到被拒绝承兑或者被拒绝证明之日起3日内,将被拒绝事由书面通知其前手;其前手应当自收到通知之日起3日内书面通知其再前手。

### 7. 追索(Recourse)

汇票遭到拒付时,持票人要求前手偿还票款和费用的行为称为追索。行使追索权必须以持票人经过提示、把拒付事实做成拒绝证书并通知前手为前提。持票人是主债权人,有权向背书人、承兑人、出票人及其他的债务人追索。持票人可以依背书人的次序追索,也可越过前手,向其中任何一个债务人请求偿还。为节省时间,甚至可以跨越所有的中间环节,直接向最主要的债务人追索,即向出票人追索。

小资料:可行使追索的期限《英国票据法》规定为6年,《日内瓦统一法》规定为1年,我国是2年。

### 8. 保证(Guarantee/Aval)

保证指非汇票债务人对于出票、背书、承兑等行为予以保证,也是对汇票债务的担保。保证人一般是与汇票无关的第三者,《日内瓦统一法》甚至允许任何人作保证,包括已在汇票上签过名的债务人。保证人在保证时,要在汇票的正面记载"保证"的字句以及日期、保证人签名、被保证人名称(未写时为出票人)。经过保证后,票据更便于流通,因为票据的担保人增加了。

9. 参加承兑和参加付款(Acceptance for Honour and Payment for Honour)

非汇票债务人为防止追索权的行使、维护出票人和背书人的信誉,在得到持票人同意的前提下,参加被拒绝承兑汇票的承兑。参加承兑人只是第二性的债务人,只有在主债务人不付款时,才负责付款,成为参加付款人。《日内瓦统一法》规定,参加承兑和参加付款可以是除付款人以外的任何人,包括出票人。

(五)汇票的种类

**1. 根据汇票出票人身份的不同分类**

(1)银行汇票(Banker's Draft)。银行汇票是以银行为出票人,委托国外的分行或代理行付款的汇票。出票人和付款人都是银行。

(2)商业汇票(Commercial Draft)。商业汇票以企业公司或个人为出票人的汇票。

国际贸易中的银行汇票与商业汇票有以下几点区别:

①银行汇票的出票人是银行;而商业汇票的出票人则为出口商。

②银行汇票多用于顺汇;商业汇票多用于逆汇。

③银行汇票的付款人是出票银行的海外分行或代理行;而商业汇票的付款人是国外的进口商或信用证的开证银行。

④银行汇票多为光票,不附货运单据;而商业汇票多是附货运单据的跟单汇票。

**2. 根据汇票是否附有货运单据分类**

(1)跟单汇票(Documentary Draft)。跟单汇票即附有货运单据的汇票。它的信用除依靠当事人的信用外,还有物权作为后盾,在国际贸易中被广泛使用。

(2)光票(Clean Draft)。未附有任何货运单据的汇票称光票。与跟单汇票相比,它没有物权保证,完全凭出票人、背书人和付款人的信用。所以,光票一般不用于收取货款,而只用于运费、保险费、利息的收取。由于银行信用较高,所以银行汇票多是光票。

**3. 根据汇票付款期限不同分类**

(1)即期汇票(Sight Draft/Demand Draft)。即期汇票是付款人在见票或提示时立即就要付款的汇票。

(2)远期汇票(Time Draft/Usance Draft)。远期汇票是在将来若干时日付款的汇票,包括见票后、出票后若干天及某个确定时期付款的汇票。

**4. 根据承兑与付款地是否相同分类**

(1)直接汇票(Direct Bill)。付款地和承兑地在同一地点的汇票叫直接汇票,国际贸易中大部分的汇票均属直接汇票。

(2)间接汇票(Indirect Bill)。付款地和承兑地不在同一地点的汇票叫间接汇票。这种汇票在承兑时,付款人除签名并注明日期外,通常还要注明付款地(Payable at)。

**5. 根据交付单据的方式、跟单汇票分类**

(1)付款交单汇票(Document Against Payment Bill)。即付款人付清票款后才交付给货运单据的汇票。

(2)承兑交单汇票(Document Against Dcceptance Bill)。即付款人承兑汇票后即交付给货运单据的汇票。

**6. 根据承兑人身份的不同分类**

(1)商业承兑汇票(Commercial Acceptance Bill)。远期汇票的承兑人如果是进口商或其指定的个人,称为商业承兑汇票。

(2)银行承兑汇票(Banker's Acceptance Bill)。远期汇票的承兑人如果是银行,则为银行承兑汇票。

商业承兑汇票建立在商业信用基础上,银行承兑汇票建立在银行信用基础上,所以银行承兑的汇票更易于被人接受,也便于在市场上流通。

**7. 以汇票张数的不同分类**

(1)单一汇票(Solo Bill)。出票人只签发了一张且无副本的汇票就是单一汇票。顺汇时使用的银行汇票即属这种单一汇票。

(2)复数汇票(Set Bill)。汇票在两张以上成套的叫复数汇票或套票。这种汇票每张都有同等效力,但其中的一张兑付,其余的就自动失效。商业汇票多为两张一套的汇票。

## 二、本 票

### (一)本票的定义

根据《英国票据法》,本票是一人向另一人签发的,保证即期或定期或在可以确定的将来时间对某人或指定人或持票来人支付一定金额的无条件的书面承诺。( A promissory note is unconditional promise in writing made by one person to another, signed by the maker, engaging to pay, on demand or at fixed or determinable future time, a sum certain in money to, or to the order of a specified person or to bear)

我国票据法第七十三条中对本票的定义是:本票是出票人签发的,承诺自己在见票时无条件支付确定的金额给收款人或持票人的票据。

### (二)本票的必备项目

本票是票据的一种,具有票据的一切性质。其格式也是横条式,国际结算中的本票多用英文,本票必须具备的项目有:

(1)表明其为本票的文字"Promissory Note"。

(2)无条件支付承诺。这里的支付也是不能附加条件的,但不是汇票的"命令",而是承诺

"Promise to Pay"。

（3）一定金额。

（4）出票人签字。

（5）出票日期和地点，要写在式样中的右上角，若未写明出票地点的，出票人所在地即为出票地。

（6）付款期限。

①若没有表明期限，视为即期本票。

②有的直接指定了到期日，如2005年5月2日，则属固定日期的本票；③若是××days after date，即出票后若干天是到期日。

④若是××days after sight，即见票后若干天付款。

（7）收款人或其指定人。

（8）付款地点。未写明付款地点的则出票地为付款地。

我国票据法第七十五条规定，上述8个项目中，除付款地点、付款期限、出票地点外，其余均为绝对必备项目，即表明"本票"的字样、无条件支付的承诺、确定的金额、收款人名称、出票日期、出票人签章。

### （三）本票的基本关系人

由于本票的出票人和付款人是同一人，所以基本关系人只有两个，即出票人和收款人。

（1）出票人即签发本票的人，也是本票的付款人（主债务人）。它的主要责任就是履行所承诺的付款，到期时保证支付给收款人或持票人。出票人交付本票后，无权再干预持票人。

小资料：《英国票据法》规定，当本票出票人有两人或两人以上时，须参照本票的条款确定他们是负连带责任（Joint Liability）还是既连带又单独的责任（Joint and Several Liability）。如果两人或两人以上签发的本票在票面上载有"我们承诺（We Promise）"字样，就是连带责任；如果两人或两人以上签发的本票在票面上载有"本人承诺（I Promise）"字样就是承担连带又单独的责任。

无论是承担连带责任还是承担连带又单独责任，每个出票人都要对本票的全部金额负责。如果其中一个出票人被要求付款，他必须付全额，而不能因为有三个出票人而只付三分之一。对于出票人，如其中一个出票人，连带负责，其责任就可解除，持票人不能向他的遗产继承者或个人代表索偿；连带又单独负责，持票人可向其继承人索偿。

在本票遭到拒付时，一张连带负责的本票只有一笔债务，持票人对出票人只有一次起诉权；而一张连带又单独负责的本票，有几个出票人就有几笔债务，也就有几次起诉权，但是不允许持票人得到超过该本票金额的赔偿。

（2）收款人即本票的债权人。收款人可以背书转让本票，并对后手保证付款。若出票人拒付，可行使追索权。若票据上规定在某地付款时，收款人一般应在此地提示付款，以确保出票人所承担的责任。

### (四)本票的票据行为

本票除不必承兑,亦不必参加承兑以及银行对本票不予贴现之外,其余的与汇票相同,即出票、背书、保证、提示、付款、参加付款、追索权等与汇票的规定一样。

### (五)本票的种类

(1)根据本票上抬头做成方式的不同,可分为记名本票、指示本票和无记名本票。我国票据法不承认无记名本票。

(2)根据本票付款期限的不同,可分为即期本票和远期本票。

(3)根据本票出票人的不同,可分为银行本票和商业本票。

## 三、支 票

### (一)支票的定义

《英国票据法》对支票的定义是:支票是以银行为付款人的即期汇票(Acheque is a bill of exchange drawn on a bank payable on demand),英国将支票归入汇票,而不是单独划分出来。具体来说,支票是银行存款户对银行签发的授权银行对某人或某指定人或持票来人即期支付一定金额的无条件书面支付命令。

我国票据法第八十一条规定:"支票是出票人签发的,委托办理支票存款业务的银行或者其他金融机构在见票时无条件支付确定金额给收款人或者持票人的票据。"

从以上定义中可以看出,作为支票有两个最重要的特点,一是见票即付,二是银行作为付款人。

### (二)支票的必备项目

作为支票,应记载的项目有:

(1)"支票"字样。

(2)无条件支付命令。

(3)付款银行名称。

(4)出票人签字。

(5)出票日期和地点。未写明的,出票人名字旁边的地点即为出票地。

(6)付款地点。未写的,付款银行所在地即是。

(7)写明"即期"字样,如未写明的,仍视为见票即付。

(8)一定金额。

(9)收款人或其指定人。

我国票据法第八十四条规定,支票绝对要记载的事项有前面第(1)、(2)、(3)、(4)、(5)及(8)项。另外还规定,支票上的金额可以由出票人授权补记;支票上未记载收款人名称的,经出票人授权,也可补记。

## (三) 支票的关系人

### 1. 出票人

出票人是与付款人有一定资金关系的人,出票人开出支票就等于承诺支票被提示时银行保证付款,并在银行拒付时赔偿。《日内瓦统一法》还规定在合理的付款提示期限内,出票人不得撤销已开出的支票,只有提示期满后才能撤销。

### 2. 收款人

收款人可获得支票上的款项。支票虽是即期支付,但也要按期提示,虽然在期限之后再行提示,持票人的权利不受影响,出票人仍需对支票负责,但这一时期若发生付款银行倒闭等给出票人造成了损失,对损失的部分出票人解除责任,收款人自己负责。

小资料:《日内瓦统一法》规定的提示期限,若出票与付款在同一国家,是自出票日起算8天;不在同一国家但在同一大洲的是20天;不同国家又不同大洲的是70天。追索的期限是从上述提示期限起算6个月。《英国票据法》对支票的有效期没有什么特殊的规定,同汇票一样,应在合理的时间内做付款提示。我国《票据法》第九十一条规定,支票的持票人应自出票日起10日内提示付款。

### 3. 付款人

支票项下的付款人就是开户银行。当持票人向付款行提示支票时,银行要对支票进行审核。审核的内容包括支票上载明的事项、出票人的账户是否有足够的余额或者在银行允许的透支范围内,最后要注意支票是否被止付。

### 4. 代收行

客户有时不是自己拿支票去取款,而是交给他的开户行,委托银行收款。代替客户收取支票款项的银行就称代收行。

## (四) 支票的种类

(1) 按收款人做成方式的不同,和汇票一样,可分为记名式抬头、指示式抬头及来人式抬头三种支票。记名式的抬头有"pay to only"字样或有不可转让的字样;指示式的抬头特征是有"order",经背书后可转让;来人式的抬头是无须背书,只要交付就可转让的支票。

(2) 按支票上是否划线,可分为划线支票和非划线支票。非划线支票(Open Crossings),也叫现金支票,持此类支票既可提取现金,又可通过往来银行代收转账。划线支票(Crossed Cheque),在支票上划有两道平行线,分为一般划线支票(General Crossings)和特殊划线支票(Special Crossings)。一般划线支票是在平行线中不注明收款银行名称的支票,收款人可以通过任何一家银行代收转账;特殊划线支票在平行线中注明收款银行的名称,只能通过指定银行代收转账。

(3) 保付支票(Certified Cheque)。保付支票是付款行应出票人或收款人的要求,在支票上加盖"保付"或其他同义的签章,以表明支票提示时付款行一定付款。我国《票据法》、《日内瓦统一法》以及《英国票据法》均未规定保付支票的做法。

小资料：我国《票据法》第八十三条规定：支票可以支取现金，也可以转账，用于转账时，应当在支票正面注明。支票中专门用于支取现金的，可以另行制作现金支票，现金支票只能用于支取现金。支票中专门用于转账的，可以另行制作转账支票，转账支票只能用于转账，不得支取现金。

# 第二节 结算中的单据

单据在国际贸易中起着非常重要的作用。尤其是在当今的象征性交货方式下，单据不仅是重要的履约证明，也是不可或缺的物权凭证。卖方通过提供合格的单据来证明他履行了合同规定的义务，买方通过单据可以对货物进行全面的了解，以判断货物是否符合要求，从而决定是否付款。

单据可以按交易中是否必须提供分为基本单据和附属单据。出口商必须提供的单据，如发票、提单、保险单，叫基本单据，除此之外买方根据政府或自身的需要，要求出口商提供的单据叫附属单据。按单据的性质可分为商业单据、运输单据、保险单据、官方单据及金融单据（票据）等。

## 一、基础类单据

### （一）商业发票

由出口商向进口商开立的说明货物的名称、数量、价格的清单叫商业发票（Commercial Invoice），有时简称为发票。发票是出口商必须提供的，在全部单据中起核心作用，其他单据均须参照它来缮制，且内容上不得与发票的记载相矛盾。

商业发票的作用：

(1) 是卖方向买方发运货物或履约的证明文件。

(2) 是买卖双方的记账凭证。

(3) 是报关完税的依据。

(4) 是结汇单据中的中心单据。

发票的内容：

发票的形式并不固定，不同的国家、不同的出口企业均有不同的格式，而且合同不同，发票的内容也不一样，但以下的内容一般被视为基本内容。发票实样如图 7.2 所示。

(1) 标明"发票"字样，即"invoice"，或"commercial invoice"。

(2) 出票人名称与地址。出票人的名称和地址在发票的上方表示出口商在印制空白发票时大都已印刷上了这一内容。出票人即为出口商。

(3) 发票抬头人，即买方名称及地址。

**INVOICE**

| Exporter (Name, Address. ) | 山东省交通进出口有限公司<br>SHANDONG COMMUNICATIONS<br>IMPORT & EXPORT CO.,LTD.<br>发　票 |
|---|---|
| To: Messrs. | |

| Issued by (Bank and Branch) | | Invoice No. | Date |
|---|---|---|---|
| | | Your Order No. | Our Order No. |
| | | Documentary Credit No. | |
| Vessel/Aircraft etc. | From | Country of Origin of Goods | |
| to | | Terms of Delivery and Payment | |

| Marks and Numbers; Number and Kind of Packages; Description of Goods | Quantity | @ | Amount (State Currency) |
|---|---|---|---|
| | | TOTAL | |

Stamp or signature

图 7.2　发票实样

(4)发票号码及签发日期。发票的号码由出口商自行编制,出具发票的日期不得迟于提单签发的日期。

(5)合同号码。发票是出口商履行合同义务的证明,填上合同号码,表明发票的出具是以某项合同为依据的。

(6)信用证号码和开证行名称。如使用的不是信用证方式或信用证无规定,则可不填写。

(7)起讫地点。这要按货物运输的实际起讫地点填写,如果货物需转运,转运地点也要明确。例如,货物从大连经香港转船至瑞典的哥本哈根,应写成"from Dalian to Goteborg W/T (VIA) Hong Kong"。

(8) 唛头。只要有唛头,发票上就要打出,否则,应填写 N/M(没有唛头)。

(9) 货物描述。包括货物的名称、数量、规格、包装、重量等。

(10) 价格。包括三个栏目,一个是单价(unit price),一个是金额小计(amount),一个是总价(total)。

(11) 签名。签名一般由出口公司的法人代表在发票的末端签字。有手签要求时,必须手签,否则可以使用印章。

(12) 特别条款。这是根据不同地区、不同信用证的要求缮打的。

有的发票上有印就的产地证明,但如信用证要求提供产地证,还应另外签发,不能以发票替代所要求的产地证。

(二) 运输单据

运输单据是证明货物载运情况的单据,当出口商将货物交给承运人办理装运时,由承运人签发给出口商的证明文件,证明货物已发运或已装上运输工具或已接受监管。由于运输方式不同,运输单据的种类有很多,主要包括:由船运公司或其代理人签发的海运提单;由航空公司或其代理人签发的航空运单;由速递公司和邮局签发的快递或邮寄收据;由铁路部门签发的铁路运单;由多式运输营运人签发的多式运输单据,以及公路运输公司签发的公路运单等。其中只有海运提单和国际多式联运提单是物权凭证。

(三) 保险单据

进出口货物的国际运输必须办理保险。国际货物运输保险依据运输方式的不同可以分为海上、陆路、航空、邮政货物运输保险等。保险单是保险人承保后向被保险人开具的证明保险合同的单据,是出险后被保险人索赔的依据。

## 二、附属类单据

(一) 装箱单(Packing List)

装箱单是表明货物包装详细情况的单据。进口地海关主要依据装箱单对货物进行检查,它也是进口商核对货物及商检部门验货的根据。虽然装箱单在长期的国际贸易习惯中,几乎每笔业务都要提交,但是装箱单仍然划归为附属类单据,而不是基础单据。

装箱单的内容通常有:单据名称、编号、日期、唛头、货名、箱件号、规格、数量、毛重、净重、包装材料、包装方式及签字(也可不签)。装箱单实样如图 7.3 所示。

(二) 重量单(Weight List)

重量单是由卖方签发或由第三者提供,表明货物重量的单据,一般包括皮、毛重、净重。它必须和其他单据上所表示的重量一致。重量单的作用是作为计价、计数或计算运费的依据。

重量单的主要内容有重量单名称、编号、日期、唛头、货名、货量、不同的规格品种毛重、净重或皮重以及出单人的签章等。

**PACKING LIST**

Exporter (Name, Address.)

山东省交通进出口有限公司

SHANDONG COMMUNICATIONS

IMPORT & EXPORT CO.,LTD.

装　箱　单

To: Messrs.

| Invoice No. | Date |
|---|---|
| Your Order No. | Our Order No. |

| Vessel/Aircraft etc. | From | Country of Origin of Goods |
|---|---|---|
| to | | |

| Marks and Numbers; Number and Kind of Packages; Description of Goods | Gross Wt. Kilos | Net Wt. Kilos | Measts. M3 |
|---|---|---|---|
| | | | |
| TOTAL | | | |

Stamp or signature

图 7.3　装箱单实样

## (三) 尺码单(Measurement List)

尺码单是专门说明货物及包装尺码的单据,表示每个包装单位的长、宽、高及体积,以便安排运输、仓储和计算运费。

尺码单的主要内容包括单据名称、编号、日期、唛头、货名、货量、尺码和签字等。

## (四) 海关发票(Custom Invoice)

进口国海关当局规定的商品进口报关时必须提交的特定格式的发票叫海关发票,要求国外出口商填写。海关发票在银行业务中已不多见,加拿大、美国有时还用。

### (五)领事发票(Consular Invoice)

某些国家的进口当局需要在货物清点之前向其提供领事发票。它是出口方根据进口国家的规定,按固定格式填制或经进口国驻出口国的领事签证的发票,其作用是根据现行市价来审核销售价以保证不发生倾销。近年来,许多国家取消了领事发票,但仍有少数国家保留了这一制度。某些拉丁美洲国家和少数其他国家需要此类单据供官方使用。领事发票会给国际贸易带来一些不便,所以我国出口不接受领事发票的要求。

### (六)产地证(Certificate Origin)

产地证是原产地证明书的简称,是一种证明货物原产地或制造地的文件,也是进口国海关采取不同的国别政策和关税待遇的依据。有的国家实行差别关税,根据不同国家的来源征收不同税率的关税。有了产地证,即可确定对进口货物应征收的税率。有的国家为了限制某个国家或地区的货物进口,需要以产地证来证明货物的来源,以控制进口额度。

签发产地证的机构视信用证具体要求来定,如无规定,银行可接受任何机构签发的产地证,甚至包括出口公司自行签发的产地证。

产地证一般分为普通产地证、普惠制产地证和欧洲纺织品产地证。普惠制产地证实样如图7.4所示。虽然都用于证明货物产地,但使用范围和格式不一样。

普通产地证:

(1)出口商的产地证。手续最为简便,由出口商自行签发,便于更改或更换,无须支付费用。

(2)中国国际贸易促进委员产地证(贸促会产地证)。贸促会相当于西方的行业性商会或类似的民间组织。

(3)国家进出口商品检验局签发的产地证。

(4)生产厂商产地证明书(Manufacture's Certificate)。

普惠制产地证:

普惠制(GSP)是发达国家给予发展中国家贸易上的优惠待遇,主要是减免关税,这种减免是单方面的,而非互惠。取得普惠制待遇后,必须向给惠国提供受惠国政府有关部门签署的普惠制产地证(Generalized System of Preference Certificate of Origin Form A),即Form A。在我国,普惠制产地证由国家检验检疫机构签发,作为官方签发的证明文件不应随便涂改,尤其是数字、日期等。

欧盟纺织品产地证:

(1)欧盟纺织品专用产地证(European Economic Community Certificate of Origin Textile Products),简称EEC纺织品产地证。对欧盟国家出口配额品种,须提供出口许可证和EEC纺织品产地证两种证书,它是针对品种的配额和类别而设计的。

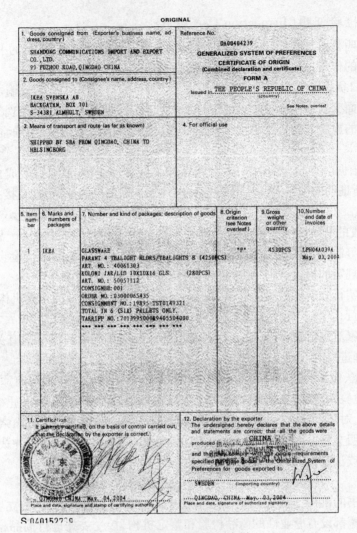

图 7.4  普惠制产地证实样

(2) 对美国出口的原产地声明书(Declaration of Origin)。这种声明书有三种格式。格式 A:单一国家声明书(Single Country Declaration),声明商品的原产地只有一个国家;格式 B:多国家产地声明书(Multiple Country Declaration),声明商品的原材料是由几个国家生产的;格式 C:否定式声明(Negative Declaration),凡对美输出纺织物其主要价值或主要重量属于麻或丝的原料,或其中所含羊毛量不超过17%,可用此格式。我国出口纺织品除来料加工、进料加工有时需使用格式 B 外,一般产品都属本国原料,本国生产、加工或制造的,故大量使用的是格式 A。

### (七)商品检验证明(Inspection Certificate)

商品检验证明是由某一检验人对货物进行检验后,说明货物符合标准的书面证明文件。

#### 1. 检验证书的作用

(1)证明出口货物已达到某种标准。国际贸易中,货物要经过长途运输才能到达买方手中。由于不能当面交货和验收,双方就产品的品质、数量、残损等往往会出现争议。卖方在发货前如经有资格的检验人验货并签发了检验证书,说明事实状态,就可明确责任归属,减少纠纷。

(2)计价的依据。有的合同中规定,产品是按等级分等论价,或对有效成分订有增减价格条款,检验证书所证明的项目和品质等级是对内对外计算价格的依据,它直接关系到买卖双方的经济利益。

(3)报关验收的有效证明。各国为了维护本国的利益,对某些进出口产品的品质、数量、包装、卫生、安全等制定了某些法律和行政法规,规定了限定性的标准进行检验管理,同时规定当事人提交符合规定的检验证书,才准许进出口。

①法律规定实行强制性检验的产品,当事人必须持有法规规定的检验机构签发的证书,才能向海关申报放行;

②如多数国家对进口的食品,规定当事人必须持有法令规定的出口国有关当局签署的检验证明,才可办理进口。

(4)办理索赔、作为仲裁或诉讼的证明文件。进口产品在合同中大都有原则规定,货到目的地后,经指定检验人检验,如发现品质或重(数)量等与合同规定不符时,凭检验证书向卖方提出退货或索赔,对属于保险、运输方面责任,则根据责任的归属向有关方面索赔。所以,检验证书是索赔的证明文件。同时,在国际贸易中,买卖双方发生争议后,进行仲裁或诉讼时,检验证书又是仲裁厅或法院举证的有效证件。

#### 2. 检验机构

出具检验证书的机构,应是独立于买卖双方的第三者,以便能从公正的立场作出客观的检验结果。一般国家都设有专业性的商品检验和鉴定机构,接受委托进行商品检验与公证鉴定工作。这些机构有的是国家设立的官方机构,如我国的中国进出口商品检验局,有的是私人或同业公会等开设的民间公证机构,如英国的劳合氏公证行(Lloyd's Surveyor),瑞士的日内瓦通用鉴定公司(Societe General Surveillance SA,SGS)等。在信用证允许或要求时,还可由出口方自己或买方出具检验证书。

#### 3. 检验证书的种类

检验证书种类有许多,具体使用哪种,主要取决于商品性质和有关国家的商检规定。检验证书实样。

在进出口业务中常见的检验证书有以下几种:

品质检验证书(Inspection Certificate of Quality);

重量检验证书(Inspection Certificate of Weight);
数量检验证书(Inspection Certificate Quantity);
兽医证书(Veterinary Inspection Certificate);
卫生检验证书(Inspection Certificate of Sanitary or Certificate of Certificate of Health);
消毒检验证书(Inspection Certificate of Disinfection);
衡量检验证书(Inspection Certificate of Measurement and /or Weight);
温度检验证书(Inspection Certificate of Temperature);
验舱证书(Inspection Certificate of Hold):
植物检疫证书(Plant Guarantee Inspection Certificate);
熏蒸证书(Inspection Certificate of Fumigation)。

## 第三节 支付方式

国际贸易支付方式包括汇款、托收、信用证、银行保函、保付代理等。在国际贸易中使用较多的还是前3种,同时也是我们学习的重点。汇款和托收以商业信用为基础,收付双方仅仅是通过银行办理结算,银行并没有提供信用担保;而信用证是通过银行办理结算的同时又由银行给予信用上的保证,属于银行信用的结算方式。

另外,国际结算方式从资金的流向和结算工具的传送方向划分,可分为顺汇和逆汇两大类。顺汇是由债务人主动向债权人付款,资金和票据的运动方向是一致的,如汇款就属于顺汇;逆汇是由债权人向债务人收款,资金和票据的运动方向不一致,托收和信用证就属于逆汇。

## 一、汇款

### (一)汇款的含义

汇款也称国际汇兑(International Exchange)或国外汇兑,它是付款人或债务人通过本国银行运用各种结算工具将款项付给国外收款人的一种结算方式,属于顺汇。它是产生最早和最简单的结算方式,也是其他各种结算方式的基础。银行接受客户委托把资金汇出的业务称汇出业务;接受联行或代理行的委托,办理解付汇款的业务称汇入业务。

### (二)汇款当事人

**1. 汇款人(Remitter)**
汇款人是委托银行将款项汇付给国外收款人的一方,在进出口业务中通常是进口商。

**2. 收款人(Payee/Beneficiary)**
收款人即汇款的接受者,在进出口业务中通常是出口商。

**3. 汇出行(Remitting Bank)**
接受汇款人的委托,办理汇出款项的银行。汇出行有义务按照汇款人的指示,向其联行或代理行发出付款委托书,委托它们向付款人解付汇款。汇出行对邮递中的延误、遗失、电讯的失误等不负责任,对其作为汇入行的联行或代理行在办理此汇款业务中的失误也不负责。

4. 汇入行(Paying Bank)

接受汇出行的委托,解付汇款的银行,即将款项交给收款人的银行,又叫付款行或解付行。汇入行通常是汇出行的联行或代理行。

(三)汇款方式的种类

汇款人在汇款时,可采取三种不同的方法,主要是根据收款人对款项急需或汇款人所在国的情况以及金额的大小而定,目前常用的是电汇和票汇。

1. 电汇(Telegraphic Transfer,T/T)

电汇是汇出行应汇款人的要求,用电报、电传或SWIFT委托付款行向收款人付款的方式。电汇速度快,凡金额较大或急需用款时,就用此方式。因为在途中的款项不能产生利息,要到汇款收到后才能生息,款项数额巨大时,在利率高的情况下,有可能是收款人要求用电汇以使资金早日入账。另一方面,汇款人为充分利用资金,要等到最后的时刻才使用电讯,使资金在账户上多保留一段时间。汇款业务中大部分是电汇业务,与信汇及票汇相比,电汇的费用依然很高,但由于其速度快,使资金在途时间短,节约的在途资金利息足以弥补所支付的电讯费用。电汇业务流程图如图7.5所示。

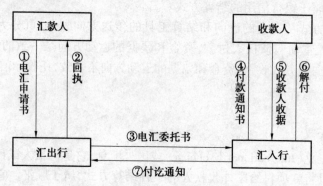

图7.5 电汇业务流程图

(1)汇款人申请和交款付费。当汇款人委托银行汇款时,要填具一式两联的汇款申请书。申请书上列有汇款种类、收款人姓名、地址、汇款金额(货币名称、大小写)以及汇款的原因等项目,申请人要签名。两联中的一联为申请书,一联为回单。

(2)汇出行将申请书的第二联作为回执退还给汇款人。

(3)汇出行向汇入行发出电汇委托书。电汇委托书的内容应包括:收款人姓名、地址或开户行名称、地址、货币名称、金额的大小写、汇款人的名称和地址,附言(一般注明用途)、头寸拨付的方法、汇出行的密押、发电日期及汇款编号。

(4)汇入行发出电汇通知书。汇入行收到汇出行的电报、电传后,如无问题,可打印"汇入汇款通知书",通知收款人。

(5)收款人取款并签收。

(6)汇入行核对有关凭证后解付汇款。

(7)汇入行将付讫通知寄给汇出行,并取得偿付。

### 2. 信汇(Mail Transfer,M/T)

信汇是汇出行应汇款人的要求,用航空信函通知汇入行向收款人付款的方式。凡金额较小或需用不急的,用此种方式比较适合。汇款人委托银行信汇时,同样要出具汇款申请书。汇出行此时向汇入行发出的付款委托叫做"信汇委托书(M/T Advice)"或"支付委托书(Payment Order)"。委托书的内容主要包括下列项目:①收款人姓名、地址或其开户行的名称、地址及账户账号和户名;②货币金额大小写;③汇款人名称地址;④汇款人附言;⑤头寸调拨的方法和起息日;⑥汇入行名称、地址;⑦编号和汇出日期;⑧汇出行签字。信汇业务流程图如图7.6所示。

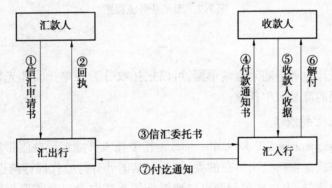

图7.6　信汇业务流程图

### 3. 票汇(Demand Draft,D/D)

以银行的即期汇票作为汇款工具时就是票汇,它是汇出行应汇款人的要求开立以其在付款地的联行或代理行为付款人的即期汇票交给汇款人,由汇款人自寄或自带到付款地去凭票付款,即汇款人可以将汇票带到国外亲自取款,也可由汇款人将汇票寄给国外收款人由收款人去取。由于汇票是可以转让的,所以去凭票取款的很可能不是汇款上的收款人本人,而是其他的受让人。票汇的另一个特点是,收款人可将汇票交给自己的往来银行托收票款,汇票上的付款行不是持票人的开户行时,这种情况就会发生。

汇款人在交给银行的付款委托书中应表明是票汇以及收款人名称、地址、汇款金额及币别以及申请人的名称、地址等。汇款人应按当天挂牌汇率缴付现款和手续费。银行收到申请书后,首先审核申请书的内容,待收妥款项及手续费后,再签发汇票或支票。

汇入行收到汇出行发出的通知书或收款人持票前来兑现时,应查核下列各点:①若已收到通知书,应核对其上的内容是否与汇票上的相符;②汇票上的签章和汇入行预留的汇出行有权签字人的签章是否一样;③汇票是否曾涂改或损坏;④汇票是否未经止付;⑤是否在合理的时间内提示;⑥背书是否准确、连续。上述各点无误后,即可付现或入账。票汇业务流程如图7.7所示。

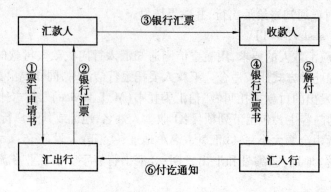

图 7.7　票汇业务流程图

## 二、托收

按照是否在结算业务中随附运输单据,可以把托收分为跟单托收和光票托收。在国际贸易实务中大多采用的都是跟单托收。

### (一)跟单托收的含义

跟单托收(Documentary Bill for Collection)是指委托人开立汇票并附带货运单据委托银行向付款人收款的方式。银行受出口商的委托,通过其国外分行或代理行向进口商收取货款,这是银行的出口托收业务;进口地银行受出口地银行的委托向进口商收取货款属于银行的进口代收业务。

### (二)跟单托收的当事人

**1. 委托人(Principal)**

委托人开出汇票、提交单据委托银行代收货款的人,即买卖双方中的卖方、汇票的出票人。委托人要承担两方面的责任:一是要履行与进口商签订的贸易合同的责任;二是要履行与托收行签订的委托代理合同的责任。贸易合同下的责任是指按合同交货和按合同交单,委托代理合同下的责任首先是指委托人要在托收申请书上明确作出指示,以及在发生意外时作出及时的指示;其次是支付各项费用,包括手续费、电报费、邮费、拒绝证书费、仓租费、保险费等。

**2. 托收行(Remitting Bank)**

托收行又称委托行。它一方面接受委托人的委托代收款项,另一方面又委托国外联行或代理行向债务人收款。托收行一般是委托人的开户行。托收行首先要执行委托人的指示。托收行是作为委托人的代理人,所以要按委托人的指示行事。他将单据寄给代收行时,要缮制托收指示,此指示的内容要与委托人申请书内容严格一致。其次托收行要按常规处理业务。凡是委托人在申请书中没有加以指示的,托收行就按常规来处理。例如,委托人未指定代收行,托收行可按常规选定一家在付款人同一城市银行作为代收行。如果这家银行倒闭,委托人收款受到影响,托收行也无责任。最后,托收行要对过失负责。如代收行电告付款人拒付,而托收行却未立即通知委托人,使代收行未能及时得到如何处理货物的指示而使货物遭受损失,这时银行就有过失责任。

3. 代收行(Collecting Bank)

代收行又称受托行,接受托收行的委托,向债务人收款的银行,一般都是托收行的国外分行或代理行。代收行也处于代理人的地位,和托收行承担的责任差不多,但有几个特殊的地方:一是要保管好单据。单据通过托收行寄给代收行,再由代收行交给进口商。代收行一定严格按照交单条件(D/P or D/A)放单。二是通知托收情况。只有代收行是直接与付款人接触的,因此应把付款人付款的情况及时通知给托收行,再由托收行转告委托人,以便后者及时采取措施。

4. 付款人(Drawee/Payer)

付款人即进口商、买方,是代收行收款的对象。付款人的责任就是按合同规定付款,当然是以委托人提供合格的单据为前提。

5. 提示行(Presenting Bank)

实际向付款人提示单据的银行。有时,代收行与付款人不在一地,代收行要委托另一家银行代收。否则,代收行与提示行是一家。

6. 需要时代理(Case for Need)

交易中一旦发生拒付等纠纷,为了处理存仓、保险、转售、运回等事项,委托人可在付款人所在地指定一个代理人,这个代理人就叫"需要时代理"。其权限应由委托人通知托收行。

上述前四者是基本当事人,后两者并不是在所有的托收业务中都涉及。

托收银行和代收银行在处理托收业务时对一些事项是不承担责任的:

(1)对单据是否合格不负责任,即无审单的义务,特别是托收行,一般只查看单据的种类和份数是否与申请书中所列的一致,对单据内容之间是否有矛盾、遗漏,承兑是否正确等一概不负责任。

(2)对于单据及其他通知函件在邮递途中的遗失或延误或电报、电传在传递中的错误、遗漏、延误等不负责。

(3)对发生天灾、罢工、暴动等银行本身无法控制的情形,使银行营业中断造成的损失,不承担义务和责任。

(4)对货物不负责,即对货物的损坏、霉烂、变质、被进口国没收等不负责任。

(5)对付款人的拒付不负责。

### (三)跟单托收业务流程

(1)委托人将单据交给托收行,向托收行提出托收申请,在托收申请中列明托收指示,以便托收行按出口商的指示提供正确的服务。具体的指示反映在出口商填具的申请书中。因此,卖方应将汇票、单据及托收申请书一同提交托收行,这是首要的步骤。

(2)托收行审查,托收申请书和单据,然后按申请书的内容强制对代收行的托收指标,把托收指示和单据一并寄给代收行。以上工作应在接受委托的一个工作日,最迟不超过两个工作日内办完。

小资料:根据《托收统一规则》,托收行只是处于代理人的地位,对货物并无权益可言,只要核实所收到的单据与申请书上所列的相符即可。但银行具有道义上的义务提请客户注意单据上的差错及单据之间的矛盾之处,这是银行为客户提供良好服务所必需的,所以银行要对单据进行审核,指出能引起延误货物清关、发生滞期费或者造成付款长期延误的情况。

(3)代收行审查托收指示并向付款人提示托收指示后,应核对所附单据与委托指示上所列的名称和份数是否相符,所列项目和指示是否明确,能否办理,交款条件是D/A还是D/P。审核无误后,编号登记并做成代收通知书,然后向付款人提示。

(4)付款人付款。

①即期D/P。按国际上的做法,银行将汇票连同代收通知书交给付款人,即进行提示,要求立即付款。付款人付清汇票金额及其他费用,代收行即可将全套单据及付讫汇票交给付款人凭以提货。若出现付款人不付或要求修改付款方式、延期、减价等情况,代收行无权强行要求付款,但可要求进口商说明理由并及时告知托收行。

②远期D/A。同即期D/P一样,将汇票连同通知书交给付款人,要求承兑。承兑时要在汇票的正面加盖"承兑"章,注明承兑日期及到期日并签字。付款人承兑后即可取得单据凭以提货。代收行要将承兑日期通知给托收行。进口商即付款人在承兑前可要求验看单据,若不符合要求可拒绝承兑,代收行在得到理由后告知托收行。

③远期D/P。先要求付款人承兑汇票,但要在到期日付款后才能领单提货。代收行可根据托收行的指示或自行决定同意进口商凭信托收据提货。信托收据(Trust Receipt)是客户向银行提供的一种书面担保,说明物权归银行所有,客户以受托人的身份代办提货。

(5)代收行向付款人交出单据。

(6)代收行向托收行发收妥通知。代收行收讫票款及费用后,应按托收行的指示,扣除代收行的手续费交托收行。

(7)结汇。托收行收到收妥通知后,应告知委托人即出口商,并将款项记入委托人的账户。

跟单托收业务流程图如图7.8所示。

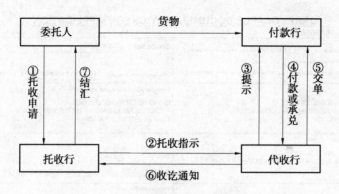

图7.8 跟单托收业务流程图

### (四)跟单托收的种类

跟单托收中单据是非常重要的,根据向进口商交单的条件不同,跟单托收分为付款交单和承兑交单两种。

**1. 付款交单**(Documents against Payment,D/P)

付款交单是指代收行在付款人付款后再向其交付货运单据,即交单以付款为前提条件。按付款时间不同,付款交单分为即期 D/P 和远期 D/P。

(1)即期付款交单(D/P at Sight)。即期付款交单,可以有汇票也可以没有汇票。在没有汇票时,发票上的金额即是托收的金额。采用这种方式,当代收行收到所有单据审核无误后,应立即向付款人提示,付款人见票后须马上付款,付清后方能赎单。

(2)远期付款交单(D/P after Sight)。采用这种方式时,卖方须开具远期汇票,代收行收到汇票和货运单据后向付款人提示,付款人审核无误签字承兑,汇票到期时再付款赎单。由于付款后才交出货运单据,若汇票遭拒付,出口方对货物仍有所有权,所以风险较小,有利于出口方。

**2. 承兑交单**(Documents against Acceptance,D/A)

承兑交单是指代收行在付款人承兑远期汇票以后,就向付款人交付货运单据,在汇票到期时才履行付款义务的一种方式。在承兑交单下,要使用远期汇票,付款期限通常为 30~180 天。这种方式对买方是十分有利的,但卖方的风险相对大一些,买方提货后若拒付,则钱货两空。虽然卖方可凭买方的承兑汇票起诉,但在国外诉讼,费时费钱,而且有时付款人已倒闭破产无力偿付,所以收效不大。因此对资信不好或不甚了解的客户一般不易采用此方式。

## 三、信用证

信用证可以说是国际贸易结算中最重要的支付方式,从 19 世纪中叶开始随国际贸易的发展而迅速得到普及。信用证业务中按照是否提交运输单据可分为跟单信用证和光票信用证,但是在实际业务中光票信用证一般不用于主货款的结算,跟单信用证才是信用证业务的主流,也是我们学习的重点。信用证申请书参考式样如图 7.9 所示;信用证参考式样如图 7.10 所示。

# IRREVOCABLE DOCUMENTARY CREDIT APPLICATION

TO: THE CHARTERED BANK                                             DATE: 040819

- [ ] Issue by airmail      [ ] With brief advice by teletransmission     **Credit NO.** STLCA000001
- [ ] Issue by express delivery
- [x] Issue by teletransmission (which shall be the operative instrument)   Date and place of expiry: 041015 in the beneficiary's country

**Applicant**
CARTERS TRADING COMPANY, LLC
P.O.BOX8935, NEW TERMINAL1, LATA. VISTA,
OTTAWA, CANADA

**Beneficiary (Full name and address)**
GRAND WESTERN FOODS CORP.
ROOM2501, JIAFA MANSION, BEIJING WEST ROAD,
NANJING 210005, P.R.CHINA

**Advising Bank**
NANJING COMMERCIAL BANK
NO.19 LANE 32 I SEN RD, NANJING 210014, P.R.CHINA

**Amount**
[USD]  [11200]
U.S.DOLLARS ELEVEN THOUSAND TWO HUNDRED ONLY

**Partial shipments**:  [ ] allowed   [x] not allowed
**Transhipment**:  [ ] allowed   [x] not allowed

Loading on board/dispatch/taking in charge at/from
NANJING
not later than 040920
For transportation to: TORONTO

- [ ] FOB   [ ] CFR   [x] CIF
- [ ] or other terms

**Credit available with** NANJING COMMERCIAL BANK
By  [ ] sight payment   [ ] acceptance   [x] negotiation
    [ ] deferred payment at _____
against the documents detailed herein
[x] and beneficiary's draft(s) for 100 % of invoice value
at **** sight
drawn on ISSUE BANK

**Documents required: (marked with X)**

1. [x] Signed commercial invoice in 6 copies indicating L/C No. _____ and Contract No. Contract01
2. [x] Full set of clean on board Bills of Lading made out to order and blank endorsed, marked "freight [ ] to collect / [x] prepaid [ ] showing freight amount" notifying THE APPLICANT
   ( ) Airway bills/cargo receipt/copy of railway bills issued by _____ showing "freight [ ] to collect/ [ ] prepaid [ ] indicating freight amount" and consigned to _____
3. [x] Insurance Policy/Certificate in 3 copies for 110 % of the invoice value showing claims payable in CANADA in currency of the draft, blank endorsed, covering All Risks and War Risks
4. [x] Packing List/Weight Memo in 3 copies indicating quantity, gross and weights of each package.
5. ( ) Certificate of Quantity/Weight in _____ copies issued by _____
6. ( ) Certificate of Quality in _____ copies issued by [ ] manufacturer/[ ] public recognized surveyor _____
7. [x] Certificate of Origin in 3 copies issued by MANUFACTURER
8. ( ) Beneficiary's certified copy of fax / telex dispatched to the applicant within _____ hours after shipment advising L/C No., name of vessel, date of shipment, name, quantity, weight and value of goods.

Other documents, if any

**Description of goods:**
01005 CANNED SWEET CORN, 3060Gx6TINS/CTN
QUANTITY: 800 CARTON
PRICE: USD14/CTN

**Additional instructions:**

1. [x] All banking charges outside the opening bank are for beneficiary's account.
2. [x] Documents must be presented within 21 days after date of issuance of the transport documents but within the validity of this credit.
3. ( ) Third party as shipper is not acceptable, Short Form/Blank B/L is not acceptable.
4. ( ) Both quantity and credit amount _____ % more or less are allowed.
5. ( ) All documents must be forwarded in _____
   ( ) Other terms, if any

图7.9 信用证申请书参考式样

# 第七章 国际贸易合同条款(四)

## LETTER OF CREDIT
### MESSAGE TEXT

:27:SEQUENCE OF TOTAL
1/1
:40A:FORM OF DOCUMENTARY CREDIT
IRREVOCABLE
:20:DOCUMENTARY CREDIT NUMBER
STLCN000001
:31C:DATE OF ISSUE
040820
:31D:DATE AND PLACE OF EXPIRY
041015 IN THE BENEFICIARY'S COUNTRY
:51A:APPLICANT BANK
THE CHARTERED BANK

:50:APPLICANT
CARTERS TRADING COMPANY, LLC
P.O.BOX8935,NEW TERMINAL, LATA. VISTA, OTTAWA, CANADA
:59:BENEFICIARY
GRAND WESTERN FOODS CORP.
ROOM2501,JIAFA MANSION, BEIJING WEST ROAD, NANJING 210005, P.R.CHINA
:32B:CURRENCY CODE, AMOUNT
[USD         ] [11200                  ]
:41D:AVAILABLE WITH BY
NANJING COMMERCIAL BANK BY NEGOTIATION

:42C:DRAFTS AT
SIGHT

:42A:DRAWEE
ISSUE BANK

:43P:PARTIAL SHIPMENTS
NOT ALLOWED
:43T:TRANSHIPMENT
NOT ALLOWED
:44A:ON BOARD/DISP/TAKING CHARGE
NANJING
:44B:FOR TRANSPORTATION TO
TORONTO
:44C:LATEST DATE OF SHIPMENT
040920
:45A:DESCRIPTION OF GOODS AND/OR SERVICES
01005 CANNED SWEET CORN, 3060Gx6TINS/CTN, QUANTITY: 800 CARTON
CIF TORONTO, PRICE: USD14/CTN
:46A:DOCUMENTS REQUIRED
+SIGNED COMMERCIAL INVOICE IN 6 COPIES INDICATING CONTRACT NO. CONTRACT01
+FULL SET OF CLEAN ON BOARD BILLS OF LADING MADE OUT TO ORDER AND BLANK ENDORSED, MARKED "FREIGHT TO PREPAID"
NOTIFYING THE APPLICANT
+INSURANCE POLICY/CERTIFICATE IN 3 COPIES FOR 110 % OF THE INVOIECE VALUE SHOWING CLAIMS PAYABLE IN CANADA IN CURRENCY OF THE DRAFT, BLANK ENDORSED, COVERING ALL RISKS, WAR RISKS
:47A:ADDITIONAL CONDITIONS

:71B:CHARGES
ALL BANKING CHARGES OUTSIDE THE OPENING BANK ARE FOR BENEFICIARY'S ACCOUNT
:48:PERIOD FOR PRESENTATION
DOCUMENTS MUST BE PRESENTED WITHIN 21 DAYS AFTER DATE OF ISSUANCE OF THE TRANSPORT DOCUMENTS BUT WITHIN THE VALIDITY OF THIS CREDIT
:49:CONFIRMATION INSTRUCTIONS
WITHOUT
:57D:ADVISE THROUGH BANK

图7.10 信用证参考式样

## (一)跟单信用证的含义

跟单信用证(Documentary Letter of Credit)是进口方银行(开证行)应进口商(申请人)的申请和要求向出口商(受益人)开立的,凭规定的单据在一定期限内支付一定金额的保证文件。UCP600第二条规定,信用证是指一项不可撤销的安排,无论其名称或描述如何,该项安排构成开证行对相符交单予以交付的确定承诺。信用证具有以下性质:

### 1. 开证行承担第一性的付款责任

在信用证结算方式下,不是由付款人,而是由开证行承担第一性的付款责任。就买卖关系来看,承担付款责任的应是进口商,但使用了信用证后,银行就代替进口商承担了付款责任。出口商只要按信用证的要求提交了合格的单据,开证行就必须付款,即使进口商倒闭破产,开证行的责任也不能免除。这种付款方式并不是进口商不能付款时才由开证行来付,而是开证行付款后,再与进口商结算,这种付款责任就是第一性的。

### 2. 信用证是独立于贸易合同的自足性文件

信用证是独立的文件,不依附于贸易合同,即当事人只受信用证条款的约束,银行也只对信用证负责。虽然信用证的开立是以合同为依据的,但是合同条款与信用证条款是否一致,所交单据是否符合合同要求,银行一律不予过问。信用证与贸易合同是两份相互独立的契约。UCP600第四条规定,就其性质而言,信用证与可能作为其开立基础的销售合同或其他合同是相互独立的交易,即使信用证中含有对此类合同的任何援引,银行也与该合同无关,且不受其约束。

### 3. 信用证业务只处理单据,不涉及货物

信用证业务中处理的是单据,而不是货物。买卖双方虽是以货物为交易对象,但在国际结算中,当事人只关心单据是否符合信用证条款,而不管货物与信用证或者货物与单据是否一致,只要单据没问题,开证行不能以任何借口推卸付款的责任。同样,受益人要实现信用证项下的权利,必须提交符合信用证规定的单据,而不能以完全履行了买卖合同项下的义务为由要求开证行付款。

## (二)信用证的形式和内容

### 1. 信用证开立的形式

信用证的开立有两种形式,即信开和电开。

(1)信开,即以信函方式将信用证的内容打在信用证的格式上,经有权签字人签字后,以航空邮递方式将信用证寄给国外的通知行通知受益人。最初的信用证都是信开的,所以信用证的英文是"Letter of Credit"。装运日期较长或金额较小的信用证可以用此种方式开立。

(2)电开,即以电报、电传、SWIFT等电讯的方式开出信用证传递给国外的通知行叫电开,分为简电和全电两种。

①简电开证。如电文中说明"详情后告(Full Details to Follow)"或有类似意义的词语,或

说明须邮寄证实书为有效信用证的,则此电文不是有效的信用证文件,这种方法称"简电开证"。

②全电开证。如电文中没有注明"详情后告"或类似词语,也没有说明须以邮寄证实书作为有效信用证文件,则此电文就是有效的信用证,这种方法称"全电开证"。

**2. 信用证内容**

信用证上所记载的事项必须明确、正确、完整,否则将导致当事人之间的纠纷。但世界上并无具有法律约束力的标准格式,因此信用证的格式多种多样,因开证行而异,也因信用证的种类和目的而不同。

(1)信用证的名称。例如,跟单信用证"Documentary Credit"。

(2)信用证号码。这是开证行编排的。

(3)开证地点和日期。开证地点即开证行所在地。开证日期即开立信用证的日期。

(4)信用证的有效日期和地点。信用证的有效日期即信用证的到期日。过了这一日期信用证就失去了效力。到期地点是指在到期日或之前提示单据的地点,可填入国家或城市名称。到期地点与信用证使用方式是直接联系着的,必须与信用证中指定的交单银行的所在地一致。

(5)开证申请人名称及地址。

(6)受益人的名称及地址。

(7)通知行。

(8)信用证金额。金额要用大小两种写法。视情况可在金额前用"about"或"approximately"字样,依惯例该金额可允许有10%的伸缩。

(9)指定银行即信用证的可用性。在"Credit available with"的后面填指定银行的名称和所在地。如信用证是自由议付的,则只添加"any bank in _____"(城市或国家名)即可,或添加any bank。使用方式有四种,即:即期付款信用证"by sight payment",承兑信用证"by acceptance",议付信用证"by negotiation",延期付款信用证"by deferred payment"。一张信用证必须在这四种方式中选一种。但如果选择了延期付款,则必须加注确定日期的方法,如"10 days after presentation of documents"。在使用承兑和议付或即期付款方式时,要使用汇票。

(10)分批装运。

(11)转运。

(12)买方投保。信用证不要求提交保险单据时,而且申请人表示它已经或将要为货物投保时,便可选择此项。

(13)装运港、目的港和装运期。

(14)货物描述。

(15)单据的规定。

(16)交单期限。信用证除规定有效日期外,每个要求提交运输单据的信用证还要规定一个运输单据出单日后必须交单的特定期限。如果未规定,则这个期限视为运输单据出单日期后21天,但不得晚于信用证的有效期。

(17)对通知行的指示。有三项选择,要求通知行加保兑或不加保兑及授权通知行在受益人要求的情况下加保兑。

(18)偿付指示(仅用于"致通知行的通知书"),说明指定银行如何获得偿付。

(19)信用证开立的总页数。

(20)签字。给受益人和给通知行的格式都要求开证行签字。

(三)信用证的主要当事人

信用证涉及的当事人有许多,每一笔信用证业务的参与者也不同,有的当事人可能具备多种身份。因此,搞清这些当事人的关系、责任、义务和权利是开展和做好信用证业务的基本条件之一。

1. 开证申请人(Applicant)

开证申请人又称"开证人",通常是进口商。他根据买卖合同向往来银行申请开立信用证。有时在一些特殊情况下,可能是买方的委托人或中间商。开证申请人要受到和卖方签订的贸易合同及与开证行签订的业务代理合同两个合同的约束。

开证申请人享有以下权利:

(1)有权在付款前对受益人提交的单据进行审核,若发现单据与信用证条款不符或单据之间有矛盾,有权拒绝付款。

(2)申请人在履行付款义务后,对到港的货物有权对品质和数量进行检查。若不符,有权根据过失责任向有关方面进行追赔。

(3)有时合同要求出口商交履约押金或提供担保,若出口商未照办,开证申请人有权不开信用证。

(4)属开证行的过失,有权要求开证行赔偿。如果单据合格但被开证行错误地对外拒付,申请人就可要求银行赔偿相应的损失。

2. 开证行(Issuing Bank)

应开证申请人的要求代表申请人向受益人开出信用证的银行叫开证行。

开证行有以下义务:

(1)开证行应按开证申请人提交的申请书上的指示正确及时地开出信用证。

(2)承担第一性的付款责任。

(3)开证行在验单付款后,不能对受益人或议付行行使追索权,即开证行的付款是终局性的付款。

开证行可行使以下权利:

(1)在开立信用证时,有权向开证申请人收取保证金和手续费。

(2)开证行对受益人提交的单据,有权审查,以确定单据表面上是否符合信用证条款。对不符合信用证条款的,有权向议付行退单,并追索货款。

(3)一旦进口商无力偿付,开证行有权处理单据或货物。如出售货物的价款不足以抵补垫款时,有权向申请人追讨不足的部分。

### 3. 受益人(Beneficiary)

受益人是指信用证上所指定的有权使用该信用证的人,即出口商。

受益人要履行的义务是:

(1)在接到信用证后,应在规定的装运期内装运货物,并在有效期内提交单据,对单据的合格与否负责。

(2)发运货物的品质等应严格遵守信用证的规定,有保证货物合格的义务。

受益人的权利主要有:

(1)受益人在接到信用证后,应与合同核对,若信用证条款与合同不符,或无法履行,有权要求进口商修改或拒绝接受。

(2)受益人凭合格单据取得货款。

(3)开证行倒闭时,有权要求申请人付款。若信用证是保兑的,则有权要求保兑行付款。如果开证行和申请人同时破产,如货已备好,但未交货或未装船,有权扣留货物。如货已发出,即使单据已交,仍可要求运输单位中途停运(停运权)并将货物出售给别人。

(4)若开证行无理拒付,有权上诉并要求赔偿损失。

### 4. 通知行(Advising Bank)

通知行是向出口商通知信用证的银行,多由开证行在出口地的联行或代理行来担任。

通知行有权决定通知或不通知信用证。如果决定不通知,要不延误地告知开证行,如果决定通知信用证,就有义务证明信用证表面的真实性并且及时、准确地进行通知。如错误地通知了信用证的有关条款,给受益人造成损失,则要承担责任。通知行对出口商即受益人不承担议付或付款的责任。

### 5. 议付行(Negotiating Bank)

当使用议付信用证时,开证行在信用证中指定一家银行并授权其在单据相符时议付买单,垫付货款给受益人,这家银行就是被指定的议付行。有时,信用证中不指定议付行,而是允许任何银行自由议付,这时受益人可以选择任何一家银行提交单据要求议付。议付行在处理信用证业务时:

(1)有权议付或不议付。

(2)有权根据信用证条款审核单据。

(3)议付后,议付行有权向信用证的开证行或偿付行收回垫款。

(4)开证行拒付时,不论什么原因,议付行都有向受益人进行追索的权利。

议付信用证业务流程如图 7.11 所示。

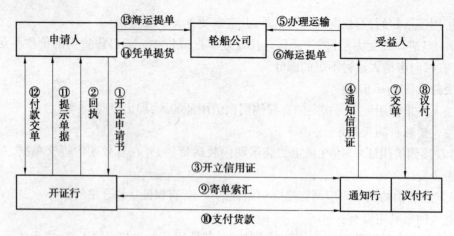

图 7.11　议付信用证业务流程

### 6. 付款行(Paying Bank)

付款行是作为开证行的付款代理人出现的,由开证行在信用证中指定。付款行可能是开证行,也可能是开证行以外与开证行有委托代理关系的第三家银行。付款行的权利义务是:

(1)有权接受或不接受付款。

(2)有权根据代理合同向开证行取得偿付以及所发生的费用。

(3)付款行验单付款后无追索权。从法律上看,付款行是开证行的代理,它是代表开证行验单的,一经付款,则是最终付款。

### 7. 偿付行(Reimbursing Bank)

偿付行是开证行指定的对议付行或付款行偿还款项的银行。偿付行只是接受开证行的委托,与受益人无关,它既不接受也不核审单据。其权利义务是:

(1)偿付行有权接受或拒绝执行开证行的偿付指示。

(2)只要议付行或付款行提供的信用证号码、开证行名称和账户,以及索偿金额等事项符合开证行的偿付授权书,偿付行就应向议付行或付款行偿付。

(3)无权要求议付行或付款行证明单证相符。开证行在收到单据之后,若发现不符点,不能向偿付行追索,而是直接向议付行追回已付款项。

### 8. 保兑行(Confirming Bank)

开证行以外的银行接受开证行的授权或要求以本身名义对信用证的付款加具保兑的银行称保兑行。有时因开证行的信誉不佳,或受益人对开证行的信用情况不了解,或者开证行国家经济状况恶化,出现政治风波或外汇管制较严等情况时,往往由开证行请另一家为受益人所熟悉的银行,通常是出口地的通知银行或其他信用卓越的银行对其所开的信用证承担保证兑付的责任。

保兑行的主要权利有:
(1)有权保兑或不保兑。
(2)有权收取保兑费。
(3)有审核单据的权利。
(4)如果提交的单据与信用证条款不符,保兑行有权拒绝接受单据。
(5)保兑行赔付后有权向开证行索偿,不得对受益人进行追索。

保兑行的义务主要有:
(1)保兑后,无权擅自取消自己的保兑。
(2)保兑行接受开证行的邀请,在信用证上加注保兑后,必须对信用证独立负责,与开证行的第一性付款责任相同。
(3)对有不符点单据进行通知的义务。

(四)跟单信用证的业务流程

一笔信用证业务分为进口和出口两个环节,从申请开出信用证到最后结汇,手续颇多。以议付信用证为例演示业务流程。

**1. 进口商申请开证**

申请开证的一般手续为:
(1)进口商向往来银行提出开证的请求。
(2)调查后同意或不同意。
(3)若同意,进口商交保证金。
(4)进口商按标准交纳各项费用,银行开证。

**2. 开证行开出信用证**

(1)信用证的递送。绝大部分是由开证行通过国外出口地的联行或代理行通知受益人,这是一种较正常和安全的做法。通知行可核对印鉴和密押以证实信用证的真伪。有的还规定信用证可在该银行议付或保兑。少数信用证由开证行直接寄给出口商。但出口商收到后,仍须到议付行或开证行的代理行、联行等核对印鉴和密押。偶尔也有由开证行交给进口商,由进口商寄给出口商或自带到出口地的。

(2)开证费用。开证银行向开证申请人收取的手续费通称 opening charge or commission,期限从开证日起算,在开证时收取。一般情况下,各银行都有收费表,按表上所规定的费率收费即可。

**3. 通知行通知信用证**

出口方银行按开证行的委托,将信用证交给受益人叫信用证的通知。通知行应遵照"通知"这一业务的宗旨,迅速准确地把信用证通知给受益人。

(1)核对印鉴或密押。核对印鉴或密押是出口地通知银行最先要做的事情,以确认此信用证的真实性。

对于密押、印鉴不符的信用证,可一面向开证行核实,一面通知受益人,注明"印鉴或密押不符,仅供参考"(as we are unable to verity the signature/test keys appearing on this credit, we hereby pass it on to you without any responsibility or engagement)。

(2)通知受益人。开证行若以信函方式开出信用证,而且一式两份时,通知行一般先缮制信用证通知书,将通知书和正本信用证通知给受益人,副本由通知行存档。如按国际商会的标准格式的电开信用证,通知行收到信用证后,将标有"advice for the Beneficiary"的那一份交给受益人,标有 advice for the Advising bank 的自己留存。

### 4. 审核信用证、发货

根据国际上通常的做法,通知行只负责对信用证进行通知,除核对印鉴或密押以便确定来证表面的真伪外,并无审核信用证内容的义务。但在实务中,审证工作是两家共同进行的。出口商是将信用证与合同核对,审查来证条款、单据种类、价格条款等;而银行是从信用证的可靠性和有效性来审查。

受益人若接受了信用证,就可以办理装运、发送货物。

### 5. 受益人交单

在装运货物期间,受益人要签发包括汇票在内的各种单据,取得货运单据,然后将与信用证相符的所有单据在信用证规定的期间内连同信用证,提交给信用证指定的银行要求议付。受益人在交单时,要严格掌握期限。

### 6. 审单议付

审单即银行对受益人提交的单据进行审查。信用证项下的审单可以指议付行的审单,也可以指开证行的审单。前者称议付审单,后者为付款审单。议付审单是在出口地进行,付款审单则在进口地。银行审单的原则是单证一致、单单一致。单证一致是指按信用证规定提交的各种单据必须与信用证严格一致。单单一致是指除单证要相符外,各种单据之间也要一致,不能相互矛盾,否则,也视为单证不符。

小资料:UCP600 第十四条 单据审核标准

①按指定行事的指定银行、保兑行(如果有的话)及开证行须审核交单,并仅基于单据本身确定其是否在表面上构成相符交单。

②按指定行事的指定银行、保兑行(如有的话)及开证行各有从交单次日起至多 5 个银行工作日用以确定交单是否相符。这一期限不因在交单日当天或之后信用证截止日或最迟交单日届至而受到缩减或影响。

③如果单据中包含一份或多份受第十九、二十、二十一、二十二、二十三、二十四或二十五条规制的正本运输单据,则须由受益人或其他代理在不迟于本惯例所指的发运日之后的 21 个

日历日内交单,但是在任何情况下都不得迟于信用证的截止日。

④单据中的数据,在与信用证、单据本身以及国际标准银行实务参照解读时,无须与该单据本身中的数据、其他要求的单据或信用证中的数据等同一致,但不得矛盾。

⑤除商业发票外,其他单据中的货物、服务或履约行为的描述,如果有的话,可使用与信用证中的描述不矛盾的概括性用语。

⑥如果信用证要求提交运输单据、保险单据或者商业发票之外的单据,却未规定出单人或其数据内容,则只要提交的单据内容看似满足所要求单据的功能,且其他方面符合第十四条d款,银行将接受该单据。

⑦提交的非信用证所要求的单据将被不予理会,并可被退还给交单人。

⑧如果信用证含有一项条件,但未规定用以表明该条件得到满足的单据,银行将视为未作规定并不予理会。

⑨单据日期可以早于信用证的开立日期,但不得晚于交单日期。

⑩当受益人和申请人的地址出现在任何规定的单据中时,无须与信用证或其他规定单据中所载相同,但必须与信用证中规定的相应地址同在一国。联络细节(传真、电话、电子邮件及类似细节)作为受益人和申请人地址的一部分时将被不予理会。然而,如果申请人的地址和联络细节为第十九、二十、二十一、二十二、二十三、二十四或二十五条规定的运输单据上的收货人或通知方细节的一部分时,应与信用证规定的相同。

⑪在任何单据中注明的托运人或发货人无须为信用证的受益人。

⑫运输单据可以由任何人出具,无须为承运人、船东、船长或租船人,只要其符合第十九、二十、二十一、二十二、二十三或二十四条的要求。

### 7. 寄单索汇

一般情况下,信用证中都规定了一家"被指定银行"。依信用证的使用方式不同,由该行充当付款行、承兑行或议付行。受益人向该银行交单,议付行审单并垫付货款后,要将单据寄给开证行索汇,随附 BP 通知书(Bill Purchased)或称议付通知书,也称面函(Coveting Letter/Documentary Remittance)。总之,寄单索汇是索偿行凭单向开证行或偿付行索取垫款的过程。至于如何寄单及向谁索汇,在信用证中的偿付条款中均有明确的规定。

小资料:《关于跟单信用证项下银行间偿付的统一规则》,即 525 号出版物。该规则要求开证行应在信用证及偿付授权中(即开证行发给偿付行)授权其对索偿行提示的索偿进行偿付的指示,包括承兑远期汇票并立即或到期付款的要求,该授权独立于信用证。注明适用本规则。在 525 号出版物第十条及第二一条中,对索偿行有如下的主要要求:

(1)必须以电讯方式或以正本信函的方式索偿,除非开证行禁止。要缮制标准的索汇电函。索汇电函应包括开证行名称、信用证号码、索汇金额、费用、有关业务编号(包括已知的偿付行编号)、收汇路线。在远期信用证项下,除上述内容外,若信用证有要求,还必须提供货物描述、原产地国、货物装运日期、起运地和目的地等。

（2）在远期信用证项下，索汇电函应在到期日前10日内发送给偿付行。超过10天，偿付行可拒绝处理。若远期汇票的付款人为偿付行，索偿行必须将汇票与索偿书一起寄偿付行处理。

（3）不得在一份电索或信索中加列多项索偿，即不允许并笔索汇。

（4）不得要求偿付行倒起息（起息日早于索偿日）。如果索偿行未遵守上述规定，偿付行对拒绝接受或处理延误而引起的任何后果不承担责任。

**8. 开证行或偿付行偿付**

开证行收到议付行寄来的单据，审核议付通知书或索汇通知书以及全套单据，经审核认为无误即将款项偿付给议付行。

**9. 申请人付款赎单、凭单提货**

开证行对外偿付后通知申请人，申请人向开证行付款，并只有在付款后才能得到单据。这一过程称申请人付款赎单。

### （五）跟单信用证的种类

信用证可按照不同的标准进行分类，种类繁杂。以下介绍的是几种常用的和重要的信用证。

**1. 根据信用证是否加以保兑分类**

（1）保兑信用证（Confirmed L/C），由开证行以外的另一家银行加以保证兑付的信用证称保兑信用证。保兑行和通知行是委托或代理关系，保兑行通常由通知行充当。通知行接受委托后，在信用证上打印加保的文字。如"this credit is confirmed by us"或"we hereby added our confirmation"。保兑银行所负的责任，完全与开证行所付的责任相同。对出口商来说，这是最有利的信用证，因为开证行和保兑行并列承担第一性的付款责任，这就等于拥有双重的付款保证。出口商可以没有先后顺序地要求保兑行和开证行中的任何一个履行付款责任，而不是在开证行不对受益人负责时保兑行才负责。

小资料：保兑的做法起源于英国，所以英国以前开出的信用证都加"保兑"字样，在他们心目中，Confirm与irrevocable的意义是一样的，因此若出现"confirm credit"或"irrevocable confirm credit"，一般不是委托通知行加保，而是开证行本身加保的意思，这种保兑是没有意义的。看一个信用证是否是保兑的，不能光看名称，而要看是否有另外一家银行承担了与开证行一样的"第一性的付款责任"。

（2）不保兑信用证（unconfirmed L/C），没有委托第三方银行加保的信用证就是不保兑信用证，它由开证行单独承担不可撤销的保证付款责任。在开证行资信较好的情况下，出口商一般不要求加保。通常，不保兑信用证使用得更多一些。

**2. 根据信用证的可用性分类**

（1）即期付款信用证（Sight Payment Credit），是受益人向信用证指定的付款行提交合格的单据时，付款行立即履行付款义务的信用证。付款行付款后无追索权，这对受益人来说比较有利一些。

（2）延期付款信用证（Deferred Payment Credit），是受益人提示合格的单据后，由信用证指定的付款行在规定的将来某一时间履行付款义务的信用证。这种信用证不要求开立远期汇票，付款日期一般是从提单日算起，即运输单据开出后若干天或从开证行或付款行收到单据的日期算起。由于没有汇票，节省了汇票所需付的印花税，在欧洲许多国家承兑汇票也纳税，所以这种信用证在欧洲非常普及。既无汇票，又是远期付款，所以不要汇票的远期付款信用证就是延期付款信用证。这种信用证大多用于价值高的资本性货物，如大型成套设备等。

（3）承兑信用证（Acceptance Credit），是信用证指定的付款人（即汇票付款人）接受受益人提交的包括远期汇票在内的合格单据时，承兑该汇票，并在到期日付款的信用证。它与延期付款信用证一样都属远期信用证，但不同的是，承兑信用证必须要求有一张远期汇票，所以承兑信用证又可以理解为是要汇票的远期信用证。

（4）议付信用证（Negotiation Credit），是指信用证指定某一银行或任何银行都可议付的信用证。根据UCP600第二条"议付是指指定银行在相符交单下，在其应获偿付的银行工作日当天或之前向受益人预付或者同意预付款项，从而购买汇票（其付款人为指定银行以外的其他银行）及/或单据的行为"。信用证中如果指定了一家银行议付，称为限制议付信用证（Restricted Credit/Special Credit）。如果可以允许任何银行议付，称为自由议付信用证（Freely Negotiable Credit or Open Credit）。限制议付在信用证注明"negotiation restricted to ×× Bank"，或"available with ×× bank by negotiation"。自由议付信用证注明的是"available with any bank by negotiation"。议付信用证和付款信用证的最大区别在于，议付行不能从开证行得到偿付，有权向受益人追索；而付款行一旦付了款，便无权向受益人追索。

**3. 根据信用证是否可转让分类**

根据UCP600第三十八条规定，只有开证行在信用证中明确注明"可转让"字样的信用证才能转让，否则就视为不可转让信用证。

（1）可转让信用证（Transferable Credit），是开证行授权出口地银行在受益人的要求下，将信用证的权利全部或部分地转让给第三者的信用证。这里原证的受益人为第一受益人，受让人为第二受益人。在这种情况下，买卖双方和中间人的关系是：

第一受益人：中间商；

第二受益人：实际的供货人、卖方；

开证申请人：最终的买方、进口商。

（2）不可转让信用证（Untransferable Credit），凡信用证上未表明可转让的，都是不可转让的信用证,即信用证的权利不得转让给第二个受益人。

### 4. 背对背信用证

背对背信用证(Back to Back Credit)简称对背信用证。中间商多用这种信用证。一个中间商向国外进口商出售某种商品,请该进口商开立以他为受益人的信用证,然后向实际供货人购进货物,并以国外进口商开来的信用证做担保,请求通知行或其他银行对供货人另开新证,这个另开的新证就叫对背信用证。在这里,中间商既是出口商又是进口商。因为交易中进口商与实际供货人是互相隔绝的,所以叫做"背对背"。

### 5. 红条款信用证

红条款信用证(Red Clause Credit),是指开证行在信用证上加列条款,授权信用证的通知行或议付行提前向受益人支付货款的信用证。为了使受益人能在采购、制造直至装运前从通知行获得资金融通,信用证特别加列了条款,规定受益人在装运货物或提交单据以前,可请求通知行预支一部分资金,在议付时扣除。由于银行预支了部分金额,这种信用证又称预支信用证(Anticipatory Credit)。

传统的红条款信用证上的预付条款,是用红字印刷或红字注明,以引人注意,所以称"红条款"。现今信用证上的条款未必为红色,但只要有表明预支货款的内容,即是红条款信用证。

### 6. 循环信用证

循环信用证(Revolving Credit),指信用证金额被支用后仍可恢复到原金额继续使用,直到规定的次数或总金额用完为止。买卖双方就同一种商品进行长期交易、分批交货时,为减少开证手续及费用和保证金,通常商定使用循环信用证,使之使用了一次后还可再用。

### 7. 对开信用证

对开信用证(Reciprocal Credit),指采用补偿贸易方式时,为解决进出口平衡问题,由两国不同的开证行互相以对方为受益人开立的信用证。第一张信用证的受益人和开证申请人就是第二张信用证的开证申请人和受益人,第一张信用证的通知行就是第二张信用证的开证行。两个证可同时开立,也可先后开立。两证可同时生效,即先开的一方要等到对方也开出信用证时一起生效;也可分别生效,谁先开谁先生效,但后开出的一方往往要提供担保,以防对方不开证。

## 本章小结

1. 本章关键词:支付工具、汇票、本票、支票、商业发票、装箱单、商检证明、支付方式、汇款、托收、信用证。

2. 国际贸易支付环节涉及的支付工具主要有汇票、本票、支票三种。其中,汇票的使用更为广泛。

3. 国际贸易支付环节涉及的各种单据主要有商业单据、运输单据、保险单据以及官方单据。其中,有些是在每笔贸易中都必须提交,称之为基础类单据;有些是应进口商或其他部门的特殊要求而提交,称之为附属类单据。

4. 国际贸易支付方式多种多样,最基本也是最常用即汇款、托收、信用证三种。其中,汇款和托收属于商业信用的支付方式,信用证属于银行信用的支付方式。

## 思考题

1. 汇票、本票、支票的区别?
2. 国际贸易支付中,基础类单据有哪些?各自有什么作用?
3. 电汇、信汇、票汇的比较?
4. 托收与信用证两种结算方式的优势与劣势有哪些?如何规避结算风险?

## 阅读资料

2007年5月5日,开证行开出一张金额为18 278美元不允许分批装运的不可撤销信用证,受益人5月24日出运货物18 728美元(超出信用证金额450美元),该套单据于5月28日提交到议付行,3月5日经过客户申请,开证行发出一修改将信用证金额增加至18 728美元。4月4日,开证行提出"信用证金额超支"的不符点;4月6日,议付行根据UCP600第10条b款规定"自发出信用证修改之时起,开证行就不可撤销地受其所发出修改的约束"向开证行反驳不符点;4月11日,议付行收到开证行的"到期日为4月25日的客户承兑通知",同时受益人再次与客户沟通;4月12日,开证行放弃不符点;4月26日,除扣除承兑电报费25美元外,受益人实际收汇18 705美元。

案例分析:

不少人在进行该案例分析时,都以UCP600第10条b款规定"自发出信用证修改之时起,开证行就不可撤销地受其所发出修改的约束"和UCP600第14条i款规定"除非信用证另有规定,单据日期可以早于信用证开立日期,但不得晚于交单日期"这两个条款为依据。从信用证(包括信用证的修改)的不可撤销性对开证行的约束性出发,认为无论受益人是否接到信用证或其修改书,该信用证或修改书一经开立,对于开证行都是有效的,开证行也就不能以修改发生时单据已议付为由,而认为修改不适用已议付的单据。因此,得出"开证行发出修改后,'信用证金额超支'并不构成开证行拒付的有效不符点"的结论。显然,该结论的获得是秉承"信用证修改有追溯效力"这一观点。乍一看,上述对该案例的分析有理有据,结论最后也和实际业务处理的情况相吻合。那么,信用证修改究竟有没有追溯效力呢,根据上述UCP600第10条b款规定,以及国际商会第511号出版物(1CC511)谈到修改的时效问题时也指出,作为开证行和保兑行(如有的话),修改的生效时间是修改的开立或通知及传送的时间,而不是受益人被递交或收到修改通知的时间,否则受益人可能要承担虽已发出但尚未收到的修改被撤

167

销的风险。由此可以看出,信用证修改一经发出,不论受益人是否已收到该修改,只要受益人没有明确表示拒绝该修改,开证行就不能单方面地撤销该修改。因此,可得出这样的推断:如果受益人提交的单据与修改不一致,不论单据是在修改前还是在修改后缮制的,只要开证行是在发出修改后收到单据,就得接受;不能因为单据是在开证行发出修改以前缮制的,而拒绝接受。其实,这种推断是错误的,认为信用证修改没有追溯效力。在上面的案例中,受益人于3月28日交单,而此时开证行尚未修改信用证,在受益人发货时,信用证可用金额为18 278美元,而受益人却发运了18 728美元的货物,显然货物超装,信用证金额超支。在开证行来看,3月28日尚未修改信用证,此时提交至被指定银行的单据与信用证是不相符的,无法构成开证行确定的付款责任,开证行当然有权拒绝接受单据。如果认为开证行的行为必须接受单据的话,则剥夺了开证行拒绝接受单据的权利,因为根据UCP600第14条a款规定:"开证行及/或保兑行(如有),或代其行事的指定银行,收到单据后,必须仅以单据为依据,确定这些单据是否表面与信用证的条款相符。如与信用证条款不符,上述银行可拒绝接受单据。"这也意味着单据经审核存在的不符点且银行决定拒付时,则开证行所承担的信用证项下的付款责任得以免除:这似乎对受益人有利,但其实不然,在开证行必须接受该套单据的同时,它必然作出"受益人在收到L/C修改前已接受了修改"的判断,等于表示未经受益人同意开证行就可以降低其原先承担的责任,从而剥夺受益人拒绝接受修改的权利,其实质是将不可撤销的信用证变成了可撤销的信用证,这就大大增加了受益人发运货物的风险,可见,按照"信用证修改有追溯效力"的观点来处理该种类型案例,对开证行和受益人均不公平。

实际上,在考虑L/C修改是否可作为审核单据的依据时,决定性因素是修改发出的时间与受益人提交单据的时间哪个更早,与单据制作的时间是不相关的。在上面的案例中,L/C修改发出的时间是3月20日,而受益人提交单据的时间是3月28日,显然,受益人提交时间早于改证时间,L/C修改不可作为审核单据的依据。那么原信用证(即修改前的信用证)的相关内容就理所当然地成为开证行审单的依据,原信用证可用金额为18 278美元,而受益人却运发了18 728美元的货物,显然货物超装,信用证金额超支450美元。根据UCP600第18条b款规定:"除非信用证另有规定,按照指定银行行事的制定银行、保兑行(如有的话)或者开证行可拒绝接受金额超过信用证所允许的金额的商业发票。"对于此实质性的单证不符点,开证行拒绝接受单据而拒付当然是合理的。

纵观本案例胜诉的原因,回到上面的案例中,我们可以从以下的两个细节发现客户履约的诚意:

(1)3月30日经过客户申请,开证行发出一修改将信用证金额增加至18 728美元。

(2)客户对提单日30天的远期汇票进行了到期日为4月25日的承兑。

这两点才是开证行最后放弃不符点的关键因素,而不是根据"信用证修改有追溯效力"的观点处理的结果。根据信用证业务"开证行承担第一性付款责任"的特点和UCP600第2条的规定:"信用证是一项不可撤销的安排,无论其名称或描述如何,该项安排构成开证行对相符交单予以承付的确定承诺。"或者 UCP600 第 7 条 a 款关于开证行的责任"只要规定的单据提交给指定银行或开证行,且构成相符交单,则开征行必须承付。"可见,作为第一付款人的开证行,只要受益人提交了一套不含单证不符点的单据,它就必须承担付款的责任;换言之,如果受益人提交的单据中含有不符点的话,开证行也有拒绝付款的权利,而无需征求开证人的意见,这点也可以从 UCP600 第 16 条 a 款"当按照指定银行行事的指定银行、保兑行(如有的话)或者开证行确定交单不符时,可以拒绝承付或者议付"找到答案。所以,对于本案例中"信用证金额超支 450 美元"的实质性单据不符点,再根据前文分析的"信用证修改没有追溯效力"的观点,显然,任何人都不能剥夺开证行这一拒付的权利。

但是,在采用信用证结算方式的外贸实践中,收益人为了能够救济出现的单证不符点,除了在审核信用证环节中争取合理且对自己有利的交单期限和交单时间,和交单后催促银行尽快出单,来争取救济时间改证或改单外,对于本案例中无法争取救济时间的情况,可以根据具体情况采用灵活的措施:

(1) 受益人直接与开证人沟通。在开证人接受不符点后不影响其收益或影响很小的情况下,受益人希望凭借与开证人的"老关系"或给予一些折扣让其放弃不符点,从而要求改正行接受不符点。

(2) 承包交单。此时,结算方式已经从银行信用的信用证业务变成了商业信用的托收业务,这种措施不到万不得已尽量不要采用,因为风险很大。不难想象,如果单是开证人(客户)所在市场行情下跌或者出现资金周转困难等情况,自然不会主动要求改证,将信用证金额增至 18 728 美元的行为以及对汇票的承兑行为,安全收汇也就成为泡影。

(资料来源:章秀琴. 信用证修改有追溯效力吗?[J]. 进出口经理人. 2008(5):56-57.)

**【荐读书目及网络资源】**

[1] 姜学军. 国际结算[M]. 2 版. 大连:东北财经大学出版社,2006.

[2] 胡书金,程颖慧. 外贸单证实务[M]. 大连:东北财经大学出版社,2006.

[3] 庄艳. 国际结算及外贸单证[M]. 北京:对外经济贸易大学出版社,2006.

[4] 贸易人 http://www.maoyiren.com/

[5] 福步外贸论坛 http://bbs.fobshanghai.com/

[6] 国家外汇管理局网站 http://www.safe.gov.cn

[7] 中国进出口银行网站 http://www.eximbank.gov.cn

[8] 国际商会网站 http://www.iccwbo.org

# 第八章
## Chapter 8

## 国际贸易合同条款(五)

【学习目的与要求】

商品的检验检疫时确定卖方交货是否符合合同规定的依据,也是买方提出索赔的依据,而在正常的贸易实践活动中出现贸易纠纷是在所难免的事情。本章要求掌握货物检验检疫的时间、地点、检验方法的确定以及确定合同中商检条款的方法,掌握业务中出现争议的解决方法,掌握确定合同中仲裁条款和不可抗力条款的方法。

【本章导读】

国家质量监督检验检疫总局、农业部《关于防止韩国口蹄疫传入我国的公告》(联合公告2010年第7号)

2010年1月7日,韩国向OIE紧急报告,1月2日,韩国京畿道的1家牛场发生口蹄疫。为防止该病传入我国,保护我国畜牧业安全和人体健康,根据《中华人民共和国进出境动植物检疫法》等有关法律法规的规定,现公告如下:

一、禁止直接或间接从韩国输入偶蹄动物及其产品,停止签发从韩国进口偶蹄动物及其产品的《进境动植物检疫许可证》。

二、自1月2日(含)之后启运的来自韩国的偶蹄动物及其产品,一律作退回或销毁处理。对1月2日前启运的来自韩国的偶蹄动物及其产品,经口蹄疫检测合格后方可放行。

三、禁止邮寄或旅客携带来自韩国的偶蹄动物及其产品,一经发现,一律作退回或销毁处理。

四、在途经我国或在我国停留的国际航行船舶、飞机和火车等运输工具上,如发现有来自韩国的偶蹄动物及其产品,一律作封存处理。其交通员工自养自用的偶蹄动物,必须装入完好的笼具中,其废弃物、泔水等,一律在出入境检验检疫机构的监督下作无害化处理,不得擅自抛弃。

五、对海关、边防等部门截获的非法入境的来自韩国的偶蹄动物及其产品,一律在出入境检验检疫机构监督下作销毁处理。

六、凡违反上述规定者,由出入境检验检疫机构依照《中华人民共和国进出境动植物检疫法》等有关规定处理。

七、各出入境检验检疫机构、各级动物疫病预防控制机构、动物卫生监督机构要分别依照《中华人民共和国进出境动植物检疫法》和《中华人民共和国动物防疫法》等有关规定,密切配合,做好检疫、防疫和监督工作。

本公告自发布之日起执行。

二○一○年一月十五日

## 第一节　商品的检验条款

商品检验(C.I.)是指国家设置的商检机构或者由经政府批准注册的第三方身份的民间公证鉴定机构对进出口商品的品质、数量(重量)、包装、安全、卫生、产地、检疫、残损以及装运条件等内容实施检验并出具检验证明的行为和过程。

凡未经检验的进口商品,不准销售和使用;凡未经检验合格的出口商品,不准出口,这反映出商品检验在对外贸易中的地位及其重要性。有的国家把买方检验货物的权利以立法的形式予以支持和保护。在实际贸易中,多数是凭单结算的象征性交货,买卖双方不能直接检验和当面清点货物,而货物在交接过程中,经过多次装卸和长途运输,有可能由于发生风险而导致货物受损,这常常容易导致争议的发生,为了避免发生争议或者发生争议以后尽快公平、公正地解决争议,便利货物的交接,这就需要一个权威性的商检机构对进出口的商品进行检验和鉴定,并出具具有权威性的商检证书作为货款结算和处理索赔争议的重要依据。由此可见,商品检验及合同中的检验条款,对于促进商品买卖业务的顺利进行,是不可缺少的。

### 一、商品检验时间地点与内容

#### (一)商品检验时间与地点

在国际贸易中,货物检验时间与地点的确定实际上就是确定货物检验权的归属问题,有检验权一方出具的检验结果可以作为卖方议付货款的依据和买方索赔的依据。因此,检验时间和地点的确定直接涉及买卖双方的切身利益。而在实际业务中,如何确定检验权,买卖双方通常都会在合同中作出明确的规定,即明确规定货物的检验时间和地点。

一般来说,检验时间和地点应该和交货的时间与地点一致,但是,货物检验时间和地点的确定通常要考虑买卖双方所使用的贸易术语和货物的性质。比如 DES 术语,目的港船上交货,实际交货合同,货物检验地点即在实际交货地点;比如 CIF 术语,成本、保险加运费,象征性交货合同,货物检验时间和地点则有不同的规定。另外,有些货物根据他们的性质在装运港检验可能不适宜,有损于其性质或无法测定其质量,这样就只能在货物目的地或用户所在地进行检验。

在国际贸易中,有关买卖合同对检验时间和地点的规定,主要有以下几种不同的做法:

**1. 出口国装船前检验**

出口国装船前检验是指在货物发运前由卖方委托经买方同意的商检机构,在出口国货物的产地、装运港或装运地对货物进行检验,并出具检验证书以作为确定货物品质、数量(重量)的最后依据。事实上,此种做法检验权归属于卖方,否认了买方的复验权,对买方不利。

(1)工厂检验。按照这种规定,货物的检验由出口国的工厂检验人员,或按照合约规定会同买方验收人员与货物在工厂发运前进行,卖方承担货物离厂前的责任。在此之后出现的任何品质、数量(重量)等方面的风险均由买方负责。我国在进口重要的商品和大型成套的设备时,收货人一般会在出口装运前进行预检、监装,商检机构会根据需要派出检验人员参加。

(2)以离岸品质、数量(重量)为准。按照这种规定,货物的检验以装船口岸商检机构出具的品质、数量(重量)等项目检验鉴定证明书作为决定交货商品品质是否符合规定标准的最后依据。卖方对货物到达目的地后的品质状况和数量(重量)原则上不承担责任。只要装船前检验合格说明卖方交货合格,买方原则上不得依据到货时的品质或数量(重量)与离岸时不符而提出异议或索赔。除非买方能证明,货物到达目的地时变质或短量是由于卖方没有严格履行合同规定的包装义务或者由于货物在装船时有一般检验无法发现的瑕疵引起的。

**2. 进口国卸货后检验**

进口国卸货后检验是指货物抵达目的港或运到买方所在地后由双方约定的商检机构检验,并出具检验证明,作为确认交货品质和数量(重量)的依据。事实上,此种做法检验权归属买方,对卖方不利。

(1)以到岸品质、数量(重量)为准。按照这种规定,商品的品质和数量(重量)在目的港卸货后进行检验,商品是否符合合同规定,以目的港的商检机构出具的品质、数量(重量)证明书为最终依据。在实际业务中,检验的地点可因商品性质不同而异。一般可在目的港码头仓库进行检验,易腐货物应尽快进行检验。采用这种条件时,卖方应承担货物在检验之前的一切品质及数量上的风险,买方有权依据货物到达目的港时的检验结果针对货损和货差向卖方提出索赔,甚至拒收货物。

(2)最终用户检验。对于精密包装的货物,或规格复杂、精密度高的货物,不能在使用之前拆开包装检验,或需要具备一定的检验条件和检验设备才能检验时,可将货物运至买方营业处所或最终用户所在地进行检验,由这里的检验机构出具的品质、重量、数量证明作为最后依据。

**3. 出口国检验,进口国复验**

出口国检验,进口国复验是指货物装运前由双方约定的商检机构对货物进行检验,并出具检验证书,以此作为卖方议付货款的出口单据之一;但货到目的地后,由双方约定的商检机构对货物进行复验,并出具检验证书,如发现货物与合同不符,买方可以在规定时间内,以此证书作为向卖方索赔的依据。这种检验办法对买卖双方都有好处,且比较公平合理,因而在国际贸易中应用很广泛。

但是此种做法容易出现两地检验结果不同的情况,因为国际贸易货物需要经过长途运输,其品质、数量、重量在运输过程中难免会发生变化,比如在运输、装卸过程中照顾不善、货物在运输过程中的自然耗损等,也可能是因为两地商检机构使用的检验标准或检验方法不同等,都会导致装船时和到达时两次检验结果的差异。为了保证合同的顺利履行,尽量减少因两地检验结果不同而产生的争议,一般在检验条款中作以下规定:

(1)凡属于保险公司及承运人责任者,买方不得向卖方提出索赔,只能向有关责任方要求赔偿。

(2)如果两地检验结果的差距在一定范围内,则以出口国检验结果为准,如果超过一定范围,由双方协商解决。如协商未解决,可交第三国检验机构进行仲裁性检验,或者超过范围部分可由双方共同承担。

(3)在允许买方复验的情况下,要明确卖方应承担的责任范围。在允许买方复验的条件下,为了防止买方拖延检验时间而对货物不利,一般要对复验时间、地点及复验机构等作出明确规定。复验的时间实际上是品质或数量索赔的期限,买方只有在合同规定的时间内进行复验,并取得相应的检验证书,其复验的结果才能作为提出索赔的有效依据,如果超出规定的期限复验而提出索赔,卖方有权拒绝理赔。按照国际惯例,复验的期限要根据商品的性质、运输条件和港口条件等由买卖双方共同商定,尽量把复验时间订得合理。

各种检验方法对买卖双方各有利弊,但要注意后两种检验方法的不同,进口国检验与出口国检验、进口国复验的根本差别在于:进口国检验以买方检验结果为准,买方在接受货物之前,卖方除了要承担由于货物本身缺陷所造成的货损、货差之外,也要对货物在运输过程中的可能性损耗承担责任;出口国检验、进口国复验是卖方只有在两地检验的差距超过一定范围时才承担责任,实际上是排除了由于海上或空中运输可能发生耗损的责任。这种做法,买方复验的结果不能作为最后的依据,而且双方要根据两地的检验结果进行协商,求得解决办法。

采用何种方式进行货物检验应视具体情况而定,但是对大多数商品而言,出口国检验、进口国复验的做法最为合理。因为,这种做法不但肯定了卖方的检验证书是有效的交接货物和结算的凭证,同时又确认买方对货物有重新检验,并以此作为索赔依据的权利。

(二)商品检验的内容

根据《中华人民共和国进出口商品检验法》及其《实施条例》的规定出入境检验检疫机构对进出口商品实施检验的内容,包括是否符合安全、卫生、健康、环境保护、防止欺诈等要求以及相关的品质、数量、重量等项目,概括为品质检验、数量(重量)检验、包装检验、卫生检验、安全性能检验和动植物疫情的检验。

## 1. 品质检验

品质检验（Quality Inspection）是指运用感官检验、物理检验、仪器分析、化学检验、微生物学检验的手段对进出口商品的品质、规格、等级进行的检验。

品质检验包括对商品外在质量的检验和内在品质的检验，外在质量的检验主要是对商品的外观、形状、色样、款式、气味、手感、瑕疵及表面缺陷等方面进行的检验，内在品质的检验主要是对商品的规格、等级、成分等方面进行的检验。例如，对冰箱品质的检验，可以通过观察其外观、式样判断其外在质量，通过一系列技术指标测定判定其内在质量。商品的品质条款作为合同的第一要件，如果品质与合同规定不符卖方有权拒绝收取货物，甚至有权解除合同，所以品质检验是商检工作的最主要内容之一。

## 2. 数量、重量检验

数量或重量的多少直接关系货物总价的多少，所以数量、重量是主要检验内容之一，数量检验检验的是整批货物的件数或商品的个数、长度、面积、体积、容积等。检测方法可以根据商品特点而定，可以采用逐件点验法或抽样点验法。重量检验主要是根据商品的特性采用不同的重量计量方式，检验出商品的准确重量。重量检验的主要方式有衡器计量、水尺计量、容量计量、流量计量等。

## 3. 包装检验

包装检验是指有关商检机构根据买卖双方的进出口合同的规定和有关检验标准，对进出口商品的运输包装、销售包装以及包装标志进行的检验。对进出口商品主要检验外包装是否完好，包装材料和衬垫物等是否符合合同规定。对包装破损的商品要另外进行残检，查明货损责任方以及货损程度。对已发生残损的商品，须检验是否是由于包装不良所致。除此之外，还应检验商品的包装是否牢固、完整、干燥和清洁，是否适合长途运输和保护商品数量和质量的习惯要求。

## 4. 卫生检验

卫生检验主要是针对食品及与食品有关的材料等进行的卫生质量检验，以保障消费者健康和维护国家信誉。我国《食品卫生法》规定，凡是我国进口的食品、食品添加剂、食品容器、包装材料和食品用工具及设备，必须符合我国卫生标准和卫生管理办法的规定。国境食品卫生监督检验机构是上述产品的监督检验机关。进口单位在申报检验时，应当提供输出国（地区）所使用的农药、添加剂、熏蒸剂等有关资料和检验报告。海关凭国家卫生监督检验机构的证书放行。

## 5. 安全性能检验

安全性能检验是根据国家规定和外贸合同、标准以及进口国的法令要求，对进出口商品有关安全性能方面的项目进行的检验，如易燃、易爆、易触电、易受毒害、易受伤害等，以保证生产使用和生命财产的安全。目前，除进出口船舶及主要船用设备材料和锅炉及压力容器的安全监督检验，根据国家规定分别由船舶检验机构和劳动部门的锅炉、压力容器安全监察机构负责监督检查外,其他进出口商品涉及安全性能方面的项目,由商检机构根据外贸合同规定和国内外的有关规定和要求进行检验,以维护人身安全和确保经济财产免遭侵害。

**6. 动植物疫情检验**

动植物疫情检验是指国家质检总局和有关机关,为了维护本国人民的健康和有关产业的安全,依照有关法律和法规的规定,对入境的动植物产品进行的检验。

在国际贸易中,不同商品检验的项目不同,检验的目的、方式、方法也不同,我国商检局根据外贸发展的需要,对涉及社会公共利益的进出口商品实行强制性检验,实行强制性检验的商品详见国家质检总局公布的《商检机构实施检验的进出口商品种类表》。

## 二、商品检验机关与程序

商品检验机关是接受委托对进出口商品进行检验与公证鉴定的专门机关,在买卖合同的检验条款中,一般都对检验机构作出明确的规定,由合同指定的检验机构出具检验证书才能对双方具有约束力,我国的商品检验机关共有三级,即国家质量监督检验检疫总局、国家质量监督检验检疫总局设在全国各地的商检机构和商检公司,我国商检机构的主要职能是商品检验、商品鉴定、监督管理、认证工作。

### (一) 商检机关

**1. 中国国家质量监督检验检疫总局**

中华人民共和国国家质量监督检验检疫总局简称国家质检总局,隶属于国务院,是主管全国进出口商品检验检疫工作,主管商品检验、鉴定、认证和监督管理工作的行政执法机构,是我国进出口商品检验机构的管理机关。

**2. 商检机构**

为履行出入境检验检疫职能,国家质检总局在全国 31 个省(自治区、直辖市)共设有 35 个直属出入境检验检疫局,海陆空口岸和货物集散地设有尽 300 个分支局和 200 多个办事处,共有检验检疫人员 3 万余人。国家质检总局对出入境检验检疫机构实施垂直管理。

**3. 商检公司**

商检公司属于民间检验鉴定机构,从事检验鉴定工作必须经过国家质检总局的审核。中国国内唯一的、全国性的进出口商品检验公司是中国检验认证(集团)有限公司(CCIC)。中国检验认证(集团)有限公司是经国务院批准成立,在国家工商总局登记注册,迄今为止唯一带"中国"字头以"检验、鉴定、认证、测试"为主业的跨国检验认证机构。其前身是 1980 年 7 月经国务院批准成立的中国进出口商品检验总公司,它的性质属于民间商品检验机构。中国检验认证(集团)有限公司在全国各省、市、自治区设有分支机构,并且在美国、英国、德国、荷兰等 20 多个国家设有海外公司或代表处。2005 年国家质检总局又审批了一些商检公司可以从事检验鉴定工作,主要有天津华和海事检定有限公司、通标标准技术服务有限公司、上海天祥质量技术服务有限公司、深圳天祥质量技术服务有限公司、上海英斯贝克商品检验有限公司、江苏添福产品服务有限公司等。

**4. 国际上重要的商检机构**

国际上一些重要的商检机构有官方的也有民间的,官方的商检机构有:美国的 FDA(美国食品药物管理局)、法国的 AFNOR、德国的 DIN、意大利的 VNI、英国的 BSI 等。民间比较著名的商检机构有瑞士通用公证行(SGS)、英国英之杰检验集团(IITS)、日本海事检定协会(NKKK)、美国材料与试验协会(ASTM)等。

## (二)商品检验的标准

国际上商品检验标准主要有3种:第1种是进出口双方约定的标准,商品到底如何检验,按照买卖双方合同的规定;第2种是强制性检验标准,是指商品的进口国、出口国、过境国或者消费国的法律、法规所规定的,某些商品必须进行检验所遵循的标准;第3种是国际上权威检验标准,如国际标准化组织、国际海事组织、国际电工协会等标准。

## (三)进出口商品检验的程序

报验、抽样、检验和出证是进出口商品检验的基本步骤。

**1. 出口商品检验**

第1步,报验人向商检机构申报,商检机构受理报验。报验人填写"出口检验申请书",并提供有关的单证和资料,如外贸合同、信用证、厂检单正本等;商检机构在审查上述单证符合要求后,受理该批商品的报验;如果发现有不符合要求者,可以要求申请人补充或修改有关条款。

第2步,商检机构抽样检查。由商检机构派出检验人员根据商品特性和检验内容的不同采用随机取样方式抽取样品,报验人配合商检人员做好抽样工作,检验人员可以从感官到仪器分析等各种技术手段对出口商品进行检验。检验的形式有商检自验、共同检验、驻厂检验和产地检验。

第3步,签发证书。商检机构对检验合格的商品签发检验证书,或在"出口货物报关单"上加盖放行章。出口企业在取得检验证书或放行通知单后,在规定的有效期内报运出口。

**2. 进口商品检验**

进口商品检验分为两大类,一类是列入《商检机构实施检验的进出口商品种类表》和合同规定由我国商检机构检验出证的进口商品,检验程序同出口商品检验程序类似。进口商品到货后,由收货、用货或其代理接运部门立即向口岸商检机构报验,填写进口货物检验申请书,并提供合同、发票、提单、装箱单等有关资料和单证,检验机构接到报验后,对该批货物进行检验,合格后,在进口货物报关单上加盖印章,海关据此放行。另一类是不属于《种类表》的进口商品,报验人向所在地区的商检机构申报进口商品检验,自行检验或由商检机构检验、自行检验须在索赔期内将检验结果报送商检机构,若检验不合格,应及时向商检机构申请复验并出证,以便向外商提出索赔。

## 三、商品检验证书

商品检验证书(Inspection Certificate)是商检机关对进出口商品进行检验后所签发的各种证明文件的通称。商检证书可以由生产单位或使用单位出具,但在我国商检证书由国家质检总局及其设在各地的商检机构签发,也可由中国检验认证集团有限公司出具。

### (一)商品检验证书的作用

商品检验证书既是买卖双方确定货物品质、数量(质量)的依据,也是卖方议付货款的依据和买方索赔的依据,同时也是通关、征收关税、结算运费、保险费的有效凭证。但是商品检验证书是否具有法律效力,由买卖双方意愿决定,需要明确的是,在出口国检验进口国复验的条件下,双方商检机构所出具的证书,都不具有最后依据的效力。买方可以根据复验结果提出异议和索赔要求,但卖方也可根据出口地商检机构出具的证明书进行抗辩。在这种情况下,商检证书是买方索赔不可缺少的证明文件。

检验以离岸品质、重量为准的做法在以出口地商检机构出具的检验证书作为最后依据的条件下,也不是只要商检证明货物符合合同条件,卖方就不承担品质和数量方面的任何责任。如果由于货物本身的缺陷造成的,而这种缺陷又不是在检验时所能发现的,则卖方仍须对货物到达目的港时货损、货差承担责任。

### (二)商品检验证书的种类

商品检验证书是针对不同商品的不同检验项目而出具的,所以检验证书的种类繁多,买卖双方应根据成交货物的种类、性质、有关国家的法律规定和贸易习惯等确定卖方应提供何种检验证书,并在合同中予以明确,同时确定检验的有效期限,超过期限的检验证书失效。

在实际业务中常见的检验证书主要有以下几种:

#### 1. 品质检验证书

品质检验证书是用于证明进出口商品品质、规格、等级等的证书。

#### 2. 重量或数量检验证书

重量或数量检验证书是用于证明进出口商品数量或重量的证书,检验证书的内容为货物经何种计量单位或计重方法得出的实际数量或重量。此种证书除了表明被检验商品的数量或重量外,也是国外海关报关征税和运输公司计算运费、装卸费的依据。

#### 3. 包装检验证书

包装检验证书是用于证明进出口商品包装及标志情况的证书。一般情况下将包装检验情况列入品质检验证书中或数量(重量)检验证书中,也可根据需要单独出具包装检验证书。

#### 4. 卫生检验证书或健康检验证书

卫生或健康检验证书是用来证明供人类食用的动物产品或食品等在出口前经过卫生检验或检疫,符合卫生标准,可供食用。例如:冻鱼、冻虾、肠衣、罐头食品、蛋品、乳制品、蜂蜜等动物产品或食品。

**5. 兽医检验证书**

兽医检验证书是用来证明出口的动物产品或食品已经过检疫。凡是加上卫生检验内容的,称为兽医卫生检验证书。需要出具兽医检验证书的商品有:冻畜肉、冻禽、冻兔、禽畜肉罐头、肠衣、皮张、毛类、绒类、猪鬃等动物食品和产品。

**6. 消毒检验证书**

消毒检验证书是用于证明动物产品出口前经过消毒处理,符合安全卫生要求。其证明内容也可在品质检验证书中附带。例如:猪鬃、马尾、皮张、羽毛、山羊毛、蹄角、骨粉等动物产品。

**7. 熏蒸证书**

熏蒸证书是用于证明出口的粮谷、油籽、豆类、皮张等商品以及包装用木材与植物性填充物等出口前经过熏蒸灭虫的证书,主要证明熏蒸使用的药物、熏蒸时间等情况,可以单独出证,也可以将其内容列入品质检验证书中。

**8. 温度检验证书**

温度检验证书是用来证明出口商品冷冻温度的证书。可以单独出证,也可以将其内容列入品质检验证书中。

**9. 船舱检验证书**

船舱检验证书是用来证明承运出口商品的船舱清洁、牢固、冷藏效能及其他装运条件是否符合保护承载商品的质量和数量完整与安全的要求的证书。

**10. 货载衡量检验证书**

货载衡量检验证书是用来证明进出口商品的重量、体积吨位的证书,该种证书可以作为计算运费和制定配载计划的依据。

**11. 残损检验证书**

残损检验证书简称验残证书,是用来证明进口商品残损情况的证书,适用于进口商品发生残损、短量、浸渍、毁坏等情况,主要内容为确定商品的受损坏的情况以及受损情况对使用和销售产生的影响,估定残损贬值程度和判定导致损坏的原因等,作为向发货人或承运人或保险人等有关责任方索赔的依据。

**12. 产地检验证书**

产地检验证书是用于证明货物原产地的证书。如果合同规定需要出具产地证明,按给惠国要求,我方出具原产地证明时,由商检机构签发原产地证书。

**13. 价值检验证书**

价值检验证书是用来证明出口商品价值或发货人发票所载商品价值真实性的证书。

除此之外,常见的检验证书还有财产价值鉴定证书、生丝品质及公量检验证书等。

## 四、商品检验条款的制定

在实际业务中,涉及合同中商品检验条款内容的主要有:检验权的归属、检验的内容、检验标准、出具何种检验证书等问题,在我国外贸业务中签订合同时,尽量在平等互利的基础上签订对我方有利的检验条款。

(一)出口合同检验条款

在出口合同中我方为卖方,应尽量争取在我方检验,有关检验时间和地点的确定可选择在"产地检验,以离岸品质、数量(重量)为准,或出口国检验、进口国复验",这几种方式,尽量争取检验权归属我方,这样可保障我方利益。合同中的商检条款可以订为:"质量和数量(重量)以中国国家质量监督检验检疫总局出具的检验证书为准;"或订为:"双方同意以装运港中国国家质量监督检验检疫总局所签发的质量和/或数量(重量)检验证书作为信用证项下议付货款的单据之一,买方有权在收到货物以后对货物的质量和/或数量(重量)进行复验。如果发现质量和/或数量(重量)与合同不符,买方有权向卖方提出索赔,但是须提供经卖方同意的公证鉴定机构出具的检验证书,索赔期限为货物到达目的港××天内。"

(二)进口合同检验条款

在进口合同中我方为买方,为保障我方利益将货损、货差风险转嫁出去,有关检验时间和地点的确定可选择"以到岸品质、数量(重量)为准,或出口国检验、进口国复验",合同中的商检条款可以订为:"质量和数量(重量)以中国国家质量监督检验检疫总局的检验证书为准";或订为:"双方同意以卖方装运港××检验检疫机构所签发的质量和/或数量(重量)检验证书作为信用证项下议付货款的单据之一,买方有权在收到货物以后对货物的质量和/或数量(重量)进行复验。如果发现货物质量和/或数量(重量)经中国国家质量监督检验检疫总局复验与合同所规定的情况不符,买方有权向卖方提出索赔,凭卸货港中国国家质量监督检验检疫总局出具的质量和/或数量(重量)检验证书,索赔期限为货物到达目的港××天内。"

(三)检验费用

如果委托公证鉴定机构进行检验的就涉及检验费用问题,检验费用由谁负担应在合同中订明。关于检验费用,目前国际上的一般做法是装运前卖方负责检验的由卖方承担费用,卸货后买方负责检验的由买方承担检验费用。买方复检时如果货物品质、数量等与合同不符,卖方认赔时,则复验的费用由卖方负担。为了使争议尽快解决,检验费用的负担应在合同中明确。

(四)订立检验条款时应注意的问题

(1)注意检验条款与合同其他条款的一致性。比如在规定检验时间和地点时不能与贸易术语相矛盾。

(2)注意明确规定检验标准和检验方法。目前商品检验标准已成为一种新的贸易壁垒,发达国家的检验标准订的很高,从而阻碍我国商品的出口。

(3)进口合同条款应规定我方有复验权,根据货物的不同特性合理制定复验的期限,对于大型成套的进口设备,复验期限尽量长一些,最好在安装、调试、正式投产几个阶段后再决定其质量。

(4)出口合同条款如果买方有复验权,应对其复验的期限、地点、复验机构作出明确的规定,尤其是复验机构尽量选择在政治上对我方友好、在业务上有能力的商检或公证鉴定机构。

## 第二节 争议与索赔条款

由于国际贸易业务环节比较多,履约时间比较长,各方当事人之间不可避免地会发生争议和索赔问题。

### 一、争议

#### (一)争议的含义

争议是指交易的一方认为另一方未能全部或部分履行合同规定的责任而引起的业务纠纷。争议的内容包括是否构成违约,对违约的事实有争议,对违约的责任和后果有不同的看法。争议通常发生在如下当事人之间:出口商与进口商之间,出口商与船运公司之间,出口商与制造商之间,出口商与银行之间,出口商与保险公司之间。

#### (二)争议产生的原因

**1. 违约**

可能是单方违约,也可能是双方违约。在履行合同过程中,一方当事人或双方当事人由于故意和过失而违约。表现如下。

卖方违约:不按合同规定的交货期交货,或不交货,或所交货物的品质、规格、数量、包装等与合同(或信用证)规定不符,或所提供的货运单据种类不齐,份数不足等。

买方违约:在按信用证支付方式成交的条件下,不按期开证或不开证;不按合同规定付款赎单,无理拒收货物;在 FOB 条件下,不按合同规定如期派船接货等。

买卖双方均负有违约责任:如合同条款规定不明确,致使双方理解或解释不统一,造成一方违约,引起纠纷。

从违约性质看,争议产生的原因,一是当事人一方的故意行为导致违约而引起争议;二是由于当事人一方的疏忽、过失或业务生疏导致违约而引起争议。此外,对合同义务的重视不足,往往也是导致违约、发生纠纷的原因之一。

**2. 欺诈**

一方当事人在签订或履行合同过程中,存在着故意的欺诈,从而给另一方当事人造成损失。

**3. 不可抗力**

不可抗力也是双方当事人产生争议的原因之一。关于不可抗力,将在本章第四节作详细讲解。

## 二、索赔

### （一）索赔与理赔的含义

索赔是指在国际货物买卖过程中，因一方违反合同规定，直接和间接地给另一方造成损失，受损方向违约方提出赔偿要求，以弥补其所受损失；所谓理赔是指违反合同的一方受理受损方提出的赔偿要求的表示。

### （二）索赔的依据

索赔依据是指当事人在提出索赔时依据的事实和证据以及出证的机构。根据世界各国有关法律的规定，任何当事人提出索赔时必须要有充分的证据，若证据不全或不清楚或出证机构不符合要求，都有可能遭到对方拒赔。不同的索赔对象、不同的争议案件提供的证明文件也不一样，大致上索赔时提供的证件依据有：①公证检验机构出具的检验鉴定证书，主要用于证明索赔的事项和内容等；②索赔单写明损失项目的名称、数量、索赔金额及计算方法；③外贸单证：提单、商业发票、装箱单、磅码单等；④事故证明文件，即由船公司或港务管理机构出具的破损事故证明或短缺证明书等；⑤其他可能需要提供的单证或证件。

### （三）索赔的期限

索赔期限是指索赔方向理赔方提出赔偿要求的有效时限，一般会在合同中预先加以约定，超过索赔期限的索赔方即丧失法律上的胜诉权，索赔期限的长短与货物的种类、性质、检验所需时间及港口条件等多种因素有关系，短则一个月，长则一年以上，原则上不宜过长，免得使一方承担过重的责任，当然也不能太短，而使另一方丧失索赔权，如果期限太短，来不及办理相关手续，先请求对方延长索赔期限若干天。但是要注意，索赔的期限要与检验条款一致，不能相互矛盾，其实索赔的期限就是检验条款中的复验期限，买方只能凭借复验证书向对方提出索赔，超过复验的期限，买方同样丧失索赔的权利。如此看来索赔条款与检验条款有着密切的联系，有的合同把这两种条款结合在一起，订立"检验与索赔条款"。

### （四）索赔的金额

一般情况下，在合同中不规定具体的索赔金额，因为买卖双方在订约时很难预计未来货损的程度。一般情况下损害赔偿额应与包括利润在内的实际损失相当。如果双方订有罚金条款，那么，罚金应包括在索赔金额内，我国《合同法》规定"约定的违约金低于造成的损失的，当事人可以请求人民法院或者仲裁机构予以增加；约定的违约金过高于造成的损失的，当事人可以请求人民法院或仲裁机构予以适当减少。"

小资料：《联合国国际货物销售合同公约》第七十四条规定："一方当事人违反合同应付的损害赔偿额，应与另一方当事人因他违反合同而遭受的包括利润在内的损失额相等。这种损害赔偿不得超过违反合同一方订立合同时，依照他当时已经知道或理应知道的事实和情况，对违反合同预料到或理应预料到的可能损失；"第七十七条规定："声称另一方合同的一方，必须按情况采取合理措施,减轻由于该另一方违反合同而引起的损失,包括利润方面的损失。如果他不采取这种措施,违反合同一方可以要求从损害赔偿中扣除原可以减轻的损失数额。"

### (五)定金罚则

定金与预付款不同,定金是指合同一方当事人根据合同的约定预先付给另一方当事人一定数额的金额,以保证合同的履行,它是作为债权的担保而存在的;预付款是合同当事人预先付给对方一定数额的价款,即对合同义务的预先履行,其本身就是预付的价款或价款的一部分,而不是对合同履行的担保。

在买卖合同中,无论哪一方违约,都要承担与定金数额相等的损失。也就是说,如支付定金的一方违约,即丧失定金的所有权,定金则为另一方所有;如收取定金的一方违约,则除返还定金外,还需付给对方同数额的款额。在国际贸易中,由于种种原因,违约情况时有发生,为了促使合同双方当事人自觉地履行合同义务、维护合同当事人的合法权益、减少贸易纠纷和解决争议,以提高履约率,采取定金制度是行之有效的举措。

### (六)索赔条款

一般情况下,在合同中订立索赔条款有两种方式,一种是异议和索赔条款,另一种是罚金条款,多数合同中只订立异议和索赔条款,只有在连续分批交货的大宗货物及机械设备的买卖中才订有罚金条款。在制定索赔条款时,要注意索赔条款的合法性,《联合国国际货物销售合同公约》倾向于索赔,不赞同罚金。索赔条款的内容包括:首先明确一方违约另一方有权提出索赔,其次要确定索赔的依据、索赔的期限,最重要的是要明确索赔金额的确定方法。罚金是指合同当事人一方未履行合同义务而向对方支付约定金额的罚金。罚金实质上就是违约金,罚金条款一般适用于卖方延期交货,或者买方延迟开立信用证和延期接运货物等情况。罚金数额由交易双方商定,并规定最高限额。罚金的多少,以违约时间的长短而定。按一般惯例,罚金数额以不超过货物总金额5%为宜。卖方支付罚金后,并不能解除其继续履行合同的义务。关于罚金起算日期的计算方法,应在合同中列明。计算罚金起算日期的方法有两种:一种是以约定的交货期或开证期终止后立即起算;另一种是规定优惠期,即在约定的有效期限终止后再宽限一段时期,在此优惠期内仍可免于罚款,待优惠期届满后再起算罚金。

### (七)索赔时应注意的问题

#### 1.对外索赔时应注意的问题

我方对外索赔是发生在进口业务中,即我方为买方,我方应注意:

首先,查明造成损害的事实,分清责任,备妥必要的索赔证据和单证,并在索赔期限内向对方提出,一定要注意尽量留好现场证据,确定损害事实的存在和责任确属国外卖方。必要的索赔证件包括提单、发票、保险单、装箱单、磅码单正本和副本、商检机构出具的货损检验证明或由承运人签字的短缺残损证明及索赔清单,并列明索赔根据和索赔金额,一并向卖方提出索赔。

其次,正确确定索赔项目和索赔金额,对索赔项目和金额的确定不能脱离实际损失的情况,提出无理要求,如果合同预先规定有约定的损害赔偿的金额,应按约定的金额提赔;如预先未约定损害赔偿的金额,则应根据实际损失确定适当赔偿金额。

最后,认真制定索赔方案,及时向国外提出索赔。如果在索赔期内提赔有困难,可以通知国外卖方要求延长索赔期。

### 2. 处理对外索赔时应注意的问题

首先,要认真细致地审核国外买方提出的单证和出证机构的合法性。

其次,注意调查研究,弄清事实,分清责任。如果确属我方责任,就应实事求是地予以赔偿,对国外商人提出的不合理要求,应该给予详细解释,对无理取闹的应有理拒绝并予以揭露。

最后,合理确定损失和赔付办法,比如降价、打折、换货、退货、补货等。

## 三、争议的解决

产生争议应当采取适当的方法予以解决,解决争议的方法首先双方应在平等的基础上友好协商,不能为一时的业务纠纷而影响正常的贸易关系;如果协商不能够圆满解决争议,双方可自愿将争议提交第三方予以裁决。争议的解决方式归纳起来有以下几种方法:

### (一)友好协商

友好协商是指争议发生之后,由当事人双方直接进行磋商,自行解决纠纷。在协商过程中,当事人通过摆事实讲道理,弄清是非曲直和责任所在,必要时,双方各自作出一定让步,最后达成和解,消除分歧。这种做法的优点是节省时间和费用、气氛缓和、灵活性大、有利于贸易关系的进一步发展。所以争议发生时,一般都愿意用这种方式解决争议。这种做法的缺点是如涉及的争议金额比较大时,双方均不肯作出让步或反复协商相持不下时,争议就无法解决。

### (二)调解

如果双方不愿意协商或协商不妥时,则可以采用这种方式解决争议。所谓调解是指争议发生之后,双方协商不成,则可邀请第三人(调解人)居间调节。调解人的作用是帮助当事人弄清事实,分清是非,并找到一种双方都可接受的解决办法。调解人可以是当事人双方都信任的贸易伙伴,也可以是双方都信任的协会、行会或商会,一般都具有专业知识或实践经验,有利于公平、公正地解决争端。如果调解人调解成功,双方应签订和解协议,作为一种新的契约予以执行;如果调解失败,当事人双方或一方不接受调节意见,则该意见对任何一方当事人都无约束力。调解和协商在性质上没有什么太大的区别,都是以双方当事人自愿为前提,一方当事人或调解人不得强迫另一方当事人接受调解。

### (三)仲裁

通过以上两种途径仍不能解决纠纷,如果双方当事人在合同中有约定或在发生争议后达成协议,可以将争议提交仲裁机构仲裁。仲裁的独立性、终局性、公正性和非公开审理性的特点最适宜于一些比较大的贸易纠纷的解决。有关仲裁在本章第三节做详细的介绍。

（四）诉讼

诉讼是指由司法部门按照法律程序来解决双方的贸易争端，在争议出现后由任何一方当事人，依照一定的法律程序，向有管辖权的法院起诉，要求法院依法予以审理，并作出公正的裁决。该方式的运用通常是由于争议所涉及的金额比较大，双方都不肯让步，或者一方缺乏解决问题的诚意，通过协商或调解难以达成协议，以致诉诸法律解决。

在国际贸易中，争议的解决方式有多种，也都各有特点。协商和调解强调自愿性，双方都同意并且都很有诚意解决问题才能进行；相反，诉讼具有强制性，诉讼的提起可以单方进行，审理后作出的裁决也同样具有强制性；仲裁的方式既有自愿性的一面，又有强制性的一面，是否采用仲裁的方式解决争议，由双方自愿决定，仲裁的地点、仲裁机构、仲裁的方式、仲裁所适用的法律，甚至是仲裁员当事人都可以自由选择，当事人的自主性比较大，仲裁的过程中可以进行调解，方式比较灵活。仲裁的裁决与诉讼的裁决一样具有强制性，而且裁决是终局的，具有法律效力，对仲裁裁决结果法院没有干涉的权利。

## 第三节　仲裁条款

### 一、仲裁的含义与特点

（一）仲裁的含义

仲裁亦称公断，是指买卖双方在争议发生之前或之后签订书面协议，自愿将争议提交双方所同意的第三者予以裁决的一种争议解决方式。裁决对双方都有约束力，双方必须执行，仲裁是当前国际上普遍采用的争议解决方式。

（二）仲裁的特点

(1) 仲裁方式解决涉外经贸案件更迅速、更方便、更节省。

(2) 仲裁可以选择可供挑选的，懂得国际商务的专家和贸易界的权威人士作为仲裁员。他们组成的仲裁庭比法院的法官更了解国际商务法律、惯例，解决问题更公平、合理。

(3) 仲裁具有较大灵活性。除了可自由挑选仲裁员之外，双方还可以自愿选择仲裁地点、机构和程序等，并且仲裁过程中可以进行调节。

(4) 仲裁比诉讼气氛更缓和，能继续保持业务关系。仲裁的保密性更强，它不公开审理案情、不公布裁决，从而使败诉方可以继续维护个人信誉，从事商务活动，对商业秘密的保守亦有好处。

(5) 仲裁裁决比较容易执行。

## 二、仲裁机构

国际仲裁机构有两种：一种是临时性的仲裁机构，一种是常设仲裁机构。

### (一) 临时性仲裁机构

临时性仲裁机构是指根据双方当事人签订的仲裁条款或仲裁协议书，在争议发生之后由双方当事人指定的仲裁员临时组成的，负责裁定当事人的争议，是为专门审理当事人之间某一具体争议案件而设立的，案件审理完毕裁决作出后即行解散。

### (二) 常设性仲裁机构

常设性仲裁机构是指具有固定组织和地点、固定的仲裁程序规则的永久性仲裁机构。国际上常设性的仲裁机构有国际性的或区域性的，有全国性的、也有专业性的和行业性的，仲裁机构属于民间社会组织，在国际上比较知名的仲裁机构有国际商会仲裁院、瑞典斯德哥尔摩商会仲裁院、瑞士苏黎世商会仲裁院等，中国的常设性仲裁机构是中国国际经济贸易仲裁委员会和中国海事仲裁委员会两个。

中国国际经济贸易仲裁委员会（又称中国国际商会仲裁院）是我国常设的国家商事仲裁机构，成立于1956年，总部设在北京，在深圳、上海设有分会，隶属于中国国家贸易促进委员会，其受理争议的范围是国际和涉外争议以及特定种类的外向型国内争议及其他国内争议。

此外，成立于1959年的中国海事仲裁委员会是中国唯一的海事仲裁常设机构，是专门受理国内外海事争议的常设仲裁机构。

## 三、仲裁协议与程序

### (一) 仲裁协议

**1. 仲裁协议的含义**

仲裁协议是双方当事人表示愿意把他们之间的争议交付仲裁解决的一种书面协议，是仲裁机构或仲裁员受理争议案件的依据。

**2. 仲裁协议的形式**

仲裁协议的形式有两种：一种是由双方当事人在争议发生之前订立的，表示同意把将来可能发生的争议提交仲裁解决的协议，这种协议一般都已含在合同内，作为合同的一项条款，即我们所说的仲裁条款；另一种是由双方当事人在争议发生之后订立的，表示同意把已经发生的争议交付仲裁的协议，这种协议称为仲裁协议书。它源于合同又独立于主合同之外而单独存在。

关于这两种形式的仲裁协议的法律效力是否有区别，特别是合同中已经订有仲裁条款的情况，当双方发生争议需要进行仲裁时，是否还必须另外再签订一份仲裁协议提交给仲裁庭，各国说法不一。我国的对外经济贸易仲裁一般由中国国际经济与贸易仲裁委员会进行，仲裁协议的形式既包括合同中的仲裁条款,也包括其他形式的(如往来函电形式)仲裁协议书。无论是合同中的仲裁条款还是争议发生后双方签订的仲裁协议书,其效力和作用是完全相同的,在法律上没有任何差别。只要双方当事人在合同中订有仲裁条款,如果日后双方发生的争议在合同范围之内,则任何一方都可依据合同中的仲裁条款提起仲裁,不必再另外签订任何形式的仲裁协议,即使争议使得合同无效了,但是合同中的仲裁条款仍然是有效的。

### 3. 仲裁协议的内容

不同国家、不同合同、不同的争议案件对仲裁协议内容的要求也并不一致,大体上包含以下几个方面的内容:仲裁事项、仲裁地点、仲裁机构、仲裁程序规则、仲裁裁决的效力、仲裁费用的负担等。

小资料:《中华人民共和国仲裁法》第十六条规定,仲裁协议应包括三项内容:请求仲裁的意思表示;仲裁事项;选定的仲裁委员会。第十七条规定如果出现下列情形之一,仲裁协议无效:无民事行为能力人或者限制民事行为能力人订立的仲裁协议;约定的仲裁事项超出法律规定的仲裁范围;一方采取胁迫手段,迫使对方订立仲裁协议的。

### 4. 仲裁协议的作用

无论是合同中的仲裁条款,还是争议发生后签订的仲裁协议书,其作用主要体现在以下几个方面:

首先,仲裁协议的签订表明买卖双方当事人发生争议时,只能以仲裁的方式来解决,双方受仲裁协议的约束。即争议双方解决争议的唯一途径是仲裁,而且双方不得随意变更仲裁协议中列明的仲裁地点、仲裁机构等条款,更不能单方要求撤销仲裁。

其次,仲裁协议是仲裁机构和仲裁员取得有关争议案件的管辖权的依据。如果无仲裁协议,仲裁机构和仲裁员无权对当事人的争议案件进行审理。如果一方当事人将案件提交仲裁,而另一方当事人未在规定时间内出庭应诉,则仲裁机构有权进行缺席审理和作出缺席裁决。

最后,仲裁协议的签订可以排除法院对争议案件的管辖权。对于大多数国家,只要双方当事人一经订立仲裁协议,则任何一方都无权向法院提起诉讼,对于这样的争议案件法院也无权受理。如果一方违背仲裁协议,自行向法院提起诉讼,则另一方当事人可根据仲裁协议向法院作出抗辩,要求法院停止司法诉讼程序,并将争议案件退回仲裁机构审理。

## (二)仲裁程序

仲裁程序主要是指规定进行仲裁的手续、步骤和做法,其中包括仲裁申请、仲裁员指定、仲裁庭组成、仲裁答辩与反诉、仲裁审理、仲裁裁决及仲裁费用等各方面的内容。仲裁程序规则的作用主要是为当事人和仲裁员提供一套进行仲裁的行动准则,以便在仲裁时为当事人和仲裁员所遵循。一般仲裁机构在履行仲裁程序时都按照自己的仲裁程序规则来进行。但也有例外,有些国家允许双方当事人任意选择他们认为合适的仲裁程序规则进行仲裁。例如,瑞典斯德哥尔摩商会仲裁院所审理的案件允许当事人选定按联合国国际贸易发展委员会制定的仲裁规则进行裁决。我国企业的做法是规定在哪个国家仲裁就适用哪个国家的仲裁规则。我国现行的仲裁程序规则是自2005年1月1日起实施的《中国国际经济贸易仲裁委员会仲裁规则》,根据该规则的规定,凡是当事人同意将其争议案件提交中国国际经济贸易仲裁委员会仲裁的,均视为同意按本规则进行仲裁。

小资料:贸仲2005年《仲裁规则》实施4年多来,广受好评。但是,随着仲裁实践的发展,《仲裁规则》中也出现了一些问题,有待于研究和解决。为了更好地适应国际及国内仲裁形势的发展要求,为中外当事人提供更加便捷、优质的仲裁服务,中国国际经济贸易仲裁委员会将对其现行《仲裁规则》(2005年版本)进行修改。现特邀仲裁员、律师以及仲裁法律界人士对贸仲现行《仲裁规则》提出修改建议和意见。

仲裁程序概括起来主要由四步骤组成:仲裁申请、组建仲裁庭、案件审理、裁决。现以《中国国际经济贸易仲裁委员会仲裁规则》为例,介绍一下仲裁程序。

### 1. 仲裁申请

当事人申请仲裁,应当向仲裁机构递交仲裁协议和仲裁申请书。仲裁申请的提出是仲裁程序的开始,《中国国际经济贸易仲裁委员会仲裁规则》第九条规定:仲裁程序自仲裁委员会或其分会收到仲裁申请书之日起开始。申诉人向仲裁委员会提交仲裁申请书时,应当附具申诉人要求所依据的事实的证明文件。同时按照仲裁委员会制定的仲裁费用表的规定预缴仲裁费。

仲裁委员会在收到申诉人的仲裁申请书及其附件后,经过审查后会向双方当事人发出仲裁通知,连同申诉人的仲裁申请书及其附件、仲裁委员会的仲裁规则、仲裁员名册和仲裁费用表各一份。申请人的仲裁申请书及其附件也应同时发送给被诉人。并应在收到仲裁通知之日起45天内向仲裁委员会提交答辩书及有关证明文件。无论是申诉人还是被申诉人未能在规定的期限内提交证据或者虽提交证据,但不足以证明其主张的,负有举证责任的当事人承担因此而产生的后果。被诉人应根据申请书提出的问题一一进行答辩,并附上有关证据材料。如被诉人有反驳,应当在收到仲裁通知之日起45天内提出。被诉人应当在反诉书中写明其要求及所依据的事实和证据,并附具有关的证明文件,被诉人提出反驳时,应当按照仲裁规则的规定预交仲裁费用。

### 2. 组建仲裁庭

当事人应当在收到仲裁通知之日起15日内在仲裁员名册中指定1名仲裁员或委托仲裁委员会主席指定1名仲裁员,仲裁员不代表任何一方当事人,并应独立于各方当事人且平等地对待各方当事人。仲裁庭由3人或1人组成,双方当事人在收到仲裁通知后各自指定1名仲裁员,随后仲裁委员会主席指定一名仲裁员为首席仲裁员,共同组成仲裁庭。双方当事人亦可在仲裁员名册中共同指定或委托仲裁委员会主席指定一名仲裁员为独任仲裁员,成立仲裁庭,单独审理案件。当事人未在上述限期内选定或委托指定仲裁员的,由仲裁委员会主席指定。被选定或指定的仲裁员,如果与案件有利害关系,应当自行向仲裁委员会请求回避,当事人也有权向仲裁委员会提出书面申请,要求该仲裁员回避。当事人要求仲裁员回避,应当在案件第一次开庭审理之前提出。如果要求回避缘由的发生或者得知是在第一次开庭审理以后,可以在其后到最后一次开庭审理终结以前提出。

**3. 案件审理**

仲裁案件的审理有两种形式:一种是书面审理,也称不开庭审理,根据有关书面材料,对案件进行审理并作出裁决;另一种是开庭审理,仲裁庭按照仲裁程序规则采取公开或不公开的方式对案件进行审理。一般情况下开庭审理的案件采取不公开审理的方式进行。如果双方当事人要求公开审理,则由仲裁庭作出是否公开审理的决定。不公开审理的案件,双方当事人及其仲裁代理人、证人、翻译、仲裁员、仲裁庭咨询的专家或指定的鉴定人、仲裁委员会秘书局的有关人员等和案件相关人员,均不得对外透露案件的实情和程序的有关情况。申诉人无正当理由开庭时不到庭的,或在开庭审理时未经仲裁庭许可中途退庭的,可以视为撤销仲裁申请;被诉人无正当理由开庭时不到庭的或在开庭审理时未经仲裁庭许可中途退庭的,仲裁庭可以进行缺席审理,并作出裁决。当事人就已被撤销的案件再次向仲裁委员会提出仲裁申请的,由仲裁委员会主席作出受理或者不受理的决定。

仲裁案件第一次开庭审理的日期,经仲裁庭决定后,由秘书局于开庭前20天通知双方当事人。当事人有正当理由的,可以请求延期开庭,但必须在开庭前10天以书面形式向仲裁庭提出;是否延期,由仲裁庭决定,除非发生不能预见的特殊情况;延期请求由仲裁委员会秘书处转告仲裁庭,然后由仲裁庭仲裁委员会秘书处作出决定。

**4. 裁决**

裁决一旦作出,案件审理即宣告结束,因此裁决又被称为最终裁决,仲裁不同于诉讼,没有上诉的机会。仲裁庭应当在组庭之日起6个月内作出裁决书。裁决书作出之日即为裁决生效之日。仲裁庭出具的裁决书应当由仲裁庭全体或者多数仲裁员署名。对于由仲裁委员会和仲裁庭进行调解,并经由调解达成和解协议的案件,仲裁庭应当根据双方当事人和解协议的内容作出裁决。(仲裁庭对其作出的裁决书,除由仲裁委员会和仲裁庭可以对其受理的案件进行调解,经调解达成和解协议案件,仲裁庭应当根据双方当事人和解协议的内容,作出裁决之外,裁决书应当由仲裁庭全体或者多数仲裁员署名。)仲裁裁决书中要列明仲裁请求、仲裁事项、裁决理由、裁决结果、裁决费用的承担、裁决的日期和地点。根据我国的仲裁规则,仲裁庭可以接受当事人的提议,在作出最终裁决之前的任何时候,可就案件的问题作出中间裁决或部分裁决,对于审理清楚的争议可以做暂时性的或阶段性的裁决,以利于对案件的进一步审理,也可对已经清楚的争议作出终局性的裁决,这两种裁决可视为最终裁决的组成部分。任何一方当事人不履行中间裁决,不影响仲裁程序的继续进行,也不影响仲裁庭作出最终裁决。

仲裁裁决是终局性的,对双方当事人都有约束力。根据《中国国际经济贸易仲裁委员会仲裁规则》的规定,仲裁庭应根据事实,依据法律和合同规定,参照国际惯例,并遵循公平合理原则,独立公正地作出裁决。仲裁裁决是终局的,对双方当事人均有约束力,任何一方当事人不得向法院起诉,也不得向其他任何机构提出变更裁决的请求。世界上很多国家和中国一样规定仲裁裁决败诉方无上诉权利,但有的国家也允许当事人上诉,但上诉到法院后法院并不审理案件本身,也不审理仲裁庭作出的裁决是否正确,裁决所依据的法律法规是否正确,法院只审查裁决的程序是否正确,裁决在法律手续上是否完备,所以仲裁这种方式被国际贸易界广泛采纳。

仲裁裁决作出后,败诉方应当在规定期限内履行裁决,裁决书未规定期限的应当立即履行,由于各种原因拒不履行仲裁裁决时,而仲裁机构和仲裁庭又不具有强制执行的权利,胜诉方可以根据中国法律的规定,向有管辖权的法院提出申请,要求予以强制执行,或者根据1958年联合国《承认和执行国外仲裁裁决公约》或者中国缔结或参加的其他国际公约,向有管辖权的法院申请强制执行。

### (三)仲裁裁决的承认与执行

仲裁裁决主要靠双方当事人自愿执行,但是一方当事人在国外,这涉及一个国家仲裁机构的裁决要由另一个国家的当事人去执行的问题,如果当事人不执行仲裁裁决或不按时执行仲裁裁决,而仲裁机构本身没有强制执行力,那么胜诉方就需要经过有关的国内法院申请强制执行。关于仲裁执行问题有两种情况:即对本国仲裁裁决的执行和对外国仲裁裁决的执行。前者手续较为简单而后者较为复杂,因为这不仅涉及双方当事人的利益,而且涉及两国之间的利害关系。为了解决在外国仲裁裁决上的困难,国际上通过签订双方协定相互承认与执行仲裁裁决,同时也订立了多边国际公约,比如《1923年日内瓦仲裁条款议定书》、1927年的《关于执行外国仲裁裁决的合约》、《承认与执行外国仲裁裁决公约》。1927年的《关于执行外国仲裁裁决的合约》肯定了《1923年日内瓦仲裁条款议定书》中有关条款的内容,同时对承认和执行外国仲裁裁决的条件以及拒绝执行外国裁决的条件作出了详细规定。1958年6月10日联合国通过的《承认与执行外国仲裁裁决公约》(简称《1958年纽约公约》)吸收了前两个公约的基本内容,而且还根据具体情况作出了新的规定。《1958年纽约公约》共16条,主要内容包括公约的宗旨、执行范围、执行程序、申请执行的条件以及拒绝执行的理由等,它原则上可以适用于任何一个外国裁决,但每一个国家在参加这项公约时,可以声明他只愿意对该公约的缔约国所作出的仲裁裁决实行该公约。它强调两个要点:一是承认双方当事人所签订的仲裁有效;二是根据仲裁协议所作出的仲裁裁决缔约国应承认其效力,并有义务执行。只有在特定的情况下,才根据被诉人的请求拒绝承认和执行仲裁裁决。

目前,《1958年纽约公约》已经成为有关承认和执行外国仲裁裁决的一个主要的国际公约,到目前为止《1958年纽约公约》已有142个成员国,影响力比较大。我国于1986年12月向《1958年纽约公约》提出加入申请,1987年4月22日该公约对我国正式生效。我国在加入的同时提出两项保留声明:第一,中华人民共和国只在互惠的基础上对在另一缔约国领土内作出的仲裁裁决的承认和执行适用《公约》;第二,中华人民共和国只对根据中华人民共和国法律认定为属于契约和非契约性商事法律关系所引起的争议适用该《公约》。我国在加入《公约》时提出的这两项保留声明为我国承认和执行外国仲裁裁决提供了法律依据,也有利于我国的仲裁机构作出裁决在国外各《公约》成员国内的执行。如果被申请执行人所属的国家和地区不是《公约》的缔约方,则双方可根据双边条约或协定中订立的有关相互承认和执行仲裁裁决的内容进行,中国已同世界上 100 多个国家和地区订有这类的双边贸易协定,并且大多数缔约双方都设法保证由被申请执行仲裁裁决的国家主管当局根据适用的法律规定承认并执行仲裁裁决。另外中国还与许多国家签订了有关民商事司法互助的协定,这些司法互助协定也涉及相互承认和执行在对方境内作出的裁决问题,这些协定可以成为中国涉外裁决在有关国家得以承认和执行的依据。

如果中国与某一国家签订的双边贸易协定中有关裁决的承认和执行的条件比《1958 年纽约公约》规定的条件更为优惠,即使双方均是《1958 年纽约公约》的缔约国裁决的承认和执行仍可以依据上述有关协定以更便利的方式执行。如果仲裁裁决当事一方不是《1958 年纽约公约》的缔约国,与我国无司法协助,也没有双边贸易协定,则应当通过外交途径向对方国家的主管机关申请仲裁裁决的承认和执行。(与我国无仲裁裁决,如果与我国既无《1958 年纽约公约》成员国关系,又无司法协助,也没有双边贸易协定,应当通过外交途径向对方国家的主管机关申请承认和执行。)

## 四、仲裁条款的制定

### (一)仲裁条款的形式

合同中的仲裁条款根据仲裁地点的不同,一般有 3 种形式:

**1. 争议在我国仲裁的仲裁条款**

仲裁条款形式为:"凡因执行本合同所发生的或与本合同有关的一切争议,双方应通过友好协商解决。如经协商不能解决,应提交北京中国国际经济贸易仲裁委员会根据仲裁规则进行仲裁。仲裁是终局的,对双方都有约束力。"

**2. 争议在对方国家仲裁的仲裁条款**

如对方国家的法律、规则和仲裁实践还比较公平、公证,也可以同意在被告国或对方国进行仲裁。仲裁条款形式为:"凡因执行本合同所发生的与本合同有关的一切争议,双方同意提交仲裁。仲裁在被诉方所在国进行。在中国,由中国国际经济贸易仲裁委员会根据该委员会仲裁程序规则进行仲裁。在××国(对方所在国名称),由××(对方所在国家仲裁机构名称)根据该组织的仲裁程序规则进行仲裁。仲裁裁决是终局的,对双方均有约束力。"

**3. 争议在第三方国家仲裁的仲裁条款**

仲裁条款形式为:"凡因执行本合同所发生的或与本合同有关的一切争议,双方应通过友好协商解决;如果协商不能解决,应提交××国(某第三国名称)由××仲裁机构,根据该组织的仲裁程序规则进行仲裁。仲裁裁决是终局的,对双方均有约束力。"

### (二)仲裁条款的内容

随着国际贸易的发展,进出口贸易合同的种类繁多,合同中仲裁条款的内容也繁简不一。

但归结起来主要包括仲裁事项、仲裁地点、仲裁机构、仲裁程序规则、裁决效力、仲裁费用等有关方面的内容。

### 1. 仲裁事项

仲裁事项是指当事人提交仲裁解决的争议范围,也是仲裁庭依法管辖的范围。如果所发生的争议超出仲裁条款所规定的范围时,仲裁庭无权受理,所以一定让仲裁机构清楚仲裁事项。但在签订合同时并无法预知未来发生的争议范围,所以可以在合同中规定:"凡因与执行本合同有关的一切争议均提交仲裁解决。"

### 2. 仲裁地点

仲裁地点的选择是买卖双方商谈仲裁条款的一个重要问题,一般来说,任何一方都力争在本国进行仲裁或力争在自己比较了解和信任的地方仲裁,主要原因是:合同中的仲裁地点与仲裁所适用的程序法、实体法等法律、规则有着密切的关系,规定在哪个国家仲裁往往就要适用哪个国家的仲裁法律或规则,对买卖双方的权利、义务的解释就会有差别。因此,选择在什么地方进行仲裁,是买卖双方在磋商仲裁条款时的一个焦点问题。所以在我国外贸合同中,要力争在我国进行仲裁,我方对自己国家的法律和仲裁做法比较了解和信任。

### 3. 仲裁机构

仲裁机构是民间社会组织,它有两种形式:一种是常设性的仲裁机构;一种是临时性的仲裁机构。在商订仲裁条款时,尽量在仲裁中选择常设仲裁机构,因为常设仲裁机构有固定组织和地点、有固定的组织机构,如秘书处;有确定的仲裁规则作为仲裁的程序依据;有专业的仲裁员,仲裁员的指定、仲裁庭的组成及仲裁审理形成稳定的运作体系,方便当事人进行仲裁。比如当一方拒不指定仲裁员时,仲裁机构有权代为指定。同时,仲裁机构还为仲裁员提供工作上的各种方便。近年来的国际贸易中,几乎有95%的仲裁案件都是在常设仲裁机构的主持下进行仲裁的,只有少数案件是由临时仲裁机构解决的。国际贸易中的仲裁可由双方当事人同意的常设仲裁机构进行,也可以由当事人共同指定的仲裁员组成临时仲裁庭进行仲裁。双方当事人选择哪个国家(地区)的哪个仲裁机构审理争议,应在合同中作出具体、明确的规定。例如仲裁地点在中国,仲裁机构是中国国际经济贸易仲裁委员会,则可在合同中规定:"凡因执行本合同所发生的或与本合同有关的争议,应提交中国国际经济贸易仲裁委员会,根据该委员会的仲裁程序规定的规则进行仲裁。仲裁裁决是终局的,对双方均有约束力"。

### 4. 仲裁程序规则

仲裁程序规则主要是规定进行仲裁的程序和做法,仲裁规则的作用主要是为当事人和仲裁员提供一套进行仲裁的行动规则。仲裁规则的内容主要包括仲裁申请、组建仲裁庭、审理案件、作出裁决。一般情况是在哪个国家仲裁就适用哪个国家的仲裁规则。

### 5. 仲裁效力

仲裁效力就是仲裁裁决的效力,裁决对当事人有无约束力的问题,以及法院有无管辖权的问题。关于仲裁效力,一般可在仲裁条款中规定"仲裁裁决是终局的,对双方都有约束力。"

#### 6. 仲裁费用

仲裁费用的多少根据案件的难易程度及涉案金额而定，一般仲裁机构都有仲裁费用表，最终仲裁费用的多少由仲裁庭裁定。申请人在向仲裁庭递交仲裁申请时一般须预付仲裁费，依据《中国国际经济贸易仲裁委员会仲裁规则》仲裁费根据仲裁请求的金额按比例收取，争议金额在 100 万元以下的是争议价的 3.5%，但不低于 10 万元。申请仲裁时，每案另收立案费人民币 10 000 元，其中包括仲裁申请的审查、立案、输入及使用计算机程序和归档等费用。该项费用属于预付性质，最终由谁承担，将由仲裁庭在仲裁裁决中予以决定。在订立合同时，通常都明确规定仲裁费用由败诉方承担，有的也不作出明确的规定，只是规定由仲裁庭酌情决定仲裁费用的负担。如果仲裁庭已经受理了案件，而双方当事人达成了和解，则仲裁庭可能会酌情退回部分仲裁费。

## 第四节 不可抗力条款

### 一、不可抗力的含义和范围

#### （一）不可抗力的含义

不可抗力又称人力不可抗拒，它是指在货物买卖合同签订以后，不是由于任何一方当事人的过失或疏忽，而是由于发生了当事人不能预见和人力所不能控制的自然灾害或意外事故，以致不能履行合同或不能按期履行合同，有关当事人即可根据合同和法律的规定免除不履行合同或不能按期履行的责任，对方无权要求赔偿。许多国家的法律法规都会对不可抗力作出解释，但是各国对其解释并不统一。如美国习惯上认为不可抗力事故仅指由于自然力量所引起的自然灾害，而不包括社会力量引起的意外事故。《中华人民共和国合同法》第一百一十七条规定："本法所称不可抗力，是指不能预见、不能避免并不能克服的客观情况。"《联合国国际货物销售合同公约》第七十九条规定，"不可抗力是当事人所不能控制的障碍，并且当事人在订立合同时无法预期或考虑到、或不能避免它的后果。"归纳起来构成不可抗力应具备以下条件：无论是自然灾害还是意外事故均发生在合同订立后；所发生的自然灾害或意外事故不是任何一方当事人的故意或过失造成的，也不是正常的贸易风险；当事人对发生的自然灾害或意外事故不能预见、不能避免、也不可抗拒。

不可抗力事故所造成的损失是人力不能控制的，当事人为维护自身利益，通常都会在合同中订立"不可抗力条款"，一旦发生不可抗力事件，以致一方当事人不能按照合同规定履行义务，则该当事人得以援引合同中的不可抗力条款，免除其全部或部分责任，或者免除其延迟履行的责任。这种免责是指遭受意外事故的一方当事人免负损害赔偿之责。

#### （二）不可抗力的范围

发生不可抗力事件可能是由自然灾害引起的，也可能是社会力量引起的意外事故。涉及的范围很广,难以划定其范围,在实际业务中发生的事故是否属于不可抗力事故,要视具体情况而定。但就其起因而言,有以下几种情况:

### 1. 自然力量引起的自然灾害

自然灾害主要是指不以人们意志转移的自然力量引起的,这些自然灾害对当事人履约产生了一定的影响,解除合同或延期履行合同,比如干旱大豆颗粒无收等,给人类带来灾害的诸多自然现象,比如水灾、冰灾、火灾、风灾、暴风雨、雷电、大雪、地震、海啸、干旱、山崩、森林自燃等。

### 2. 社会力量引起的意外事故

意外事故一般是指由于偶然的非意料中的原因所造成的事故,这种事故可能是政府行为,也可能是非政府行为。政府行为一般有关政府当局发布了新的法律、法规、行政措施,如政策调整等;非政府行为一般是指社会上出现的异常事故,如骚乱、战争、暴动等,这些意外事故影响到了国际贸易的正常开展,对当事人来说构成了履约的障碍,致使当事人不得不放弃履行合同。比如意大利政府曾突然宣布禁止蚕豆出口,自公布之日起十天后生效,则与意大利商人签订的蚕豆进口合同均无法履行。

对于不可抗力范围的规定,各国的规定也不一样,需要注意的是美国所指的不可抗力范围仅指自然原因引起的意外事故,不承认社会原因引起的意外事故,还有的国家把货物集运中的事故、航运(陆运)机构的怠慢和未按规定日期出航、原材料及能源危机、罢工等统统归入不可抗力的范围。由于不可抗力是一项免责条款,买卖双方通常都援引不可抗力来免除自己不履约的责任,所以在实际业务中发生的事故是否属于不可抗力事故范围,一般要根据合同条款的规定,视发生事故的时间、地点、原因、规模、后果等,以及事先是否可以预见,事后是否可以采取必要的措施克服,事故是否使合同失去履行的基础等情况来确定。

## 二、不可抗力的法律后果

发生不可抗力事故的法律后果是解除合同或变更合同而免负损害赔偿责任,解除合同可能是全部解除合同,也可能是部分解除合同。变更合同可能是延迟履行合同,减少履行合同或替代履行合同。至于何种情况解除合同、何种情况变更合同取决于不可抗力对履行合同的影响程度、合同标的的性质和意外事故与当事人未履行或未认真履行合同间是否有因果关系。合同的标的物如为金钱,即使发生了不可抗力也不能免除当事人履行债务的义务;如为特定物,发生不可抗力可以解除合同。如果不可抗力事故的发生,只是暂时或在一定期限内阻碍合同的履行,就只能中止合同或延期执行合同,不能解除有关当事人履行合同的义务,一旦事故消除后仍必须履行合同。发生不可抗力后是能免除全部责任还是能免除部分责任,还是不能免除责任,取决于发生不可抗力后,遭受不可抗力的一方当事人的做法,如果发生不可抗力后,遭受不可抗力的一方当事人将发生不可抗力的事实及其对合同履行的影响立即通知对方,并出具当地商会的证明以证明事故发生的事实、时间、地点及对合同影响的事实,并且遭受不可抗力的一方采取一切合理的措施减轻由于意外事故造成的损失,则可以免责。

我国《合同法》第一百一十七条规定:"当事人因不可抗力事件不能履行合同的,根据不可抗力的影响,部分或者全部免除其责任,但法律另有规定者除外。当事人延迟履行后发生不可抗力的,不能免除其责任。"

《联合国国际货物销售合同公约》第七十九条第一款规定,"当事人对不履行义务不负责任,如果他能证明此种不履行义务是由于某种非他所能控制的障碍,而且对于这种障碍,没有理由预期它在订立合同时能考虑到,或能避免,或克服它或它的后果。"《公约》使用"障碍"这一概念,只有当"构成履行义务的障碍"存在时,当事人才能援引来免除责任。《公约》还就当事人的免责期限作了规定,这个期限就是中止履行义务的期间,仅限于障碍存在期间。障碍一旦消除,当事人应立即恢复履行义务。

英美法系法律将不可抗力事故称为"合同落空",是指合同签订以后,不是由于合同双方当事人的自身过失,而是由于签订合同以后发生了双方当事人想不到的变化,致使签约的目的受挫,据此未履约,当事人得以免除责任。但是构成合同落空是由特定条件的,条件是合同中的原始条件已经发生根本的改变。大陆法系通常称为"情况变迁原则"或"契约失效原则",其意是指由于履约的基础,不属于当事人的原因,发生了预想不到的变化,履行起来显然不合理。因此,不可能再履行或对原有的法律效力须做相应的变更。"情况变迁原则"只有在例外情况下才适用。

可见,不可抗力事故的法律后果不可一概而论,究竟如何处理要视具体情况而定,只要遭受不可抗力一方的做法得当,可以免除损害赔偿责任。有关不可抗力的范围和法律后果买卖双方在合同中可以加以具体规定,如不可抗力包括哪些内容,在什么情况下可以解除合同或在什么情况下可以变更合同等。

### 三、不可抗力条款的制定

#### (一)不可抗力条款的内容

由于不可抗力事件具有无法预见、无法避免、无法克服的特点,并对履行合同有一定的障碍,遭受不可抗力一方为了免除非自身原因而造成的损害赔偿责任,同时,也为了避免一方当事人任意扩大和缩小对不可抗力事故范围的解释,或者在不可抗力事故发生后在履约方面提出不合理要求,引起不必要的纠纷,在货物买卖合同中订立不可抗力条款时非常重要的。虽然各国法律对不可抗力的解释不一,但都承认当事人规定的不可抗力内容的有效性,并允许当事人规定与法律的规定不同的范围和内容。有关不可抗力条款的内容主要包括以下几个方面:规定不可抗力事故的范围、不可抗力事故的法律后果,出具事故证明的机构以及事故发生后通知对方的义务和期限。

不可抗力事故的范围涉及买卖双方的根本利益,所以对事故范围的规定容易引起争议。因此,在磋商和规定不可抗力条款时,要慎重,尽量要规定具体一些,注意不要把政策不允许的内容列入不可抗力范围。其次,要防止国外商人,特别是国外卖方,一旦发生对其履约的不利情况时,尽量扩大不可抗力的范围来推卸责任。最后,不要把一些含混不清、使不可抗力范围无法确定的词句订入不可抗力条款,例如,规定"参照习惯的不可抗力条款",采用此类笼统含混的词句,一旦发生问题很容易产生不同的解释,带来不必要的麻烦。

不可抗力事故的法律后果要规定清楚,在哪些情况下可以解除合同、在哪些情况下可以变更合同、在哪些情况下免责。

有关出具事故证明要规定清楚出证单位和出证时间。在我国,出证单位一般由中国国际商会出具,在国外是由事故发生地点的政府主管当局签发,或由当地的商会以及登记注册的公证人出具。我国《合同法》第七章第一百一十八条规定:"当事人一方因不可抗力不能履行合同的,应当及时通知对方,以减轻可能给对方造成的损失,并应当在合理时间内提供证明。"

对不可抗力条款,合同中主要有三种订立方式:

### 1. 概括式

概括式即在合同中对不可抗力事故的范围不具体规定,只是笼统的提示一下,或者对不可抗力事故的法律后果也不作具体说明。比如"由于不可抗力的原因,致使卖方不能全部或部分装运,或延迟装运,卖方对这种不能装运,或延迟装运本合同项下的货物,不负责任。但卖方需用电报或电传通知买方,并且在×天内以航空挂号信件向买方提交由中国国际贸易促进委员会出具此类事件的证明书。"再例如,"如由于不可抗力的原因,致使卖方不能交货,或延迟交货,卖方不负责任。但卖方应立即电报通知买方,并须向买方提交证明,发生此类事故的有效证明书,以资证明。"这种方法含义模糊,对不可抗力事故范围的解释伸缩性较大,难以作为解释问题的依据,容易产生争议,不宜采用。

### 2. 列举式

列举式即在合同中对不可抗力事故的范围逐一详细列明,凡是不在列明的范围之内的事故发生后不可作为不可抗力事故,即使发生的事故确实为不可抗力事故,也不能免责。例如:"由于战争、洪水、火灾、地震、雪灾、暴风的原因致使卖方不能按时交货,可以推迟装运时间或者撤销部分或全部合同,但卖方需用电报或电传通知买方,并在×天内以航空挂号信件向买方出具由中国国际贸易促进委员会开出的证明此类事件的证明书。"这种方式虽然列举详细,不易发生纠纷,但难免有所遗漏,一旦发生未列举的其他不可抗力事件,就丧失了使用不可抗力的权利,易于发生争执。

### 3. 综合式

综合式即将概括式和列举式合并在一起,在列举双方当事人已取得的不可抗力事故的同时,再加上"以及其他不可抗力事故"文句。这样的规定既具体又有灵活性,我国目前的进出口合同的不可抗力条款大多采用这种规定方法。如合同中不可抗力条款声明:"人力不可抗拒:如因战争、地震、水灾、火灾、暴风雪、雪灾或其他不可抗力原因致使卖方不能全部或部分装运或延迟装运货物,卖方对这种不能装运或延迟装运或不能履行合同项下的情形均不负责,但卖方需用电报或电传通知买方,并在×天内以航空挂号信件向买方出具由中国国际贸易促进委员会开出的证明此类事件的证明书。"综合式规定方法弥补了前两种方法的不足,既不像概括式那样抽象,又不像列举式那样容易遗漏,除了条款中列明的不可抗力事故外,如发生其他的意外事故,由双方通过协商对事故进行认定,可以使事故得到合理的解决。这样就为双方当事人共同确定未列明的意外事故是否构成不可抗力提供了依据。这种方式既具体明确,又有一定的灵活性,比较科学实用。

### (二)援引不可抗力条款时的注意事项

(1)根据合同规定确定发生的事件是否在不可抗力范围内,以及发生的不可抗力事件对履约产生的影响,是解除合同还是变更合同。如果是我方遭遇了不可抗力事件,我方自身要清楚不可抗力事件的影响;如果对方向我方援引不可抗力条款,我方也要将对方遭遇的不可抗力事件及对对方履约产生的影响实事求是地调查清楚。

(2)遭遇不可抗力时,要立即将影响合同履行的情况及时通知对方,说明事故情况及对履约产生的影响。《联合国国际货物销售合同公约》规定:"不履行义务的一方必须将障碍及对其他履行义务能力的影响通知另一方。如果该项通知在不履行义务的一方已知道或理应知道此障碍后一段合理时间内未为另一方收到,则他对由于未收到通知而造成的损害应负赔偿责任。"

(3)准备好证明文件,要注意证明文件的齐备,出证时间以及出证机构要符合合同要求。《合同法》第一百一十八条规定:"当事人一方因不可抗力事件不能履行合同的,应及时通知另一方,以减轻可能给对方造成的损失,并应在合同期限内提供证明。在不可抗力条款中是否具备规定提供证明文件的期限和出具证明文件的机构,可视需要而定。如果合同中已作了规定的则按合同规定办理;如合同无规定,应尽快通过证明文件。出证机构在国内的一般是中国国际经济贸易促进委员会。在国外则由当地的商会或合法的公证机构出具。"

(4)对方有不同意见时要及时答复,不得拖延不予处理,以免丧失免责的机会。同时,要根据事故的性质、影响履约的程度等具体情况,适当地处理在履约中发生的各种情况。

## 本章小结

1. 本章关键词:商品检验、争议、索赔、仲裁、不可抗力、免责。

2. 有关商品检验时间和地点的方式有很多种,可以在出口国检验,也可以在进口国检验,选择何种检验方式,要视具体情况而定,尽量选择对自己有利的检验方式。

3. 进出口商品实施检验的内容,包括品质检验、数量(重量)检验、包装检验、卫生检验、安全性能检验和动植物疫情的检验,商品性质不同规定的检验内容也不同。

4. 进出口商品检验的程序主要包括报验、抽样、检验和出证四个基本步骤。

5. 商品检验证书是商检机关对进出口商品进行检验后所签发的各种证明文件,针对不同商品的不同检验项目而出具的,是卖方议付货款的依据和买方索赔的依据,同时也是通关、征收关税、结算运费、保险费的有效凭证。

6. 争议是由于交易的一方认为另一方未能全部或部分履行合同规定的责任而引起的业务纠纷,争议的解决方式主要有协商、调节、仲裁、诉讼。

7. 索赔是一方违反合同规定,直接和间接地给另一方造成损失,受损方向违约方提出赔偿要求,以弥补其所受损失。索赔方要提供证明文件,在索赔期限内提出合理的赔偿要求。

8. 仲裁是国际贸易界比较普遍使用的解决争议的方式,仲裁方式比较灵活,省时、省力,仲裁员可以自由选择,仲裁过程中可以进行调节,裁决具有终局性。

9. 仲裁程序概括起来主要由四步骤组成:仲裁申请、组建仲裁庭、案件审理、裁决。

10. 不可抗力是人力不能预见、预防和控制的自然原因和意外事故引起的合同不能正常履行,遭受不可抗力一方可以解除合同或变更合同而免责。

## 思考题

1. 在国际贸易中引起争议的主要原因有哪几种情况?
2. 仲裁协议的形式及作用有哪些?
3. 解决争议的方式主要有哪些?
4. 商品检验的主要内容有哪些?
5. 索赔时应注意的问题有哪些?
6. 在我国进口业务中,对方援引不可抗力条款时,我方该怎么做?

## 阅读资料

国际经济贸易仲裁委员会副主任兼秘书长于健龙于2010年1月21日至22日应邀参加在新加坡举行的2010年新加坡国际仲裁论坛(SINGAPORE INTERNATIONAL ARBITRATION FORUM 2010)并做专题发言。本届论坛由新加坡首家专门从事国际争议解决的综合性中心MAXWELL CHAMBERS和新加坡国际仲裁中心(SINGAPORE INTERNATIONAL ARBITRATION CENTRE)共同主办,旨在邀请国际仲裁界的杰出人士共同探讨当今国际经济形势下国际仲裁的发展前景。新加坡律政部部长出席了会议的开幕式并致辞。来自中国、美国、加拿大、英国、法国、荷兰、比利时、奥地利、瑞士、澳大利亚、新西兰、新加坡、韩国、马来西亚、印度、中国香港等十多个国家和地区的百余位仲裁界人士出席了会议。本届论坛的议题主要涵盖国际仲裁判例法的制定、纽约公约的修订、法院在支持仲裁事业发展中起到的作用、仲裁裁决的执行及发展、国际投资中的仲裁问题以及国际仲裁程序中的技术支持等内容。在仲裁裁决执行议题的专题讨论中,于健龙副主任兼秘书长就仲裁裁决在中国的执行问题发表了专题发言,介绍了中国执行仲裁裁决的法律架构、中国法院严格遵守纽约公约积极执行外国裁决的实践,外国仲裁裁决在中国境内申请承认与执行的程序,不予承认和执行外国仲裁裁决的情形及最新案例并比较阐述了涉外与国内仲裁裁决执行的有关问题。

**【荐读书目及网络资源】**

[1] 中国国际经济贸易仲裁委员会仲裁规则(2005版) http://cn.cietac.org

[2] 报检员资格考试 http://www.examda.com/baojian

[3] 在线仲裁研究报告已出炉,走入实践尚需时日 http://news.sohu.com/20071104/n253043874.shtml

[4] 不可抗力条款 http://baike.baidu.com/view/596567.htm

[5] 国家出入境检验检疫局进出口商品检验鉴定机构管理办法 http://jyjgs.aqsiq.gov.cn/

[6] 国家质检总局报检员资格考试委员会编写.报检员资格全国统一考试教材(1~3册)[M].北京:中国标准出版社,2010.

[7] 王晓川.国际贸易争议与仲裁[M].北京:人民大学出版社,2010.

[8] 肖旭.报检实务[M].北京:高等教育出版社,2009.

# 第九章 Chapter 9

## 合同的履行与违约处理

【学习目的与要求】

通过本章的教学,使学生懂得"重合同、守信用"是履行交易程序时必须遵守的原则。在履行出口合同时,卖方应抓好货、证、船、款四个环节;在履行进口合同时,买方应按约定条件及时开出信用证,并办理租船订舱和货运保险,装运单据到达后及时付款赎单,并做好报关和提货工作。掌握《联合国国际货物销售合同公约》对买卖双方基本义务的规定;掌握《UCP600》对审证、改证的有关规定;熟悉缮制各种单据应注意的问题;掌握违约及违约救济的方式。

【本章导读】

案例一:某合同规定,采购某产品1 000吨,于当年1月30日以前开来信用证,2月15日以前装船。履行合约时,买方于1月28日开来信用证,有效期到2月10日。卖方意识到信用证有效期超前,无法保证装运,便电请客户延展信用证有效期到2月20日。买方发来电报同意,但未发改证通知。卖方2月16日交单后被买方拒付,卖方与买方就此事进行交涉。

案例二:某出口公司与国外买方成交红枣一批,合同与来证均要求交付三级品,但发货时才发现三级红枣库存已空,于是改以二级品交货。并在发票上加注"二级红枣仍按三级计价"。当时,正赶上国际市场红枣价格大幅下跌,买方拒收了这批货物,该公司遭受巨大损失。

从以上两则案例,我们看到,无论买卖哪一方不按合同规则办事,都会构成违约,并承担相应的法律责任。因此,履行合同既是经济行为,也是法律行为。

在国际贸易中,买卖合同一经依法有效成立,有关当事人必须履行合同规定的义务。卖方的基本义务是按照合同规定交付货物,移交一切与货物有关的单据,并且转移货物的所有权;买方的基本义务是按照合同规定支付货款和收取货物。所以,履行合同是双方当事人共同的责任。

# 第一节 出口合同的履行(CIF L/C)

出口合同的履行,是指出口人按照合同规定履行交货等一系列义务,直至收回货款的整个过程,一般包括备货、国内运输、仓储、理货、报验、催证、审证、改证、租船或订舱、报关、投保、装船和制单结汇等多个环节。

我国的出口合同目前大多采用 CIF 贸易术语,又多以信用证方式收取货款,因此,以 CIF 贸易术语、信用证支付方式成交的合同为例,介绍出口方对合同的履行过程,如图 9.1 所示。

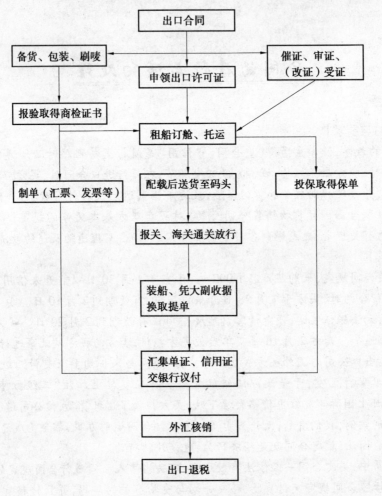

图9.1 出口合同的履行基本程序

## 一、备货、报验

备货和报验是指卖方根据出口合同的规定,按时、按质、按量准备好应交的货物,并做好申报检验和领取出口许可证等证件的工作。

### (一)备货

备货是指出口单位根据出口合同或信用证的规定,按时、按质、按量准备应交付的货物,以确保顺利出运。备货由进出口公司根据出口合同和信用证的规定,向生产、加工和仓储部门下达要货通知单,要求有关部门按通知单的要求,对应交货物进行清点、加工整理、刷制运输标志,以及办理报验和领证等项工作。

备货是履行好合同的基础,因此不能掉以轻心。在备货工作中,要特别注意以下几个问题:

**1. 所备货物的合法性**

所备货物必须是第三方不能提出任何权利和主张的(如抵押品、涉及留置权的货物等),并不得侵犯第三方的工业产权或其他知识产权。

**2. 货物的品质**

货物的品质、规格应该与合同和信用证规定一致,如发现有不符要求应立即更换。

**3. 货物的数量**

货物的数量应符合合同和信用证的要求,最好留有适当的余地,以备装运时可能发生的调换和适应舱容之用。

**4. 货物的包装**

货物的包装应符合合同和信用证的规定,达到保护商品和适应运输要求的同时,还要尽量节约费用。认真核对包装材料和填充物,如发现包装不良或损坏,要及时进行修整或换装。如果合同和信用证中有唛头的规定,要认真核对刷制是否正确。

**5. 货物的国内运输**

当货物产地不在出运口岸时,应根据合同和信用证规定的交货期限要求,结合船期提前安排,在装船前运抵口岸,先行仓储。仓储应当根据货物的特性(如危险品、鲜活商品、冷冻商品、需要特殊摆放的商品等)选择适宜的仓库。选择仓库还应考虑接收货物和集港运输是否方便以及检验检疫的要求。货物需要国内铁路或者国际铁路联运运输的,要提前申报运输计划,计划经铁路部门批准后,要及时落实车皮。做到准备及时、充分,以便于船货能顺利衔接。

### (二)报验

出口货物备齐后,应根据《中华人民共和国进出口商品检验法》及信用证中的有关规定,向商检机关申请报验。我国检验检疫机构规定,一般商品应当在产地进行检验检疫,在口岸换证报关。

小资料：《中华人民共和国进出口商品检验法》第十二条规定："本法规定必须经商检机构检验的出口商品的发货人，应当在商检机构规定的地点和期限内，向商检机构报验。"

申请人申请报验，须填写《出口报验申请单》，并附上合同和信用证副本，以及有关资料，供检验机构检验和发证时参考。《出口报验申请单》的内容一般包括：品名、规格、数量（或重量）、包装、产地等。如须有外文译文时，应注意中、外文内容一致。出口单位结合出口商品的特点，应及时申请报验，必要时提前申请，给检验机构以充分检验的时间。我国商检的检验时间一般是出口货物为 7 天，进口货物为 20 天。检验证书的种类和每份证书的正、副本数量应当由报检人根据信用证的规定提出。

申请报验后，如果商检机构发现《申请单》内容填写有误，或因国外进口人修改信用证，以致货物规格等有变动，需要更正时，报验人应提出更改申请，并填写《更改申请单》，说明更改事项和更改原因。

货物经检验合格，商检机构按报检人要求发给检验证书和出境货物通关单。出口单位务必在检验证书和通关单规定的有效期内出运货物。商品检验证书的有效期，一般货物是从发证之日起 2 个月内有效，鲜果、鲜蛋类为 2～3 个星期内有效，植物检疫为 3 个星期内有效。如果超过规定的有效期，装运前，应向商检部门申请展期，并由商检部门进行复检，合格后换证才能出口。

## 二、落实信用证

在履行以信用证付款的合同时，买方能及时、正确地开出信用证是卖方能及时收回货款的基本保证，因此，落实信用证是履行出口合同不可缺少的重要环节。它通常包括催证、审证和改证三项内容。

### （一）催证

催证是指当进口方未按合同规定的时间开来信用证时，出口方通过函电或其他方式催促进口方迅速开出信用证，以便出口方如期备货装运。如果出口方根据货源和运输情况可提前交货时，也可请对方提前开证，这通常也叫做催证。

催证工作并非是每笔业务必有的程序，通常在下列情况下，出口方需催证：

（1）合同规定的装运期距合同签订日较长，或合同规定国外买方应在装运前的一定时间开证。

（2）大宗商品交易或按进口方要求特制的商品交易。

（3）当国外进口方遇到国际市场发生变化对其不利，比如价格下跌、资金发生短缺等情况，往往故意拖延开证时间或不开证，对此，出口方应催促对方迅速办理开证手续，并在收到信用证以后再备货。

催证的方法，一般为直接向国外客户发函电通知，必要时可请我国驻外商务机构或银行协助，代为催证。

过去,有的出口单位忽略了催证的重要性,货物虽早已备妥,装运期已到,仍等证上门,往往贻误装运时机,错过船期,造成因装运期和信用证有效期已过,而引起展证、迟期收汇、索赔和货款落空等一系列后果。因此,应重视按合同规定的装运时间,并视情况采取适当方式进行催证。

(二) 审证

审证是指对国外进口方通过银行开来的信用证的内容,进行认真的核对和全面的审查,以确定是否接受和需要作哪些修改。审核的依据是合同和国际商会的《跟单信用证统一惯例》。

从理论上说,信用证是依据合同开立的,其内容应与合同条款一致,但在实际业务中,由于种种原因,如工作的疏忽、电文传递的错误、贸易习惯的不同,或进口商有意利用开证的主动权,加列有利于自己利益的条款等,往往会出现开立的信用证内容与合同条款不符的现象。为了确保安全收汇和合同顺利执行,并防止经济上和政治上对我国造成不应有的损失,我们应该在国家对外政策的指导下,对不同国家、不同地区以及不同银行开来的信用证,依据合同认真地进行全面的审查。

审证的基本原则就是要求信用证条款与合同规定相一致,除非事先征得我方出口企业的同意,否则在信用证中不得增减或改变合同条款的内容。

审证工作由银行和进出口公司共同承担,但各有分工侧重。银行负责鉴定信用证真伪,审核开证行的政治背景、资信情况、付款责任和索汇路线等方面的条款和规定。进出口公司则着重审核信用证内容与合同条款是否相一致。

审证工作是一项政策性、法律性和业务性很强的工作,审证必须全面细致,对证中的文字,不管是印刷、手写、缮打的、盖章的,正面、反面以及附件等均应审核。对模棱两可的词句,模糊不清的字体,均应向国外提出询问,取得确认。总的来说,信用证的审核要点包括:

1. 政策上的审核

来证国家和地区必须是与我国有往来关系的国家和地区。凡我国规定不准与之进行经济交往的国家和地区开立的信用证,不能接受;凡属有关协定项下的信用证交易必须符合协定规定;载有歧视性或错误的政治性条款的信用证应视情况予以退回或要求改正。

2. 对开证银行资信的审核

为了保证安全收汇,对开证所在国家的政治经济状况、开证行的资信、经营作风等必须进行审查,对于资信不佳的银行,应酌情采取适当措施,如要求开证银行通过 SWIFT 系统电开信用证,要求更可靠的银行对信用证加以保兑,或在信用证中规定分批装运、分批结汇等办法。或者在签订合同时就对开证银行加以限制性的规定,如规定开证银行必须是世界/欧洲排名前50位等。

3. 对信用证的性质、种类与开证行付款责任的审核

在信用证付款条件下,开证行承担第一付款人责任。有的来证在证内对开证行的付款责任加列限制性条款和保留条件,如"本银行只负责传递单据,不承担保证付款责任"、"待领到

进口许可证后另行通知时方能生效"等,受益人应要求修改。

#### 4. 信用证的金额与货币

信用证金额应与合同金额一致,信用证金额中单价与总值应填写正确,大小写并用。如果合同中订有溢短装条款,信用证金额也应包括溢短装部分的金额。信用证使用的货币应与合同规定的货币相一致。

#### 5. 对货物描述的审核

信用证中有关货物的名称、品质、规格、数量、包装、单价等内容,必须与合同规定的相符,如与合同规定不符,不能轻易接受,原则上应要求改正。

#### 6. 对信用证当事人的审核

审核信用证当事人的名称和地址是否正确。对名称和地址的拼写错误,以及使用旧的名称和地址的都应予以纠正。

#### 7. 对装运期、有效期和到期地点的审核

信用证规定的装运期,必须与合同规定一致。如国外来证延迟,无法按期装运,应及时电请国外买方延展装运期限。信用证有效期一般应与装运期有一定的合理间隔,以便在装运货物后,有足够的时间办理制单结汇工作。在我国出口业务中,大多数都要求信用证所规定的有效期为装运期限后7~15天。信用证的到期地点,通常应规定在中国境内,一般不宜接受在国外到期的规定,因为我们不易掌握国外银行收到单据的确切日期,这不仅会影响收汇时间,而且容易引起纠纷。

#### 8. 对单据的审核

单据中主要包括商业发票、提单、保险单等。对于来证中要求提供的单据种类、份数及填制方法等,要进行仔细审核。信用证业务中,各有关当事人所处理的仅仅是单据,而不是单据所涉及的货物。如果发现有不正常的规定,例如要求商业发票或产地证明须由国外第三者签发,或要求在提单上的目的港后面加上指定码头等字样,一般不宜接受。

#### 9. 对装运条款及特殊条款的审核

审核信用证中是否允许分批装运和转运。出口方应根据合同规定以及出口方生产、交货、装运情况,来确定是否接受或要求修改。

在审证当中,除上述各项内容外,还可能出现超出合同规定的附加或特殊条款,例如指定船公司、船籍、船名等,或不准在某个港口转船等,一般不宜接受。但若对我国无关紧要,则根据实际情况灵活掌握。

### (三)改证

对信用证进行了全面细致的审核以后,如果发现问题,应区分问题的性质,分别同银行、运输、保险、商检等有关部门研究,作出恰当妥善的处理。信用证的修改直接关系到有关当事人的权利和义务,可由开证申请人提出,也可由信用证受益人提出,但都需得到其他有关当事人的同意。

对于不符合我国对外贸易方针政策，影响合同履行和安全收汇的情况，要及时向开证人提出，要求其进行修改，并要坚持在收到银行修改信用证通知书，并且经审核无异议后，才能装运货物，以免发生货物已装出，修改信用证通知书未到，或审核后有异议的情况，造成我方工作上的被动和经济上的损失。

而对于虽然与合同规定不符，但并不违背我国外贸方针政策、原则，也不影响我方安全、迅速收汇的情况，我们也可灵活掌握，尽量不要求修改，以减少其中周折和节约改证费用。例如，合同规定允许分批装运，而来证注明不允许分批装运，如果我方货物已全部备齐，一次性装运无困难，可不必要求改证。对同一修改通知书的内容，不能接受一部分，而拒绝另一部分。对银行转来的修改通知书，其内容经审核如不能接受，应及时退还通知书，并明确表示不接受该通知书。

办理改证工作中，对于需修改的各项内容，应做到一次性向国外客户提出，尽量避免由于我们考虑不周而多次提出。尽量避免一证多改或一证多展。如果那样，不仅会增加手续和费用，而且还会对外造成不良影响。另外，对不可撤销的信用证中任何内容的修改，都必须在有关当事人全部同意后才能生效，这是各国银行公认的惯例。

## 三、办理运输、保险

办理租船订舱等运输手续是履行出口合同的重要环节。按照 CIF 或 CFR 条件成交的出口合同，要由出口方负责办理租船或订舱等运输手续，装运货物。

### （一）租船或订舱

租船是指对数量较大的需整船载运的货物洽租整船；订舱是指对数量不大的不需整船载运的货物洽订班轮或租订部分舱位。

洽租整船时，要根据合同或信用证的规定，按照船型、船龄、船籍、舱口大小、船上是否要求具备船吊及船吊的数量和起吊重量、甲板层数、装货港水深等条件洽租。并要考虑规定的装船速率是否可以接受。

我国出口货物的租船或订舱、装船工作，一般可委托中国对外贸易运输公司（简称中外运公司）或中国远洋运输总公司办理（简称中远公司），也可以委托其他国际货物运输代理公司负责办理。各进出口公司可根据情况，在合同签订后，或在备货等工作办妥后，办理托运手续。

租船或订舱的简单程序如下：

（1）进出口公司委托外运公司办理托运手续，须填写托运单（Booking Note，B/N），亦称订舱委托书，在截止到收单期以前送交外运公司、货代公司，作为订舱依据。托运单是指托运人（发货人）根据合同和信用证条款的内容填写的向承运人（船公司，一般为装运港的船方代理人）办理货物托运的单证。承运人根据托运单的内容，并结合船舶的航行路线、挂靠港、船期和舱位等条件考虑，接受托运以后，在托运单上签章，留存一份，退回托运人一份。至此，订舱手续即告完成，运输合同即告成立。

(2)外运公司收到托运单后,会同中国外轮代理公司,根据配载原则、货物性质、货运数量、装运港和目的港等情况,并结合船期安排船只或舱位;确定装运船只或舱位后,由外轮代理公司签发装货单(Shipping Order S/O),其俗称下货纸,在法律上,船公司或其代理签发的装货单是接受(承诺)出口企业或其代理向其提出订舱要求(要约)的意思表示,所以出口企业或外运机构收到装货单就意味着运输合同已经订立。下货纸既是命令船长承运货物的凭证,也是海关凭以验货放行的单据。

(3)外运公司根据船期,代进出口公司向码头仓库运货,等待船只到港。

(4)预订船只到港后,外运公司代进出口公司,从仓库将货物运至船边,经海关查验放行后,凭装货单装船。装船完毕,由船长或大副签发收据(Mate's Receipt,M/R),收据又称收货单。大副收据是船公司签发给托运人的表明货物已装船的临时收据。托运人凭大副收据向外轮代理公司交付运费,并换取正式提单。收货单上如有大副批注,则在换取提单时,将该批注转注在提单上。

(二)办理保险

凡是按照CIF术语出口货物,卖方在货物装船前必须及时向保险公司办理投保手续。投保时,出口方首先向保险公司索取空白投保单,投保人在投保时应按合同和信用证规定,如实填写货运投保单内容,列明投保人(被保险人)的名称,被保险的货物名称、数量、包装及标志,保险金额,运输起讫地点,运输工具名称,起讫日期,按照规定的保险条款、保险险别、保险金额进行投保。注意防止多保、漏保或错保,以免影响结汇工作的顺利进行。保险公司接受投保后,签发保险单或保险凭证。

## 四、报关、装运

(一)报关

出口报关是指货物出运前,出口企业如实向海关申报货物情况,交验规定的单据文件,接受海关监管。按照我国《海关法》的规定,凡是进出境的货物须由货物的所有人向海关申报。

小资料:《中华人民共和国海关法》第二条:"中华人民共和国海关是国家的进出关境(以下简称进出境)监督管理机关。海关依照本法和其他有关法律、行政法规,监管进出境的运输工具、货物、行李物品、邮递物品和其他物品(以下简称进出境运输工具、货物、物品),征收关税和其他税、费,查缉走私,并编制海关统计和办理其他海关业务。"

出口企业在海关办理注册登记手续后才能报关。只有经海关考试合格并持有"报关员证"的人才能报关。出口报关业务程序一般包括以下环节:

(1)出口货物申报。办理报关手续,须填写《出口货物报关单》,并将其向海关提交、申报。随附出口货物许可证和其他批准文件(需要出口许可证的商品),必要时还要提供合同副本或信用证副本、发票、装箱单、重量单、商检证书等。

（2）查验。海关对出口商交验的货物、单据依法进行查验。

（3）征税。为了鼓励出口，出口商品一般无须缴纳出口税。

（4）放行。经海关查验货、证、单相符无误，办完向海关申报、接受查验、缴清税款等手续后，海关在货运单据上加盖"放行"章，货物才可装船出口。

### （二）装运

装运前，出口单位或货物运输代理凭盖有海关放行章的装货单与港方仓库、货场和理货人员（代表船方）办妥交接手续，分清货、港、船三方的责任。出口单位可以派人监装，对出现的问题及时解决，尽量利用舱容，以免退关。装船后，大副签署收货单，托运人应查看内容有无漏签和不良批注，如有应及时处理。如无问题，即可向船公司在港口的代理换取装船清洁提单。出口货物装船后，卖方应及时向买方发出装船通知，以便买方了解装运情况，做好进口货物接货和办理进口手续的准备。及时发出装船通知是卖方的义务之一，特别是CFR价格条件成交的出口合同，由买方办理保险，卖方更应及时向买方发出装船通知（Shipping Advice），以便买方能及时办理投保。否则，由于卖方未及时或未发出装船通知致使买方未能办理投保，致使货物在运输过程中遭受损失，应由卖方承担责任。装船通知的内容，一般包括信用证号、合同号、货物名称、数量、尺码、毛重、净重、总值、船名、提单号、提单日期等。

对于船方代理拒签提单或借故拖延签单的，要及时采取有效措施，如申请扣押或滞留船舶等。这种情况一旦出现，和买方拒开信用证同样严重。

从以上出口合同履行的环节可以看出，在出口合同履行过程中，货、证、船的衔接是一项复杂而又细致的工作。因此，为了做好出口合同的履行工作，提高出口合同的履约率，除了贯彻好"重合同、守信用"的原则，还要做好以合同为中心的"四排"和以信用证为中心的"三平衡"工作。所谓"四排"，是指以买卖合同为中心，对"有证有货"、"有证无货"、"无证有货"、"无证无货"四类情况进行排查。发现问题，并及时解决。所谓"三平衡"是指以信用证为依据，根据信用证规定的货物装运期和信用证有效期远近分为轻重缓急，落实货源和舱位，力求做到证、货、船三方的衔接和平衡，避免三缺一的互等现象产生。

## 五、制单结汇

制单结汇是指卖方在货物装运后，按照合同和信用证的要求缮制各种单据，并在规定的交单日期内送交银行，办理结汇手续。出口货物装运之后，进出口公司应该按照信用证的规定和要求，正确缮制各种单据，并在信用证规定的有效期内，送交银行办理议付和结汇。所谓议付，是指出口地银行购买出口人出具的汇票和装运单据；所谓结汇，是指出口人将所得外汇货款，按照结汇日的外汇牌价的银行买入价，卖给国家指定的银行。

### （一）结汇制度

在我国，信用证结算方式和托收方式项下的出口结汇的办法有如下三种：

### 1. 收妥结汇

收妥结汇又称收妥付款，或先收后结，是指议付行收到进出口公司交来的出口单据，经审查无误后，将单据寄交国外开证行或开证行所指定的付款行索取货款，待收到开证行或付款行将货款拨入议付行账户的货记通知时，再按当日的外汇牌价折成人民币，拨入进出口公司的账户。

这种做法银行不承担风险，不垫付资金，但出口企业收汇较慢。

### 2. 买单结汇

买单结汇又称出口押汇，是指议付行在审单无误的情况下，按信用证条款，买入信用证项下受益人（进出口公司）的汇票和单据，从票面金额中扣除从议付日到估计收到票款之日的利息或预计的汇兑风险（贴水），将余额按照议付日的外汇牌价，折成人民币，拨入进出口公司的账户。

议付行向受益人垫付资金，买入跟单汇票后，即成为汇票持有人，可以凭借汇票向付款人索取票款。出口押汇是指出口地银行给予进出口公司的资金融通，有利于进出口公司的资金周转。

### 3. 定期结汇

定期结汇是指议付行根据向国外付款行索偿所需的时间，预先确定一个固定的结汇期限，到期后主动将票款金额折算成人民币拨入进出口公司的账户。

定期结汇和收妥结汇，对出口人来说，虽然利息负担较轻，但收回货款的速度较慢，不利于资金周转。对议付行来说，不必动用自身资金，也不承担任何风险。采用押汇可以加快外贸公司资金周转速度，但银行需承担部分收汇风险，当国外付款行拒付或缓付时，银行虽然可行使追索权，索回票款，但终究会引起某些不便，也可能造成利息上的损失。我国一般只做信用证项下的押汇。

如前所述，开证行或其指定的付款行，在审单无误后，才承担汇款责任，如果发现任何不符，均具有拒付货款的可能。因此，要求受益人在缮制单据时，要做到"正确、完整、及时、简明、整洁"。

"正确"是指缮制单据时应做到四个一致，即"单单（单据与单据）一致，单证（单据与信用证）一致，单货（单据与货物）一致，单据与合同一致"。

"完整"是指必须按照信用证的规定和要求，提供各种单据，不能短少。单据的份数和单据本身的项目，如产地证明书上的原产国别、签章，其他单据上的货物名称、数量等内容也必须完整无缺。

"及时"是指应在信用证规定的有效期内，及时将单据送交议付行，以便银行早日寄出单据，按时收汇。在货物装运之前，最好将有关结汇单据送交银行预先审核，使银行有充裕的时间来审核"单证"、"单单"，如果发现差错或者问题可以及早修改，以确保安全及时收汇。

"简明"是指单据的内容，应该按照信用证的规定和要求，以及国际惯例填写，力求简明，切勿加列不必要的内容，以免弄巧成拙。

"整洁"是指单据的布局要美观、大方,缮写和打印的字迹要清楚,单据的表面要清洁,对于更改的地方要加盖校对图章。有些单据,如提单、汇票及其他一些单据的主要项目,其金额、件数、毛重等,一般不宜更改。

## (二) 结汇单据

对几种主要单据的制作要点及注意事项扼要介绍如下:

### 1. 汇票

采用信用证支付方式时,汇票的付款人应该按照信用证的规定填写;如果来证未规定付款人时,则可以开证行为付款人。采用托收支付方式时,汇票的付款人应该填写国外进口人。汇票上不能有任何涂改,也不能有校对章。

### 2. 商业发票

商业发票是卖方开给买方的基本单据。通常所说的发票,即是指商业发票。它是卖方开立的详细说明装运货物的清单,可作为买卖双方交接货物和结算货款的凭证,也可作为报关纳税的依据。在不使用汇票的情况下,它可替代汇票作为支付工具。

我国进出口公司的商业发票,没有统一格式,但其主要内容基本相同,一般包括:编号,日期,抬头人(收货人),货物名称、规格、数量、单价、总值、包装和支付方式等。制作商业发票时应注意以下几点:

(1) 收货人,如属于信用证方式,一般应填写开证人或者称做开证申请人。如属于托收方式,一般应填写合同的买方。

(2) 对货物的描述如货名、规格、数量、包装、单价、总值等,凡属于信用证方式,必须与来证规定完全相符,不能有任何遗漏和改动。例如,来证货物名称有误,除非必须修改信用证以外,一般应按错填写,但可在错误货物名称后面加括号,填写上正确名称。

如客户要求或信用证规定在发票内加列船名、进口许可证号码、原产地、生产企业名称等,均可一一照办。

合同规定货物以旧、修补麻袋包装,来证则规定麻袋包装,可按来证规定填写。

发票金额不应超过信用证金额。对价格条款中计量单位、单价、计价货币、贸易术语等应书写完整、准确。来证和合同规定的单价含有"佣金",发票上应照样填写,不能以"折扣"代替。

发票中单价须列明价格条件。有时来证所列价格条件与合同有出入,发票应按信用证规定缮制。

如果信用证规定,超额费用如超额运费、超额保险费或选港费由买方负担,这些费用可连同货款一并列在总值内。否则,就应另制汇票托收。

(3) 发票日期:发票开具的日期应早于提单日期和汇票日期。

(4) 由于各国法令和习惯不同,有的来证要求在发票上加注"证明所列内容真实无误"(或者称作"证实发票"),"货款已收讫"(或称作"收妥发票"),或者有关出口人国籍、原产地等证明文句,我们应该在不违背我国方针、政策和法令的情况下,酌情办理。出具"证实发票"时,应把发票下端通常印有的"有错当查"字样删去。

### 3. 厂商发票

指由出口货物的制造商出具的以本国货币计价,用来证明出口国国内市场的出厂价格的发票。其目的也是供进口国海关估价、计税以及征收反倾销税之用。如果国外来证有此项要求,一般可参照海关发票的内容办理。

### 4. 提单

提单是各种单据当中最重要的单据,不同船公司设计的提单格式不尽相同,但内容基本一致。在制作提单时,须注意以下几点:

(1)提单的种类。提单的种类很多,要按照国外来证所要求的类别提供。国外来证一般都要求提供清洁的、已装船的提单。如果提供的不是清洁、已装船的提单,银行不予接受。如果来证未规定是否可转船,按照银行惯例,银行可以接受包括装运港至目的港全程的转船提单或联运提单。

(2)提单的发货人。如来证无特殊规定,应以该信用证的受益人作为发货人。

(3)提单的收货人。习惯上称为抬头人。在信用证或托收支付方式下,大多数的提单都制作成"凭指示"抬头或者"凭交货人指示"抬头。这种提单须经发货人背书,才可流通转让;也有的要求制作成"凭××银行指示"抬头,一般是规定凭开证行指示。

(4)提单的货物名称。提单上的货物名称,可以用概括性的商品统称,不必列出详细规格,如合同规定的货物名称是"白色网球鞋",在提单上货物名称一栏填写"胶鞋"即可;但应注意不能与来证所规定的货物特征相抵触,如来证规定的货名为"复写纸",它是一种特殊的商品,我们不能用纸来代替。如果发现这类情况,银行可以拒付。

(5)提单上的唛头。一般按信用证规定照打。散装货无唛头,提单上的唛头一栏中打"N/M(No Mark)"及"散货"字样。

(6)提单的运费。具体填法是根据使用的价格条件而定。如按 CIF 或 CFR 价格条件成交,提单上的运费栏中填"运费已付"(Freight Prepaid);如按 FOB 价格条件成交,提单上的运费栏中填"运费到付"(Freight to Collect)。除信用证内另有规定外,提单上不必列出运费具体金额。

(7)提单的目的港和件数。原则上要与运输标志上所列的内容一致。

(8)提单的份数。收货人是凭提单正本提货,为了避免提单正本在递交过程中丢失,而发生收货人提货困难的情况,承运人一般签发提单正本一式三份(3/3 bills of lading),也可以应托运人的要求签发三份以上,签发的份数应在提单上注明。每一份正本提单效力是相同的。但是,只要其中一份凭以提货,其他各份立即失效。因此,合同和信用证规定出口人提供"全套提单"(FULL SET B/L),就是指承运人在签发的提单上所注明的正本份数。

(9)提单的日期。在海运情况下,提单日期即为装完船的日期。在日期前面,必须加注签发地点。有的信用证规定,不能早于何时装运,提单的日期必须符合规定。

(10)其他内容。须用托盘运输时,提单上的件数栏填托盘数量,并在括号内加注货物包装件数。在同一提单有两种以上包装单位时,应分别填写。例如,提单100件中,有70件木箱装,有30件纸箱装。包装货物在装船过程中,如发生漏装少量件数,可在提单运输标志件号前面加"Ex"字样,以表示其中有缺件。例如,"Ex2Nos.1—100",其意是在100件中,缺少2件,实有98件。

**5. 保险单**

保险单是保险公司与投保人之间订立的保险合同,它是被保险人索赔和保险公司理赔的依据。保险单是在CIF条件下出口商必须提交的结汇单据。填制保险单时应注意下述几点:

(1)保险单的被保险人。如来证无其他规定,保险单的被保险人应是信用证上的受益人,并由其作空白背书,便于保险单办理转让;如来证要求"空白抬头",可以做成"To Order",应由受益人背书;如来证要求开证人或开证行抬头,被保险人一栏按证填写,受益人不必背书。

(2)保险险别和保险金额,要与来证规定相符。

(3)保险单上运输标志、包装及数量、船名、大约开航日期、装运港和目的港等,应与提单互相一致。

(4)保险单上的签发日期:由于保险责任的起讫采用"仓至仓条款",所以出单应早于提单日期或与提单日期相同,除非信用证另有规定或保险单注明,承担自装船之日起的风险,否则开证行可以拒绝接受。

(5)除信用证内规定无免赔率外,对有免赔率的货物必须在保险单上注明。

**6. 装箱单和重量单**

装箱单和重量单是表明出口货物的包装形式、包装内容、数量、重量、体积、件数的单据。这两种单据是用来补充商业发票内容的不足,以便于海关检验和收货人核对。

装箱单又被称做花色码单,是每一件包装内所装货物逐项列举的清单,重量单是列明每件货物的毛重和净重的单据。在实际业务中,这两种单据并非每种货物都需要提供,要根据国外来证的规定和商品的性质来决定。

**7. 检验证书**

要按合同和信用证规定的种类和份数提供检验证书。各种检验证书是分别用以证明货物的品质、数量、重量和卫生条件等的证明文件。一般由国家出入境检验检疫局出具,也可视情况由进出口公司或生产企业出具。出具这类证件时,应注意名称、项目和检验结果,是否与合同和信用证的规定相符。

**8. 产地证明书**

这是一种证明货物原产地和制造地的证件。不用海关发票或领事发票的国家,有的会要求提供产地证明书,它是进口国海关核定进口货物应征税率的依据。有的国家限制从某个国家或地区进口货物,也要求原产地证明书来证明货物的来源。产地证明书一般由出口地的公证行或工商团体签发,在我国由中国进出口商品检验局或者贸易促进委员会签发。

### 9. 普惠制单据

普惠制是发达国家单方面给予发展中国家(向其出口的制成品和半制成品)的一种优惠关税待遇。

目前,已有新西兰、加拿大、日本、欧共体等20多个国家给予我国普惠制待遇。对于这些国家的出口货物,须提供普惠制单据(格式A证书),作为进口国减免关税依据。但对新西兰除使用格式A外,还须提供格式59A证书,对澳大利亚则不用这两种证书,而只在商业发票上加注有关声明文句即可。目前使用的普惠制单据有:

(1)格式A产地证,格式A产地证是普惠证的主要单据,适用于一般商品,由我进出口公司填写,并由国家出入境检验检疫局签发。

(2)纺织品产地证,适用于纺织品类,由中国进出口商品检验局签证出具。

(3)纺织品出口许可证,适用于配额纺织品,由地方外贸局签证出具。

(4)手工制纺织品产地证,适用于手工制纺织品类,由中国进出口商品检验局签证出具。

(5)纺织品装船证明,适用于无配额的毛呢产品,由地方外贸局签订出具。

对上述单据内容的填制,应力求做到准确,并符合各个项目的要求,否则,就有可能丧失享受普惠制待遇的机会。

## (三)出口外汇核销和出口退税

根据国家有关规定,我国出口企业在办理完货物出口及收汇以后,应及时办理出口收汇核销和出口退税手续。

### 1. 出口外汇核销

出口外汇核销是指国家为加强出口收汇管理,确保外汇收入,防止外汇流失,指定外汇管理部门对每笔出口外汇收入进行监督检查的一种制度。出口外汇核销的具体程序如下:

(1)出口企业先向所在地外管局注册。

(2)领单。除少数几种出口方式(如捐赠、暂时出口等)外,其他贸易方式项下的出口,出口单位必须事先从外汇管理部门申请有顺序号的核销单(三联),并如实填写。

(3)报关。在出口报关时,海关将逐票核对报关单与出口收汇核销单的内容是否一致。经审核无误后,海关在专为出口收汇核销用的报关单和核销单上盖"验讫章"。出口单位在向银行交单时,需在所提交的汇票及发票上注明核销单编号。

(4)结汇。收汇后,向银行提供核销单号即可结汇,银行出具结汇水单。

(5)领取出口收汇核销专用联。当出口单位从议付银行领到结汇水单或收账通知时,同时领取银行提供的出口收汇核销专用联,上面载有核销单编号。对一票出口多笔收汇者或多票出口一笔收汇者,应将对应的核销单编号全部填上。

(6)核销。出口单位凭出口收汇核销单、出口收汇核销专用联和出口货物报关单及其他规定的单据,到国家外汇管理部门办理核销手续。国家外汇管理部门按规定办理核销后,将在核销单上加盖"已核销"章,并将其中的出口退税专用联退给出口单位。对逾期不办理核销的企业,外汇管理部门将处以罚款。

### 2. 出口退税

出口退税是指国家为扶持本国商品出口,对所征税款实行的一种先征后退政策。我国的出口退税政策规定将出口商品在生产、流通环节已纳的增值税、消费税退还给出口企业。

出口退税的具体程序如下:

(1)备齐三单两票,即外管局签退的出口核销单的退税联、报关单的退税联、出口发票、增值税发票抵扣联和专用缴款书(后两项由工厂提供)。用国税局提供的退税专用封面装订成册。

(2)将退税资料按固定格式录入计算机,打印出来后加盖公司章。

(3)填写出口货物退税申请表,并将上述材料报国税局办理退税。

为加强出口退税管理,我国政府实行出口退税与出口收汇核销挂钩的政策,即出口单位在申请出口退税时,应向国家税务机关提交出口货物报关单、出口销售发票、出口购货发票、银行出具的结汇水单以及出口收汇核销单(出口退税专用联),经国家税务机关审核无误后,才予以办理出口退税。目前,出口报关单、出口外汇核销单、出口税收缴款书已全国联网,缺少任一信息,都不能退税。

## 六、善后处理

如果出口交易进展顺利,而不会出现什么问题的话,那么一笔出口交易到此结束了。但是,国际贸易具有特殊的复杂性,在出口合同履行过程中,买卖双方往往因为这样或那样的原因,而产生争议和纠纷,从而引起索赔和理赔的问题。

在出口合同履行过程中,如因国外买方未按合同规定履行义务,如买方延期开证、无理拒收货物和单据、无理拒付货款等,致使我方遭受损失,出口方可向对方提出索赔。索赔时,应本着实事求是的态度,尽可能通过友好协商的办法加以解决,做到既要维护我方的正当权益,又不影响双方的贸易关系。

如因出口方交货品质、数量、包装等不符合合同规定,国外买方可向我方提出索赔。我方在处理国外索赔时,应注意下列几点:

(1)我方一方面要认真对照合同条款,研究审核所提出的索赔有无依据,也就是所提供的证据是否齐全,是否清楚,出证机构是否符合规定;另一方面,对其检验标准和检验方法,也都要一一审核,以防国外买方串通检验机构弄虚作假,或检验机构检验结果有误。

(2)要核对索赔是否在有效的索赔期内提出,对于超过索赔期的,要依理拒赔。

(3)要认真做好调查研究,弄清事实,分清责任。因为货损货差的成因很复杂,如属船公司或保险公司的责任,应交船公司或保险公司处理;如确定属于卖方责任,卖方应实事求是地予以赔偿。对国外买方提出的不合理要求,我方必须根据可靠的资料,以理拒绝。

(4)要合理确定损失程度、赔偿金额和赔偿办法。

(5)出口合同履行过程如果卖方发生不可抗力事件,致使合同部分不能或完全不能履行时,卖方应及时到有关部门(如贸促会)取得不可抗力证明,证明不可抗力事件对履行合同的影响程度和影响期限。此证明应及时送交买方,以免除或部分免除履约责任。

## 第二节 进口合同的履行(FOB L/C)

进口合同依法成立后,买方同样应遵循重合同、守信用的原则,履行自己的支付货款、接收货物的义务,同时要督促卖方履行按合同规定的义务。

在进口合同中由于采用的价格条件、支付条件和其他交易不同,因此进口合同履行的程序和各个环节的工作也不尽相同。在我国进口货物的交易合同中,价格条件大多采用FOB条件,较少采用CIF条件,而支付条件一般都采用信用证方式。其履行的基本程序有:申请信用证、租船订舱、装运、办理保险、审单付款、报关、检验、拨交、索赔,如图9.2所示。下面,我们就以FOB条件和信用证方式为例,介绍进口合同履行的程序和要办理的手续。

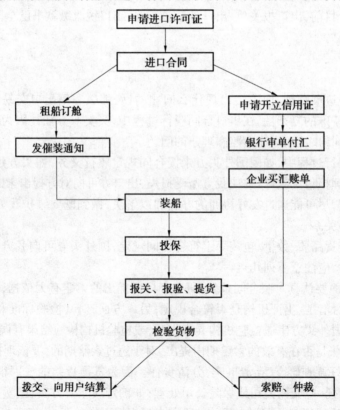

图9.2 进口合同履行基本程序

## 一、申请信用证

买方履行进口合同的第一项程序是要按照合同规定的时间向银行申请开立信用证。在实际业务中,开证的方法一般有信开本和电开本两种。信开即以邮寄方式开证,分为平邮、航空挂号和特快专递等方式;电开即以电报、电传或 SWIFT 电文等电讯方式开证,分为全电开证、简电开证及引用旧证的套证方式。

### (一)申请开立信用证的程序

(1)向银行递交相关合同的副本及附件,如进口许可证、进口配额证等。
(2)填写开证申请书。
(3)缴纳押金和开证手续费。
(4)银行审核接受后,向信用证受益人开出信用证,并通过通知行将信用证交给受益人。

### (二)开立信用证应注意的问题

(1)开证内容必须与进口合同一致。
(2)开证时间要严格符合合同的规定。迟开,不仅要承担违约责任,还推迟到货时间;早开,固然为对方欢迎,但我方会增加费用支出。
(3)如果开证以对方提供出口许可证影印本或履约担保书为条件,则必须在收到对方已确实领到许可证或担保书的正式通知后,方可开证。在某些特殊情况下,必须先开证的,也可先行开证,但要在证内附列该证必须在受益人交验许可证或交付保证金后,才能生效的限制性条件。

### (三)修改信用证时应注意的问题

慎重对待卖方提出的改证要求,一般情况下应避免改证;信用证开出后,如果需要修改,无论由买卖双方中的哪一方提出,均应经双方商妥后,经开证行、保兑行、受益人的同意,方可办理。在必须改证时,应按国际银行惯例办理;对方改证请求与操作也必须符合国际惯例。在办理改证手续同时,还要求办理相应的"合同变更单"手续,以维护合同的严肃性,对不能接受的要求,要及时回绝。

## 二、办理运输、保险

### (一)租船订舱

履行 FOB 交货条件下的进口合同,应由进口商负责派船到出口商口岸接运货物。在开出信用证后,进口商应及时委托外运公司办理租船订舱手续。手续办妥后,要迅速将船名、船期通知卖方,以便出口商备货、装船,做好船、货衔接工作。对于一些特殊商品,如单件货物超高、超长、超重,或易燃易爆品的装运,出口商还应及时通告,以便进口商在办理运输时,将商品的详细情况通知给相关的船务公司,确保运输安全。

为了防止船货脱节和出现"船等货"的情况,进口商还应了解和掌握卖方备货和装船前的准备工作情况,做好催装工作。必要时还可委托我驻外机构或企业,或派人员前往就近了解、检查、督促出口商按时履行交货义务。

货物装船后,卖方应按合同规定及时发出装船通知,以便买方提前办理保险和接货等项手续。如果卖方未及时或未发出装船通知,同样要承担违约责任。

### (二) 办理货运保险

按 FOB 条件(或按 CFR 条件)成交的进口合同,办理货运保险是进口商的责任。具体手续由进口商委托外运公司统一办理。在实践中,进口企业和保险公司为了简化投保手续,防止因信息传递不及时或失误等原因发生来不及办理保险或漏保的情况,大多采用预约投保的方式。由于外运公司同中国人民保险公司签有预约保险合同,其中对各种货物的投保险别、保险费率、适用条款、保险费及赔偿支付办法等均作了具体规定,凡以 FOB 或 CFR 条件进口货物的保险都由中国人民保险公司承保。因此,每批进口货物,买方或外运公司在收到国外装船通知后,将船名、提单号、开船日期、货物名称、数量、装运港、目的港等项内容通知保险公司,即视为已办妥保险手续。按预约保险合同规定,进口合同的保险责任从货物在装运港装上船开始,到卸货港货运单据所载明的国内目的地货入仓库终止。

进口商向保险公司办理进口货物运输保险时,除了可以选择预约投保方式外,还可选择逐笔投保方式办理。逐笔投保方式适用于临时办理进口货运保险的单位,指进口人在接到出口商的装船通知后,直接到保险公司填写投保单,办理投保手续。

## 三、审单付汇

审核单据是进口合同履行的重要环节。如采用汇付和托收方式,由进口方负责全面审核单据;在信用证方式下,则由开证行和进口商共同审核单据。

货物装运后,卖方便将汇票和货运单据交送出口地银行议付,议付行随即将汇票和货运单据转寄中国银行。中国银行在买方的配合下,对单据进行审核,如果符合信用证规定,便向国外付款;如有不符,应立即要求国外议付行改正,或暂停对外付款。按惯例,银行付款后,才发现有误,不能对外国银行行使追索权,所以,审单工作一定要认真细致。

### (一) 审单付汇的方法

**1. 开证行审单付汇**

开证行在收到出口地银行寄来的全套单据后,本着"单单一致,单证一致"的原则,进行审核;无误后,开证行就对外付款,无须征得进口商同意。

**2. 开证行初审,进口商复审,然后付汇**

这是一种较为普遍的做法。开证行在收到国外寄来的单据后,根据信用证条款,全面审核单单、单证表面上是否一致。如发现不符点,在与进口商联系后,可拒付。如审核无误,将单据送交进口商复审,进口商在 3 个工作日内全面审核单单、单证内容上是否一致,如审核无误,没有异议,开证行对外办理付款或承兑;进口商如发现不符点,在 3 个工作日内将单据退回开证行,并注明理由。注意,最后的决定权仍在开证行。

总的审单时间应掌握在开证行收到出口地银行寄交单据的翌日起算的 7 个工作日内。

## (二) 对单据不符点的处理

如果进口方在审单时发现"不符点",应根据《跟单信用证统一惯例》或国际银行业务惯例区别不同情况予以处理。

(1) 对于不符性质严重的,可以拒绝承付或议付。开证行要从交单次日起至多 5 个银行工作日内向寄出单据的一方发出通知,并说明情况。

(2) 对于不符性质不太严重的,可按下列办法:

①部分付款、部分拒付;

②货到检验合格后付款;

③凭担保付款;

④更正单据后付款;

⑤开证行对外付款,但保留追索权。

## (三) 付汇核销

我国目前对进出口货物的付汇或收汇实行管理。凡是进口企业以通过银行购汇或从现汇账户支付的方式,向境外支付有关进口商品的货款、预付款、尾款等皆为进口付汇,应当按照规定办理付汇核销手续。

进口付汇核销的主要程序如下:

(1) 进口企业填写"贸易进口付汇核销单"(一式三联)等单证,属于货到汇款的还应当填写有关"进口货物报关单"编号和报关币种金额,将该单连同其他付汇单证一并送外汇指定银行审核。

(2) 外汇指定银行在办理完付汇手续后,将核销单第一联按货到付款和其他方式分类,并按周向进口企业所在地外汇管理局报送,将第二联退回进口企业,第三联及其他付汇单证一并留存 5 年备查。

(3) 进口企业应按月将核销单及所附的其他核销单证报外汇管理局审查。进口企业向外汇管理局办理核销报审手续,一般应在有关进口货物报关后一个月内报审。审查完核销单及所附单证后,在上面加盖"已报审"章,将第二联退还进口企业。进口企业对这些单证同样要留存 5 年备查。

进口企业办理付汇的手续和付汇核销的手续是合并进行的。这对履行进口合同的企业来说是一项很重要的工作。企业要建立必要的核查制度,以避免付汇和核销工作中的差错,同时还应完善单证的留存保管工作。

## 四、报关、报检

### (一) 报关

根据我国《海关法》的规定,进出口货物必须接受海关的监管,所谓进口报关,是指进口货物的收货人或他的代理人向海关交验有关单据,办理进口货物申报的法律行为。

**1. 进口货物申报**

进口货物申报是指在进口货物入境时,由进口公司(收货人或其代理人)向海关申报、交验规定的单据文件,请求办理进口手续的过程。在这个阶段,报关人应填写一式两份"进口货物报关单",并随附以下单证:进口许可证、发票、装箱单、减免税或免验的证明文件等。如果进口国海关认为必要时,应交验买卖合同、产地证明和其他有关单证;如果进口货物属于应受动植物检疫管制或受其他管制的,在报关时还应交验有关部门签发的证明。海关对报关单进行编号登记,批注申报日期,同时审核报关单证是否齐全、有效,内容是否清楚、正确。

**2. 进口货物查验**

根据我国《海关法》的规定,进口货物除因特殊原因都应接受海关的查验。在货物查验时,海关以进口货物报关单、进口许可证等为依据,对进口货物进行实际的核对和检验。海关查验货物一般应在海关监管区域内的仓库、场地进行,进口货物的收货人或其代理人应当在场,并负责搬移货物,开拆和重封货物的包装。海关认为必要时,还可以径行查验、复验或者提取货样。

**3. 进口货物征税**

在这个阶段,海关进行审价,并分类估价、核算到岸价格,依率计征,依法减免。海关对进口货物计征进口关税和进口调节税。为简化征收手续,方便货物进出口,国家规定进口货物的增值税和消费税,由海关在进口环节代税务机关征收,在实际工作中通常称为海关代征税。

进口关税是货物在进口环节由海关征收的一个基本税种。进口关税的计算是以 CIF 价为基数计算,即以 CIF 价为完税价格。如果是以 FOB 价格进口,还要加上国外运费和保险费。进口关税的计算公式为

$$进口关税税额 = CIF 价格 \times 关税税率$$

进口调节税是国家对限制进口的商品或其他原因加征的税种,这是进口货物关税的附加税。进口调节税的计算公式为

$$进口调节税 = CIF 价格 \times 进口调节税税率$$

增值税是随着社会经济发展的客观需要而产生的一种间接税种,它是以商品和劳务价格中的增值额为课税依据而征收的一种流转税。其计算公式为

$$进口增值税 = (关税完税价格 + 关税税额 + 消费税额) \times 增值税率$$

消费税主要对从国外进口的汽车、摩托车、能源、酒类以及烟草等特殊商品征收。它通常既可以按照商品价格,也可以按照商品进口数量征税,其计算公式为

从价消费税额=(关税完税价格+关税)/(1-消费税税率)×消费税税率

从量消费税额=应税消费品数量×消费税单位税额

**4. 进口货物放行**

海关如果审核报关人已缴讫关税及规费,应附单证已核销,各项通关程序全部完成,经办人即在报关单及提单上加盖放行章,随附应发还的单证,交还报关人,报关人即可到海关监管仓库或场所提货。货物的放行是海关对一般进出口货物监管的最后一个环节,放行就是结关。但对于担保放行货物、保税货物、暂时进口货物和海关给予减免税进口的货物,还要在办理核销、结案或者补办进出口和纳税手续后,才能结关。

**(二)报验**

按商检法规定,对于法定检验的进口货物,必须经商检机构检验,未经检验的货物不准投产、销售和使用。因此,进口货物到港后,进口方应及时按规定报验。商检机构在报关单上加盖"已接受登记"章,海关凭报关单上的印章验放。

**1. 进口报验的类型**

(1)法定商品的进口检验。登记后,进口商在规定的时间、地点持有关单据到商检机构报验。进口报验主要是判明进口商品的品名、品质规格、数量或重量、技术性能等是否符合我国进口商品的有关规定,是否符合进口合同中对商品具体规定的要求。

(2)索赔报验。如果进口货物卸船后发现有货物残损或短缺,则应存放于海关指定仓库,通知保险公司、口岸商检机构进行检验,凭商检机构经检验后出具的检验或鉴定证书,向国外有关责任方索赔。

小资料:索赔报验不能超过索赔期限,需要索赔的货物一般需要在进口口岸存放,不能使用或者销售。如对卸货港商检结论有异议,需第三方检验机构检验的,应及早和卖方商定有关事宜,如第三方检验机构名称、检验人员的指定(一般是双方各在第三方检验机构中指定一人,第三方机构再派出一人,共三人进行复检)。

**2. 进口报验的申请**

报验人申请进口商品检验时必须填写"进口商品检验申请单"。每份申请单只限填报一批商品,一般以同一贸易合同、同一国外发票、同一装运提单填写一份申请单。报验人除提供贸易合同、国外发票、装货清单、提单及进口货物通知书外,还须根据实际情况提供相关资料:

(1)申请品质检验。须附国外品质证书、使用说明书及有关标准和技术资料。如凭样成交的,加附成交小样。

(2)残损鉴定。须加附理货签证、残损或溢缺单、铁路商务记录、空运事故记录等有关证明残缺的单证。

进口商品经收货、用货单位自行验收或其他单位检验的还应加附详细验收记录、磅码单或检验结果单。对结合成分纯度或公量计价结算的进口商品,报验人在申请品质检验时,还应同时申请重量鉴定。

### 3. 进口报验地点

报验或检验地点应考虑进口商品的种类和性质,一般有卸货港检验、用户所在地检验。

## 五、拨交货物

经报关、验收后的进口货物,如订货或用货单位在卸货港所在地,则就近转交,如不在卸货地,则委托货运代理将货物转运内地并拨交给订货或用货单位。进口税和内地的运费,由货运代理向进口公司结算,进口公司再向订货或用货单位结算。

# 第三节  违约处理

国际货物买卖合同一经成立,买卖双方当事人就要受合同的约束,严格按合同规定的各项交易条件履行自己的义务。然而,在履行合同的过程中,当事人要经过复杂的环节。在实际业务中,买卖双方很可能由于种种不同的原因,不能履行自己的义务,从而发生争议和纠纷。合同当事人为了维护自己的合法权益,往往要援引法律规定来解释合同,主张权利。

在进出口业务中,由于买卖双方地处两个不同国家,其法律制度和具体法律规定往往差异颇大,因此在解决时通常要根据具体情况采用或援引不同国家的有关法律规定。

## 一、违约的含义

违约指合同的一方当事人没有履行或没有完全履行其合同规定的义务和行为。例如,在合同成立后,卖方出现不按合同规定的时间和地点交付货物,或交付了不符合合同规定的货物,或者买方不按合同规定的时间支付货款等都属于违约行为。

除合同或法律上规定的属于不可抗力原因造成者外,违约者都应当承担违约的责任。另一方当事人也就有权依据合同或有关法律规定向违约方提出救济的权利。

为了进一步分析违约的情况和处理违约救济的问题,各国法律对违约都有不同的规定,有的法律对如何构成违约作了规定,有的法律将违约在性质或形式上作了划分。

小资料:《联合国国际货物销售合同公约》第25条规定:"只要当事人违反合同的行为的结果使另一方蒙受损害,就构成违约,当事人要承担违约的责任。一方当事人违反合同的结果,如使另一方当事人蒙受损害,以至于实际上剥夺了他根据合同有权期待得到的东西,即为根本性违反合同,除非违反合同的一方并不预知而且同样一个通情达理的人处于相同情况中也没有理由预知会发生这种结果。"

## 二、违约的处理

各国法律均规定,如果合同一方当事人违反合同规定,另一方当事人有权采取相应的救济方法。救济方法是指一个人的合法权利被他人侵害时,法律上给予受损害一方的补偿方法。

各国法律对各种救济方法都有详细的规定,但不尽相同。纵观各国法律,其法律规定的基本救济方法可概括为三种:实际履行、损害赔偿和解除合同。

(一)实际履行

实际履行有两重含义:一重含义是指一方当事人未履行合同义务,另一方当事人有权要求他按合同规定完整地履行合同义务,而不能用其他的补偿手段,如金钱来代替;另一重含义是指一方当事人未履行合同义务,另一方当事人有权向法院提起实际履行的诉讼,由法院强制违约当事人按照合同规定履行他的义务。

例如,买卖双方就某项特定物(古玩、字画、房屋)达成交易,但日后,卖方出于某种原因考虑不按合同规定交付约定的货物,而买方又不愿取得金钱上的补偿,买方可要求卖方按合同规定交付货物,或他可以向法院起诉,要求法院判决实际履行,强制卖方履行交货义务。各国法律对实际履行作为一种救济方法都有规定,但是差异较大。

中国《合同法》虽然没有明确规定实际履行作为一种救济方法,但该法第18条规定:"当事人一方不履行合同,或者履行合同义务不符合约定条件,即违反合同时,另一方有权要求赔偿损失或者采取其他合理的补救措施,采取其他补救措施后,尚不能完全弥补另一方受到的损失的,另一方仍然有权要求赔偿损失。"这里指的"其他补救措施"应该被认为包括实际履行。只要根据具体情况,采取实际履行的措施是合理的,当事人可以要求实际履行,法院和仲裁院也可作出实际履行的判定。《联合国国际货物销售合同公约》28条规定:"如果按《公约》的规定,当事人有权要求他方履行某项义务,法院没有义务作判决,要求实际履行此项义务,除非法院依照其本身的法律对不受本《公约》支配的类似买卖合同可以这样做。"按《公约》的上述规定,当事人有权要求对方实际履行合同义务。当事人的这项权利在第46条和第62条均作出规定。然而,如果当事人诉诸法院,要求法院判决实际履行,法院没有义务按《公约》去判决实际履行,除非法院按法院本地法对另一方当事人判决实际履行。

(二)损害赔偿

损害赔偿是指违约方用金钱来补偿另一方由于其违约所遭受到的损失。各国法律均认为损害赔偿是一种比较重要的救济方法。在国际货物买卖中,它是使用最广泛的一种救济方法。但是各国法律对损害赔偿的规定,往往涉及违约一方赔偿责任的成立、赔偿范围和赔偿办法等问题,而且差异很大。

1. 损害赔偿责任的成立

合同当事人一方违约,另一方当事人在什么情况下才有权向对方提出损害赔偿的主张,提出损害赔偿的主张有无基本的前提条件。此问题涉及损害赔偿责任的成立。对此,各国法律有着不同的规定。《联合国国际货物销售合同公约》认为,损害赔偿是一种主要的救济方法。一方违反合同,只要使另一方蒙受损失时,受害方就有权向对方提出损害赔偿,而且要求损害赔偿并不因采取了其他救济方法而丧失。因此《公约》关于损害赔偿责任的成立是主要考虑到买卖双方的实际利益。

**2. 损害赔偿的方法**

纵观各国法律,损害赔偿的方法有两种:回复原状和金钱赔偿。所谓回复原状,是指用实物赔偿损失,使恢复到损害发生前的原状,例如,把损坏的物品加以修复,或用同样货物替换等。采用回复原状的救济方法可以完全达到损害赔偿的目的,使损害减至最小。但是,有时实行起来往往很不方便,或者不容易做到。所谓金钱赔偿,就是用支付一定金额的货币来弥补对方所遭到的损害。采取这种方法比较容易,但有时却很难弥补受害方全部的损害。因此,各国法律对各种损害赔偿的方法都予以考虑,但对以哪种方法为主却有不同的规定。

**3. 损害赔偿的范围**

损害赔偿的范围是指在发生违约以后,当事人在要求损害赔偿时,其金额应包括哪些方面,按什么原则来确定。对此,具体情况千差万别。但在法律上,对损害赔偿的范围的规定有两种情况:一种是约定的损害赔偿,即由当事人自行约定损害赔偿的金额或计算原则;另一种是法定的损害赔偿,即在当事人没有约定的情况下,由法律予以确定的赔偿的金额。

(1)约定的损害赔偿。通常情况下是当事人在订立合同时,就考虑到当事人可能会由于各种情况出现违约行为。为了使履约顺利进行,双方当事人在订立合同条款时,就订立违约金条款,事先约定一方违反合同,应向对方支付一定额度的金钱。但在订立违约金时,其金额的多少直接关系当事人的利益。一方违约,另一方按违约金条款索取的违约金,有时会低于造成的损失额,有时与造成的损失额相当,有时可能会高出造成的损失额,带有明显的罚款性质。由于规定的违约金额往往不能与造成损失数额相当,当事人就违约金的规定往往会出现争议。为了解决这个问题,各国法律对违约金的性质都作了详细规定。然而,各国的规定各有不同,差异较大。

中国《合同法》认为,合同中约定的违约金原则上是具有约定损害赔偿的作用。如《合同法》第20条规定:"当事人可以在合同中约定,一方违反合同时,向另一方支付一定数额的违约金,也可以约定对于违反合同而产生的损失赔偿额的计算方法。合同中约定违约金,视为违反合同的损害赔偿。"但是,如果违约金的数额与损失不相当的话按《合同法》的规定可以减少或增加,如第20条中还规定,"约定的违约金过分高于或低于违反合同所造成的损失的,当事人可以请求仲裁机构或者法院予以适当减少或者增加。"

(2)法定的损害赔偿。如果当事人在合同中未就有关赔偿范围作出规定,发生违约时,当事人只能依据法律规定来计算或确定损害赔偿的金额。各国法律对损害赔偿的范围都有较明确的规定。

按照我国《合同法》的规定,在确定损害赔偿金额时,要遵循两个原则:"首先,当事人赔偿责任应相当于另一方所受到的损失;其次,赔偿责任不得超过违约方在订立合同时应当预见到的因违反合同可能造成的损失。"显然,第二个原则是对第一个原则的限制。因此,通常认为损害赔偿的范围应包括因违约所产生的附带损失和利润损失,但应以订立合同时当事人所预见到的损失为限。由此可见,在订立合同时,要注意一方有必要让对方知道违约会给他带来严重的损失。

《联合国国际货物销售合同公约》对损害赔偿的范围作了两个原则性的规定(参阅第74条规定):首先,一方当事人违反合同应负的损害赔偿额应与另一方当事人因他违反合同而遭受的包括利润在内的损失额相等。这是确定损害赔偿范围的总原则。这里《公约》特别强调包括利润损失在内。其次,为了限制守约方可以得到的损害应知道的事实和情况,对违反合同预料到或理应预料到的可能损失。此条规定与中国《合同法》的有关规定是相同的,均排除了对不可预料的损失提起损害赔偿的要求。

(三)解除合同

解除合同指合同当事人免除或中止履行合同义务的行为。各国法律均认为解除合同是一种法律救济方法,那么合同当事人在对方违约情况下是否可以解除合同呢?各国法律对构成解除合同的条件有着不同的规定。

我国《合同法》认为,一方违约,另一方在下列两种情况下才能要求解除合同:

(1)违约必须导致严重影响订立合同所期望的经济利益。换句话说,违约必须造成严重的后果,使对方期望的目的不能实现。这时,守约方可以解除合同。

(2)如果一方在合同规定的期限内没有履行合同义务,而且在被允许的推迟履行的合理期限内仍未履行,则守约方可要求解除合同义务。这一条与大陆法中实行的催告制度有相似之处。

《联合国国际货物销售合同公约》认为,合同一方不履行义务构成根本性违约时,另一方有权解除合同。然而解除合同必须向对方发出通知,如延迟交货或货物存在瑕疵,很难判断是否属于根本性违约,则《公约》还规定,可以规定一段合理的额外时限,让违约方履行义务。如果在这一段时间内,违约方仍未履行合同,那么守约方可根据违约情况,宣告合同无效。解除合同并不意味着他就丧失了可以采取其他的救济方法。

总之,由于各国法律体系不同,在违约救济方面的规定差异较大,特别是英美法与大陆法之间更是如此。《联合国国际货物销售合同公约》为了调和两大法系的矛盾,对各项法律原则作了比较具体的规定。为了更好地处理国际货物买卖中引起的各种争议,我们有必要再就货物买卖中的具体问题作进一步的说明。

## 三、卖方违约的救济方法

国际货物买卖合同一经成立,买卖双方都要依照合同规定,履行自己的义务。对卖方来讲,他的基本义务概括起来不外乎就是按合同规定的时间交付符合合同规定的货物,交付符合合同规定的各种单据和转移货物的所有权(参阅《公约》第30条的规定)。在实践中,卖方违约的情况经常表现为不交货、延迟交货以及交货与合同规定不相符合等。现分别就卖方违约的主要情形,对买方依法提出合理的救济方法。

## (一)卖方不交货

交货指卖方将对货物的占有权转移出去,在广义上应包括交运货物或提交单据。不交货是指卖方不交运货物或不提交单据。对于卖方不交货,无论是英美法,还是大陆法,以及《联合国国际货物销售合同公约》均规定,买方可以采取各种救济方法,包括实际履行、解除合同或请求损害赔偿,但主张各种救济方法的条件各不相同。

《联合国国际货物销售合同公约》对卖方不交货,买方可以采取的法律救济方法作了比较详细的规定。根据《公约》第三部分第二章中第三节的有关规定,买方可以采取如下的几种救济方法。

### 1. 要求实际履行

按《公约》第 46 条的规定,买方可以要求卖方履行合同的义务,但条件是买方未采取与此相抵触的补救措施。也就是说买方不得已采取类似解除合同、另行购货等补救方法。值得注意的是,按《公约》的规定,卖方不交货时,买方可以要求对方实际履行,但如果诉诸法院,法院则不能按《公约》的规定判令实际履行,因为《公约》并不赋予法院判令实际履行的权力。如果法院按照本地法对不属《公约》范围的合同作出实际履行的判决,则属例外。

### 2. 解除合同

按《公约》规定,卖方不交货时,在下列情况下,买方可以解除合同:

(1)如果卖方不交货等于根本性违反合同,买方可以解除合同;

(2)如果卖方不交货,买方可以规定一段合理时限的额外时间,让卖方履行其义务,如果卖方声明他将不在所规定的时间内交货,买方可以解除合同,宣告合同无效。

### 3. 请求损害赔偿

依照《公约》第 45 条的规定,如果卖方不交货,买方可享有要求损害赔偿的任何权利。对于损害赔偿的范围,在买方宣告合同无效的情况下,可有两种处理方法。如果买方在宣告合同无效后一段时间内,以合理方式购买替代货物,则要求赔偿的买方可以取得合同价格和替代货物交易价格之间的差额,以及任何其他的损害赔偿(参见《公约》第 5 条)。如果买方宣告合同无效后,买方没有购买替代物,而且货物又有时价,则买方可以取得合同规定的价格和宣告合同无效时的时价之间的差额,以及任何其他的损害赔偿(参见《公约》第 75 条)。

## (二)延迟交货

在国际货物买卖合同中,按时交货是卖方的义务之一,而在实际业务中,卖方不按时交货时常发生,特别是延迟交货是一种较常见的违约形式。延迟交货是指卖方没有严格按合同所规定的时间完成交货义务,而是在合同规定的交货期后一段时间才履行交货义务。延迟交货虽然看起来,卖方已经完成了他的交货义务,只是交货时间往后推迟,但有时如货物价格波动幅度较大时,会给买方带来比较严重的损失。

《联合国国际货物销售合同公约》对延迟交货问题未作太具体的规定,但依据《公约》的有

关规定,买方可以行使《公约》允许的各种救济方法,包括解除合同和请求损害赔偿,但条件有所不同,现分别说明如下:

**1. 解除合同**

按《公约》的规定,卖方不按时交货,但已交付货物之后,买方就不能主张解除合同(参见《公约》第49条第2款的规定)。但是,对于延迟交货,如果卖方违约构成根本性违约,即使卖方已经交货,买方仍有权解除合同。然而,在卖方虽然延迟,但已经交货的情况下,如何确定卖方延迟交货构成根本性违约呢?这里举一个案例来解释一下:

买卖双方达成一笔交易,卖方同意向买方供应一批供圣诞节销售的食用火鸡,并答应在圣诞节前一个月装运这批货物。在履行合同时,卖方实际上没有能够按时装运货物,其交货时间晚于合同规定一个星期。买方获知卖方延迟交货后,遂提出拒收货物、解除合同的主张,在这种情况下,我们可以认为,卖方延迟交货已经构成了根本性的违约。因为,此案中,卖方延迟交货给买方带来的后果是相当严重的。卖方延迟交货使货物不能赶到圣诞节前的销售旺季出售,若圣诞节一过,火鸡就难以销售。买方可以解除合同。假如上述案例中,卖方出售的不是火鸡,而是普通肉鸡,卖方延迟交货,而在这段时间内,肉鸡商场价格、供销情况变化不大,买方无权拒收货物,解除合同。

然而,值得注意的是,按《公约》的规定,对于延迟交货,买方要解除合同,他必须在知道或理应知道卖方已交货后的一段合理时间内这样做。否则将失去宣告合同无效的权利(参阅《公约》第49条的有关规定)。《公约》对合理时间无确切的说明,因此,在实际业务中,如遇此情况,最好根据具体情况,尽快行使。

**2. 请求损害赔偿**

卖方交货属于未按合同规定履行合同义务。按《公约》的有关规定,买方可要求卖方赔偿由于延迟交货而带来的损失。即使买方已经按《公约》规定解除了合同,他仍然有权提出赔偿损失的要求。

**(三)卖方所交货物与合同不符**

所交货物与合同不符,指卖方虽然完成了交付货物的义务,但是所交货物在品质、数量或包装等方面有与合同不相符合的地方。所交货物与合同不符的情况在实际业务中比较常见。各国法律对此均有不同的规定。

《联合国国际货物销售合同公约》对卖方所交货不符合合同的情况作了比较详细的规定。按《公约》的规定,买方可以行使多种救济手段。但值得注意的是,《公约》要求买方在行使各种救济方法之前有义务通知对方。否则他将无权行使《公约》所规定的各种救济方法。如《公约》第39条第1款规定,"买方对货物不符合同,必须在发现或理应发现不符情况后一段合理时间内通知卖方,说明不符合同情形的性质,否则就丧失声称货物不符合合同的权利。"第39条第2款还规定:"无论如何,如果买方不在实际收到货物之日起两年内将货物不符合同情形通知卖方,他就丧失声称货物不符合同的权利,除非这一时限与合同规定的保证期限不符。"

按公约规定卖方所交货物与合同不符,买方可采取如下的救济方法。

**1. 要求卖方交付替代货物**

按照《公约》第 46 条第 2 款的规定,如果卖方所交货物与合同不符,买方可以要求卖方交付替代货物,但这项要求必须受两个条件的约束:一是此权力只有在卖方交货不符合同构成根本性违约时,才可行使;二是买主要求卖方交付替代物,必须事先通知卖方,但可以在发出声称货物不符通知时提出,也可以在发出不符通知后一段合理时间内提出。

**2. 要求卖方对不符合同要求的货物进行修补**

按《公约》第 46 条第 3 款的规定,如果卖方所交货物与合同不符,买方可以要求卖方对不符合同的货物进行修补,如果买方认为,对货物的修补不会给他带来不合理的不便,而且经过修补可以达到规定货物的使用价值,那么买方可以采取这种救济方法。值得注意的是《公约》还规定了,买方要求修补的通知必须在声称货物不符时或在发出不符通知后一段合理时间内作出。

**3. 要求减低货价**

按《公约》第 50 条的规定,如果卖方交货不符合同,无论货款是否已付,买方都可以减低货价。减价的幅度应按实际交付的货物在交货时的价值与符合合同的货物在当时的价值两者之间的比例计算。值得注意的是,如果卖方在交货日期前后,曾对交货不符合同进行了修补,或买方拒绝卖方对不符货物进行修补,买方就不能再采取减低货价的救济方法,只能请求损害赔偿。

**4. 解除合同**

在卖方交货不符合同时,买方可以行使解除合同的权利。但《公约》对此作了较多的限制,只有在下列两种情况下买方才能主张解除合同:

(1) 卖方所交货物不符合合同构成根本性违约,买方可以立即宣告合同无效。

(2) 如果卖方所交货物不符合同规定未构成根本性违约,则买方应给予卖方对不符货物进行补救的机会,即规定一段合理的额外时间,让卖方对不符之处进行补救。如果卖方未能在规定的合理时间内交付与合同相符的货物;或卖方未能在规定的时间内对不符合同之处的货物进行修理,或卖方声明他将不在这段时间内采取任何补救措施,那么买方才可宣告合同无效。

**5. 请求损害赔偿**

按《公约》的规定,买方在卖方交货不符合合同时,可以要求损害赔偿,而且不因行使了其他的救济方法而丧失请求赔偿的权利。请求损害赔偿的范围包括如果卖方交付替代货物或修理货物,则损害赔偿金额应包括交付替代货物或修理货物带来的不合理开支等。如果宣告合同无效,则损害赔偿的金额应包括合同规定的价格与宣告合同无效时的时价的差额以及其他的损害赔偿。如果买方接受了不符的货物,则损害赔偿应包括符合合同规定货物的时价与接受货物时的时价之间的差额以及其他的损害赔偿。

## 四、买方违约的救济方法

在国际货物买卖合同中,买方的基本义务就是要按合同的规定受领货物和支付货物。而买方违约不履行合同义务,往往表现在不按合同规定履行上述两项基本的义务,对于买方不按合同规定受领货物和支付货款,各国法律都有规定的一些救济方法,但规定有很大的不同。

《联合国国际货物销售合同公约》规定,如果买方违约不履行合同中规定的义务,卖方可以行使多种救济方法。其基本原则是将大陆法与英美法的有关规定作了一些折衷。其救济方法有以下几种。

### (一)请求买方履行合同义务

按《公约》第62条的规定,如果买方违约,卖方可以要求买方履行合同义务,包括支付价款,收取货物或履行他的其他义务(如检验货物以便卖方及时交货等)。但值得注意的是,这项救济方法要受两个条件的约束:一是卖方尚未采取与实际履行相抵触的补救方法,如果卖方已采取了与这一权利相抵触的补救的方法(如已解除合同),卖方就不能再要求买方实际履行;二是此项实际履行的要求仅限于当事人之间,法院无义务按《公约》的规定判令买方实际履行合同义务(参阅《公约》第28条的规定)。

### (二)规定一段额外的合理时间让买方履行其义务

按《公约》第63条的规定,如果买方违约,卖方可以规定一段额外的合理时间让买方履行其合同义务,卖方在这段时间内不得再采取其他的救济方法,但卖方并不因此而丧失可能享有的其他权利(如解除合同或请求损害赔偿等)。

### (三)解除合同

按照《公约》第64条规定,当买方违约时,卖方可以解除合同,但有一些限制条件。只有在下述两种情况下,卖方才可宣告合同无效:

(1)买方不履行合同义务构成《公约》第25条所规定的根本性违约时,卖方可解除合同。

(2)如果买方违约不构成根本性违约,则卖方应依据上述有关原则给买方规定一段额外的合理时间,让买方履行合同义务,如果买方不在这段时间内履行其义务,或买方声称他将不在所规定的时间内履行其义务,则卖方可宣告解除合同。

解除合同的卖方仍可根据《公约》的有关规定行使其他的救济方法。

### (四)请求损害赔偿

如果买方违约不支付货款或不受领货物,按《公约》的有关规定卖方可以要求损害赔偿。其损害赔偿的金额应相当于他由于买方违约所造成的包括利润在内的损失。这种损害赔偿不得超过违反合同一方在订立合同时,依照他当时已知或理应知道的事实和情况,对违反合同预

料到的可能损失,具体地说,有下列几种情况:

(1)如果卖方已以合理方式将货物转售,则请求损害赔偿金额为合同价格和转售价格之间的差额,加上买方违约而造成的其他损失额。

(2)如果卖方没有转售货物,则损害赔偿金额为合同价格与解除合同时交货地点的现行市价之间的差额,再加上因买方违约而造成的其他损失额。

(3)如果买方延迟支付货款,则卖方可以要求赔偿利息损失。

## 本章小结

1. 本章关键词:进出口合同履行、备货、报检、审证、改证、报关、租船订舱、制单结汇、善后、审单付汇、违约、救济。

2. 备货就是卖方根据合同的规定,按时、按质、按量准备好应交的货物,并做好申请报检和领证工作。

3. 审证、改证是卖方履行合同的重要步骤,直接涉及交易能否顺利完成。审证既从政策、银行资信和付款责任等方面进行审查,也从货物品质、规格、数量、包装等货物描述方面审查。发现问题,应争取一次向客户提出改正。

4. 租船订舱,买卖双方根据交易条件不同,严格履行各自在此方面的责任,它涉及几个部门的配合衔接,如果协调不好,会影响到货物的按时装运。

5. 制单结汇是一笔交易圆满结束的最后一环,它要求业务人员认真、仔细,有责任感。

6. 进出口合同的履行十分重要,在开立与修改信用证、安排运输与保险、审单付款、报关、报检验等内容和环节上都不能有任何疏漏,否则不同程度的损失或不良后果都可能发生。

7. 违约是指合同的一方当事人没有履行或没有完全履行其合同规定的义务和行为。

8. 救济方法是指一个人的合法权利被他人侵害时,法律上给予受损害一方的补偿方法。各国法律对各种救济方法都有详细的规定,但不尽相同。纵观各国法律,其法律规定的基本救济方法可概括为三种:实际履行、损害赔偿和解除合同。

## 思考题

1. 出口合同履行的一般程序是什么? 其中哪些环节是必不可少的?

2. 进口合同履行的一般程序是什么?

3. 什么是违约?

4. 什么是救济? 关于这一点《联合国国际货物销售合同公约》中作出了哪些规定?

5. 进出口合同履行的原则是什么? 在履行进出口合同中怎样做能保护好自己的利益?

## 阅读资料

1. 中国南方某公司与丹麦 AS 公司在 20×× 年 7 月按 CIF 条件签订了一份出口圣诞灯具的商品合同,支付方式为不可撤销即期信用证。AS 公司于 9 月通过丹麦日德兰银行开来信用证,经审核与合同相符,其中保险金额为发票金额的 110%。就在我方正在备货期间,丹麦商人通过通知行传递给我方一份信用证修改书,内容为将保险金额改为发票金额的 120%。我方没有理睬,仍按原证规定投保、发货,并于货物装运后在信用证交单期和有效期内,向议付行议付货款。议付行审单无误,于是放款给受益人,后将全套单据寄丹麦开证行。开证行审单后,以保险单与信用证修改书不符为由拒付。

分析:按照国际惯例《跟单信用证统一惯例》的相关规定,信用证经过修改后,银行即受该修改后的信用证的约束。出口商可自行决定修改内容或拒绝修改,但其应发出是否同意修改的通知。当出口商告知其接受修改之前,原证对开证行继续有效,即原证的条款对出口商仍具有约束力。但如果出口商未发出接受或拒绝的通知,而其提交的单据与原证的条款相符,则视为出口商拒绝其修改;如果出口商提交的单据与经修改后的信用证条款相符,则视为出口商接受了其修改。从这时起,信用证就被视为已经修改。总之,出口商是否同意修改的信用证可以用在结汇提交单据时来表示。在本案中,我公司在收到有关信用证修改的通知后,并未发出接受或拒绝修改的通知,而且在交单时向银行提交了符合原信用证规定的单据,受益人以其行为作出拒绝信用证修改的表示,原信用证的条款对受益人仍然有效,信用证的修改因未获得受益人的同意而无效。因此,开证行审单后,以保险单与信用证修改书不符为由拒付是不合理的。

2. 某 A 公司在 2008 年 11 月与阿联酋迪拜某 B 公司签订了一份出口合同,货物为 1×20 集装箱一次性打火机。不久 B 公司即开来一份不可撤销即期信用证,来证规定装船期限为 2009 年 1 月 31 日,要求提供 "Full set original clean on board ocean Bill of Lading...."(全套正本清洁已装船海运提单)。由于装船期太紧,A 公司便要求 B 公司展期,装船期限改为 2009 年 3 月 31 日。B 公司接受了 A 公司的要求修改了信用证。收到信用证并经全面审查后未发现问题,A 公司在 3 月 30 日办理了货物装船,4 月 13 日向议付行交单议付。4 月 27 日接到收到议付行转来的开证行的拒付通知:"你第 xxxx 号信用证项下的单据经我行审查,发现如下不符点:提单上缺少'已装船'批注。以上不符点已经与申请人联系,亦不同意接受。单据暂代保管,听候你方的处理意见。"

A 公司的有关人员立即审复查了提单,同时与议付行一起翻阅与研究了《跟单信用证统一惯例》600 号出版物的有关规定,证实了开证行的拒付是合理的。A 公司立即电洽申请人,提单缺少"已装船"批注是我方业务人员的疏忽所致,货物确实是被如期装船的,而且货物将在 5 月 3 日左右如期到达目的港,我方同意他在收到目的港船代的提货通知书后再向开证行付款赎单。B 公司回复由于当地市场上一次性打火机的售价大幅下降,只有在我方降价 30% 后方可向开证行赎单。我方考虑到自己理亏在先,同时通过国内同行与其他客户又了解到,进口国当地市场价格确实已大幅下降,我方处于十分被动地位,只好同意降价 30%,了结此案。

分析:此案的案情并不复杂,却给我方带来巨大的损失,不得不引起人们的深思,我们应该从中吸取以下教训。我方应尽早办理装运。A公司虽然在信用证规定的装船期限内办理了装运,满足了信用证的要求,但距B公司开证时已4个多月了。在这段时间内,由于货物本身的消费特征以及国际市场供求情况的变化,货物的当地市场价格有可能大幅下降,为避免价格下降给我方带来的损失(其实也为避免我方的损失),我方应尽快办理装运。在此案中,B公司曾多次来电要求我方尽早装运,但我方认为装运期仍未到,没有很合理地安排生产进度,以致在装船期即将临近时才办理装运,货物到港时已距B公司开证时5个多月,又恰逢当地市场价格下降,其实已为客户拒付货款埋下了伏笔。应提交与信用证相符的合格单据,加强审证环节。

**【荐读书目及网络资源】**

[1] 胡俊文. 国际贸易实务操作[M]. 北京:机械工业出版社,2007.

[2] 刘静华. 国际货物贸易实务. 2版[M]. 北京:对外经济贸易大学出版社,2007.

[3] 姚新超. 国际贸易实务[M]. 北京:对外经济贸易大学出版社,2007.

[4] 博斌,袁晓娜. 国际贸易实务与案例[M]. 北京:清华大学出版社,2007.

[5] 冷柏军. 国际贸易实务[M]. 北京:高等教育出版社,2006.

[6] 中国外贸网 http://www.chinagrow.com/english/

[7] 在线广交会 http://www.ecef.com.cn

[8] 中华人民共和国商务部 http://www.mofcom.gov.cn

[9] 中国进口贸易网 http://www.china.cnimpnet.com

[10] 中国国际电子商务网 http://www.ec.com.cn

[11] 中国国际贸易促进委员会/中国国际商会 http://www.ccpit.org

[12] 中国进出口商品交易会 http://www.cantonfair.org.cn

# 第十章
## Chapter 10

## 国际贸易方式

【学习目的与要求】

随着国际贸易的发展,贸易方式亦日趋多样化。除采用逐笔售定的方式外,还有包销、代理、寄售、拍卖、招标与投标、期货交易、对销贸易等。通过对国际贸易方式的学习,能够了解各种贸易方式在国际贸易中的地位及应用,并掌握各种贸易方式的含义、特点及基本程序,能结合具体外贸业务,恰当选择具体的贸易方式。

【本章导读】

我国H.Y.医药进出口公司经营一种中成药,出口已有数年历史,并于20世纪90年代初逐渐使该商品在新加坡打开销路,在当地市场上颇受消费者欢迎。2002年新加坡一家经营药品的A公司向我国H.Y.医药进出口公司提出包销该商品的意向,最后双方于2003年2月签订一项包销合同,H.Y.医药进出口公司将该药品的独家销售权授予A公司,包销地区限新加坡,但该合同没有订明包销期限,而是凭合理的通知予以确定。

但是,其后由于A公司付款延迟了1个月,故在其提出新订单时,遭到我国H.Y.医药进出口公司的拒绝。与此同时,H.Y.医药进出口公司把该产品的专销权授予另一家公司,并指控A公司因拖延付款违反了合同,要求法院宣布A公司不再是该产品的包销人。但A公司向法院提出反诉。经法院判决,A公司胜诉。

根据合同的规定,该项包销合同只有通过合理的通知才能终止,这种通知的合理期限应为12个月。因此,A公司延迟付款,虽属违约行为,但只须承担赔偿卖方因迟收款而遭受的利息损失,不应承担被终止合同的责任。

上例是一桩经销合同的纠纷案。经销是国际贸易中重要的贸易方式,但不是唯一的方式,本章将介绍国际贸易业务中经常使用的各种贸易方式。

## 第一节　有固定组织形式的贸易方式

### 一、商品交易所

商品交易所是专门买卖一些大宗商品的固定场所。在商品交易所里,通常都是根据商品的品级标准或样品进行买卖。场内一切交易必须通过交易所的经纪人或交易所会员进行,非交易所的经纪人或会员不能在场内直接进行交易。商品交易所进行的交易包括两类:实物交易和期货交易。

#### (一)实物交易

实物交易(Barter Transction)也称为现货交易,它是实际商品的即期交割。交易所对这种交易只是提供场所和各种合同格式,并协助解决纠纷等事项。现货交易不是商品交易所的主要任务,它所占的比重并不大。

#### (二)期货交易

期货交易(Futures Transaction)是众多的买主和卖主在商品交易所内按照一定的规则,用喊叫并借助手势进行讨价还价,通过激烈竞争买进或卖出期货标准化合约的一种贸易方式。

期货交易不同于商品中的现货交易。众所周知,在现货交易的情况下,买卖双方可以以任何方式,在任何地点和时间达成实物交易。卖方必须交付实际货物,买方必须支付货款。而期货交易则是在一定时间在特定期货市场上,即在商品交易所内,按照交易所预先制订的"标准期货合同"进行的期货买卖,成交后买卖双方并不移交商品的所有权。

**1. 期货交易的特点**

(1)期货交易不规定双方提供或者接受实际货物。

(2)交易的结果不是转移实际货物,而是支付或者取得签订合同之日与履行合同之日的价格差额。

(3)期货合同是由交易所制订的标准期货合同,并且只能按照交易所规定的商品标准和种类进行交易。

(4)期货交易的交货期是按照交易所规定的交货期确定的,不同商品,交货期不同。

(5)期货合同都必须在每个交易所设立的清算所进行登记及结算。

**2. 期货交易的种类**

期货交易根据交易者的目的不同主要可以分为两种:投机交易和套期保值。

(1)投机交易是利用期货合同作为赌博的筹码,买进卖出,从价格涨落的差额中追逐利润的纯投机活动,在商业习惯上称为"买空卖空",它是投机者根据自己对市场前景的判断而进行的赌博性投机活动。

所谓"买空",又称"多头",是指投机者估计价格要涨,买进期货;一旦货期涨价,再卖出期货,从中赚取差价。所谓"卖空",又称"空头",是指投机者估计价格要跌,卖出期货;一旦期货跌价,再买进期货,从中赚取差价。

(2)套期保值又称对冲交易,其基本做法是在买进(或卖出)现货的同时,在期货市场卖出(或买进)相等数量的期货合同作为保值。

## 二、拍卖

拍卖(Auction)是由专营拍卖业务的拍卖行接受货主的委托,在规定的时间和场所,按照一定的章程和规则,以公开叫价的方法,把货物卖给出价最高的买主。

通过拍卖进行交易的商品一般是一些品质规格不易标准化的商品,如皮毛、烟草、茶叶、香料、木材等;某些易腐坏不能长期保存的商品,如水果、蔬菜、花卉、观赏鱼类等;某些贵重商品或习惯上采用拍卖的商品,如贵金属、首饰、地毯、古董及其他艺术品。某些商品,如水貂皮、澳洲羊毛,大部分交易是通过拍卖方式进行的,它所形成的价格,对这些商品的行市有很大影响。

拍卖的出价方法一般有三种:增价拍卖、减价拍卖、密封递价拍卖。

### (一)增价拍卖

增价拍卖也称买方叫价拍卖,是最常用的一种拍卖方式。拍卖时,由拍卖人提出一批货物,宣布预定的最低价格,估价后由竞买者竞相加价,有时规定每次加价的金额额度,直到竞买者不再加价时,拍卖人击槌表示成交,将这批商品卖给最后出价最高的人。

### (二)减价拍卖

减价拍卖又称荷兰式拍卖,这种方法先由拍卖人喊出最高价格,然后逐渐减低叫价,直到有某一竞买者认为已经低到可以接受的价格,表示买进为止。

### (三)密封递价拍卖

密封递价拍卖又称招标式拍卖,采用这种方法时,先由拍卖人公布每批商品的具体情况和拍卖条件等,然后由各买方在规定时间内将自己的出价密封递交拍卖人,以供拍卖人进行审查比较,决定将该货物卖给哪一个竞买者。这种方法不是公开竞买,拍卖人有时要考虑除价格以外的其他因素。有些国家的政府或海关在处理库存物资或没收货物时往往采用这种拍卖方法。

## 三、招标和投标

### (一)招标、投标的含义

招标(Invitation to Tender)是指招标人(买方)事先发出招标通告或招标单,提出在规定的时间、地点,准备买进的商品名称、品种、数量和有关的交易条件,邀请投标人(卖方)参加投标的行为。

投标(Submission of Tender)是指投标人(卖方)应招标人的邀请,根据招标通告或招标单所规定的条件,在规定的期限内,向招标人递盘的行为。

### (二)招标的主要方式

**1. 公开招标(Open Bidding)**

公开招标是一种无限竞争性招标。采用这种做法时,招标人要在国内外主要报刊上刊登招标广告,凡对该项招标内容有兴趣的人均有机会购买招标资料进行投标。

**2. 选择性招标(Selected Bidding)**

选择性招标又称邀请招标,它是有限竞争性招标。采用这种做法时,招标人不在报刊上刊登广告,而是根据自己具体的业务关系和情报资料由招标人对客商进行邀请,进行资格预审后,再由他们进行投标。

**3. 谈判招标(Negotiated Bidding)**

谈判招标又称议标,它是非公开的,是一种非竞争性的招标。这种招标由招标人物色几家客商直接进行谈判,谈判成功,交易达成。

**4. 两段招标(Two-stage Bidding)**

两段招标是指无限竞争招标和有限竞争招标的综合方式,采用此类方式时,则是先用公开招标,再用选择招标,分两段进行。

政府采购物资,大部分采用竞争性的公开招标办法。

### (三)招标、投标业务的基本程序

招标、投标业务的基本程序有招标、投标、开标、评标、中标、签约等环节,其中投标相当于发盘,中标签约相当于接受。

按照国际惯例,出现以下情况,招标人可拒绝全部投标:

(1)最低标价大大超过国际市场价格水平,或是超出了招标人的预算底线。

(2)所有投标书内容与招标要求不符。

(3)在国际竞争性招标时投标人数太少,一般来说投标人少于3人时招标人可以拒绝全部投标,因为投标人太少的招投标就失去了其竞争意义。

小资料:《中华人民共和国招标投标法》规定中标的两个条件:

(1)能够最大限度地满足招标文件中规定的各项综合评价标准。所谓综合评价标准,就是按照价格标准和非价格标准对投标文件进行总体评估和比较。

(2)能够满足招标文件的实质性要求,并且经评审的投标价格最低,但是投标价格低于成本的除外。所谓最低投标价格中标,就是投标报价最低的中标,但前提条件是该投标符合招标文件的实质性要求。

## 第二节 没有固定组织形式的贸易方式

### 一、单纯的商品购销形式

单纯的商品购销形式是在国际贸易业务中最常见的一种贸易方式,买卖双方通过询盘、发盘、还盘、接受等交易磋商步骤后,签订买卖合同,进行逐笔售定商品的单边进出口活动。

单纯的商品购销形式没有固定的组织形式,买卖双方可以通过各种途径寻找交易对象,可以采用面谈、电话、传真、电子邮件等各种方式进行交易磋商,是一种相对自由和简单的贸易方式。

### 二、代理

在国际贸易中的代理(Agency)一般是指卖方作为委托人通过其委派的代表(即代理人),在国外向客户招揽生意、订立合同或办理与交易有关的其他事宜的销售代理。

在代理业务中,代理人与委托人之间的关系属于委托代理关系。代理人在代理业务中,只是代表委托人行事,如招揽客户、招揽订单、代表委托人签订买卖合同、处理委托人的货物、收受货款等,他本身并不作为合同的一方参与交易,代理人不担负交易中的盈亏,只收取佣金。

(一)代理的种类

**1. 总代理(General Agency)**

总代理是在指定地区委托人的全权代理。他除了有权代理委托人进行签订买卖合同、处理货物等商务活动外,也可进行一些非商业性的活动。他有权指派分代理,并可分享代理的佣金。

**2. 独家代理(Exclusive Agency/Sole Agency)**

独家代理是指在指定地区和期限内,委托人给予代理人独家代理某项商品权利的方式。换言之,只要代理协议中规定,在一定时期和指定的地区内,代理人对限定商品享有独家专营权,这种代理就是独家代理。

按照惯例,在独家代理情况下,凡是委托人在约定地区发生的交易,只要是独家代理的商品,不论其是否通过该独家代理人,委托人都要向独家代理人支付约定比例的佣金。

**3. 一般代理(Commission Agency)**

一般代理又称佣金代理,是指在同一代理地区、时间及期限内,同时有几个代理人代表委托人行为的代理。一般代理根据推销商品的实际金额和根据协议规定的办法和百分率向委托人计收佣金,委托人可以直接与该地区的实际买主成交,也无须给一般代理佣金。

(二)代理协议

代理协议也称代理合同,它是用以明确委托人和代理人之间权利与义务的法律文件。协议内容由双方当事人按照契约自由的原则,根据双方的合意加以规定。代理协议是明确出口企业和代理商之间权利和义务的一种法律文件。国际贸易中的代理种类繁多,代理协议的形式和内容也各不相同。实际业务中常见的销售代理协议主要包括以下内容:

(1)协议名称及双方的基本关系;
(2)代理的商品、地区和期限;
(3)代理的权限;
(4)最低成交额;
(5)佣金条款;
(6)商情报告;
(7)协议有效期及终止条款。

## 三、包销

### (一)包销的含义

包销(Exclusive Sales)又称独家经销(Sole Distribution),指出口人(即供货商)通过包销协议把某一种或某一类货物在某一个地区和期限内的独家专营权给予国外商人(即进口商、包销商)的贸易做法。

在包销方式下,包销业务中的两个当事人,供货人和包销人之间是一种售定性质的买卖关系,即供货人是卖方,包销人是买方。货物由包销人购买,自行销售,自负盈亏,包销人承担货价涨跌及库存积压的风险。

### (二)包销与独家代理的区别

包销与独家代理不同,它们的区别主要有:

(1)性质不同。代理人与委托人之间属于委托代理关系,而包销商与出口商之间的关系是买卖关系。
(2)风险不同。独家代理不承担经营风险,而包销商要承担经营风险。
(3)目的不同。独家代理人赚取的是佣金,而包销商赚取的是商业利润。
(4)专营权不同。独家代理在特定地区和期限内,享有代销指定商品的专营权,包销商拥有包销的专营权包括专买权和专卖权。

### (三)包销协议

采用包销方式,出口人与包销商之间的权利与义务是由包销协议(Exclusive Sales Agreement)所确定的。包销协议包括下列主要内容:

(1)包销协议的名称、签约日期与地点。
(2)包销协议的前文条款。

在前文条款中,明确包销商与出口商之间的关系是买卖关系。

(3)包销商品的范围。一般情况下,包销商品的范围不宜太大。通常规定方法有:
①一类商品或几类商品。
②同类商品的几个品种或几个型号。
(4)包销地区。包销地区是指包销商行使销售的地理范围。我国对外包销地区的约定方法主要有:
①约定一个国家或几个国家。
②约定某个国家中的某几个城市。
③约定某个国家的一个城市或地区。
出口商确定国外包销商包销地区的大小,主要考虑包销商的规模、能力以及销售网络、包销商品的市场定位、包销商品的特点及季节性、出口商的营销策略、包销地区的地理位置等因素。
(5)包销期限。我国对外包销的出口业务中,通常把包销协议的包销期限定为一年。
(6)专营权。专营权是指包销商行使专卖和专买的权利。专营权包括专卖权和专买权。专卖权是指出口商将指定商品在约定的地区和期限内给予包销商独家销售的权利。包销商获得专卖权后,出口商就不得向该区域内的客户直接售货。专买权是指包销商只能向出口商购买指定商品,而不得向第三者购买该指定商品。
(7)包销数量或金额。包销数量或金额既是指包销商承购货物的数量或金额,也是出口商(供货人)供货的数量或金额,它对双方有同等的约束力。包销数额一般采用规定最低承购额的做法。确定实际承购数额有各种不同的做法,一般以实际装运数为准。
(8)作价办法。包销商品的作价办法主要有固定作价和分批作价两种。我国的外贸公司通常采用分批作价,以避免国际商品市场的价格变化造成的利益损失。
(9)广告、宣传、市场报导和商标保护。

(四)采用包销方式应注意的问题
(1)慎重选择包销商。在选择包销商时,为了确定包销商是否可靠,可先采用"独家发盘"方式,即某项商品在一定地区,只向一家客户发盘。
(2)适当规定包销商品的范围、地区及时间。通常情况下,包销商品的范围不宜太大,包销地区范围不宜太广,对包销时间的规定,应视客户情况而定,不宜过长,也不宜过短。
(3)在协议中应规定中止或索赔条款。

## 四、寄售

(一)寄售的含义

寄售(Consignment)是指委托人先将货物运往寄售地,在国外委托一个代销人,按照寄售协议规定的条件,由代销人代替货主进行销售,在货物出售后,由代销人向货主结算货款的一种贸易方式。

在我国进出口业务中,寄售方式运用并不普遍,但在某些商品的交易中,为促进成交,扩大出口的需要,也可灵活适当运用寄售方式。

(二)寄售的特点

(1)寄售是一种先发货后成交的贸易方式。寄售货物装运出口时,并没有确定的买主,而是货物到达寄售地,由代销人销售,因而寄售是一种先发货后成交的贸易方式。

(2)寄售是凭实物进行买卖的现货交易。寄售人先将货物运至目的地市场(寄售地),然后经代销人在寄售地向当地买主销售。因此,它是典型的凭实物进行买卖的现货交易。

(3)寄售人与委托人之间属于委托代售关系,而非买卖关系。代销人只根据寄售人的指示处置货物,货物的所有权在寄售地出售之前仍属寄售人。

(4)货物出售以前,所有的风险都由寄售人承担,代销人只收取佣金。寄售货物在售出之前,包括运输途中和到达寄售地后的一切费用和风险,均由寄售人承担。

(三)寄售的优点

寄售方式对于寄售人、代销人和买方都有明显的优点:

(1)对寄售人来说,寄售有利于开拓市场和扩大销路。

(2)代销人在寄售方式中不需垫付资金,也不承担风险,有利于调动客户的积极性。

(3)寄售是凭实物进行的现货买卖,大大节省了交易时间,减少了风险和费用,为买主提供了便利。

(四)寄售的缺点

寄售的缺点主要是针对寄售人而言,主要表现为以下两点:

(1)寄售人承担的风险较大,费用较多,而且增加出口人的资金负担,不利于其资金周转。

(2)寄售货物的货款回收较为缓慢,一旦代销人不守协议时,寄售人可能遭到货、款两空的危险。

(五)寄售协议的主要内容

(1)协议双方的关系条款。具体阐明代销人是以代理人的身份办理寄售业务。

(2)关于寄售商品的价格条款。该条款主要规定寄售商品的作价办法,通常有以下3种:①规定最低售价;②随行就市;③销售前征得寄售人意见。

(3)佣金条款。寄售协议中有关支付佣金的问题与代理协议规定相似。

(4)协议双方当事人的义务条款。

代销人的义务主要包括:①提供储存寄售商品的仓库,雇佣工作人员,取得进口商品的许可证;②努力保证货物在仓库存放期间,品质和数量完好无损;③代垫寄售商品在经营、仓储期内所产生的有关费用;④代垫费用,对寄售商品办理保险;⑤宣传广告、展示商品或提供售后服务;⑥及时向委托人进行市场报导。

委托人的义务主要包括:①按质、按量、按期提供寄售商品;②偿付代销人在寄售过程中所代垫的费用。

## 五、补偿贸易

补偿贸易又称产品返销,是指交易的一方在对方提供信贷的基础上,进口设备或技术,而用向对方返销进口设备及/或技术所生产的直接产品或相关产品或其他产品或劳务所得的价款分期偿还进口价款。补偿贸易是我国改革开放以来使用较多的一种利用外资的方式。它具有两方面的特征,缺一不可:第一,以信贷为基础,即利用外方的资金设备;第二,对方必须承诺回购我们的产品或劳务。

按照用来偿付的标的不同,补偿贸易可分为3类:

(1)直接产品补偿(又称返销)。这是补偿贸易中最基本的形式。交易双方事先在协议中约定,设备供应方向设备进口方承诺购买一定数量或金额的由该设备直接生产出来的产品。

(2)间接产品补偿(又称回购)。当进口设备本身不生产物质产品或设备所生产的直接产品非对方所需时,交易双方可在协议中约定用其他产品代替。

(3)劳务补偿。这是补偿贸易与对外加工装配贸易相结合的做法。交易双方根据协议,外方赊销设备、提供原材料或零部件,中方按对方要求加工、装配后,用应收的工缴费分期偿还进口设备所欠的款项。

## 六、加工贸易

加工贸易(Processing Trade)是一国通过各种不同的方式进口原料、材料或零件,利用本国的生产能力和技术加工成成品后再出口,从而获得以外汇体现的附加价值。加工贸易主要有以下两种形式。

### (一)进料加工

进料加工又称"进料加工复出口"、"以进养出",是指用外汇购入国外的原材料、辅料,利用本国的技术、设备和劳力,加工成成品后,销往国外市场的贸易方式。

1. **进料加工贸易的特点**

(1)加工方自行从国际市场组织原辅材料,进口时需对外付汇。

(2)加工方需自行开拓国际市场,寻找客户,接洽订单。

(3)加工方对从原辅料进口直至成品销售的全过程独立承担商业风险。

2. **进料加工贸易的具体做法**

(1)进口阶段。选择合适的进口商品、交易对象进行洽谈签约。用有限的外汇进口国内紧缺或暂时没有同时增值幅度大的原材料。另外,对进口货物进行严格验收,把握好货物的质量、数量。

(2)加工生产阶段。进口商将货物拨交给生产企业,生产企业严格按规定的品质、数量、包装,在规定的时间内完成加工生产。

(3)出口阶段。与一般的出口贸易相同,经过磋商、签约、履行等程序,但要注意预先建立一定的销售渠道,物色客户,以免"临时抱佛脚",加工成的成品销不出去。

(二)对外加工装配

对外加工装配业务是指由外商提供一定的原材料、零部件、元器件,由我方的工厂按对方的要求进行加工装配,成品交给对方处置,我方按照约定收取工缴费作为报酬的贸易方式。

1. 对外加工装配贸易的特点

(1)对外加工装配贸易是一种委托加工的贸易方式。原料和成品的所有权始终属于委托方,加工方只提供劳务并收取约定的工缴费,因此,它本质上不属于货物买卖,而是以商品为载体的劳务出口。

(2)加工方不必为采购原材料、零部件而筹措外汇资金,也无需承担成品销售的风险。

(3)加工装配是有进有出,进出紧密结合的交易,工缴费是劳务出口的货币表现。

(4)对外加工装配贸易是一种比较简单的初级的合作形式,以劳动密集型和中低技术型产品为主,工缴费水平偏低。

2. 对外加工装配业务存在的问题

(1)来料、生产和销售的主动权不在我方。一旦国际市场不景气,外商不及时供料,工厂就得停工待料,严重时,外商突然中断合同的执行,造成我方的损失。

(2)外商压低工缴费。国内不少企业为了解决生产不足或就业问题,急于求成,即使工缴费低也愿意做,一些外商正是利用这一点,尽量压低价格。一般来说,工缴费的核定应以国际劳务市场价格为依据,当然也要考虑我国当前劳动生产率与国外的差距。

(3)外商拖欠工缴费。我国对外加工装配业务工缴费的支付采用先出后结和先结后出相结合的办法,即当每批加工的产品出运,到达目的地交付给委托人后的若干天内将该批货物的工缴费付清,加工方收到工缴费后才安排下一批货物的出运。但在最后一批货物出运前,委托方必须付清全部工缴费。通常采用对开信用证的方法,我方开立运期L/C对来料、来件作价,对方开立即期L/C支付成品款。要注意远期期限与加工周期和收款所需时间一定要相衔接并留有余地,以免垫付外汇。

小资料:2008年我国商务部和海关总署对加工贸易禁止类目录进行调整,将《商务部海关总署2008年第22号公告》加工贸易禁止类商品目录中的符合国家产业政策,不属于高耗能、高污染的产品以及具有较高技术含量的产品剔除,共计剔除27个十位商品编码(见表10.1)。

表 10.1

| 序号 | 商品编码 | 商品名称 | 原禁止方式 | 备注 |
|---|---|---|---|---|
| 1 | 2603000010 | 铜矿砂及其精矿 | 进口 | 仅允许符合条件的特定企业进口,其他仍按禁止类管理 |
| 2 | 2603000090 | 铜矿砂及其精矿 | 进口 | |
| 3 | 2604000001 | 镍矿砂及其精矿(黄金价值部分) | 进口 | |
| 4 | 2604000090 | 镍矿砂及其精矿(非黄金价值部分) | 进口 | |
| 5 | 2605000001 | 钴矿砂及其精矿(黄金价值部分) | 进口 | |
| 6 | 2605000090 | 钴矿砂及其精矿(非黄金价值部分) | 进口 | |
| 7 | 2830903000 | 硫化钴 | 出口 | |
| 8 | 2843900010 | 氯化钯 | 出口 | |
| 9 | 2843900090 | 其他贵金属化合物 | 出口 | |
| 10 | 2910300000 | 1-氯-2,2-环氧丙烷(表氯醇) | 出口 | 仅允许进口甘油,出口环氧氯丙烷,其他仍按禁止类管理 |
| 11 | 3004905910 | 含濒危动植物成分的中式成药 | 出口 | |
| 12 | 3214100000 | 安装玻璃用油灰等;漆工用填料 | 出口 | 仅允许环氧树脂出口,其他仍按禁止类管理 |
| 13 | 7403111100 | 精炼铜的阴极 | 出口 | |
| 14 | 7403111900 | 其他精炼铜的阴极 | 出口 | |
| 15 | 7502100000 | 未锻轧的非合金镍 | 出口 | |
| 16 | 7502200000 | 未锻轧镍合金 | 出口 | |
| 17 | 7604101000 | 非合金制铝条、杆 | 出口 | |
| 18 | 7604109000 | 非合金制铝型材、异型材 | 出口 | |
| 19 | 7604210000 | 铝合金制空心异型材 | 出口 | |
| 20 | 7604291010 | 柱形实心体铝合金 | 出口 | |
| 21 | 7604291090 | 其他铝合金制条、杆、其他型材 | 出口 | |
| 22 | 7605110000 | 最大截面尺寸大于7 mm的非合金铝丝 | 出口 | |
| 23 | 7605190000 | 最大截面尺寸小于等于7 mm的非合金铝丝 | 出口 | |
| 24 | 7605210000 | 最大截面尺寸大于7 mm的铝合金丝 | 出口 | |
| 25 | 7605290000 | 最大截面尺寸小于等于7 mm的铝合金丝 | 出口 | |
| 26 | 8105209001 | 钴锍及其他冶炼钴时所得中间产品 | 出口 | |
| 27 | 8105209010 | 钴大于等于99.5%的超细钴粉 | 出口 | |

资料来源:中国国际电子商务网 http://www.ec.com.cn

## 七、租赁贸易

租赁贸易（Leasing Trade）是信贷和贸易相结合的一种贸易方式，它是由出租方根据租赁协议将设备出租给承租方在一定时期内使用，收取一定租金的贸易方式。它是承租人获得设备的一种独特的筹资方式。

租赁贸易往往是三边贸易，即有3个当事人：出租人、承租人和供货商。承租人选定所需设备和供应商后，由租赁公司洽谈购买。

国际租赁一般有以下特点：

(1)承租人用运营设备多获得的收入购买设备使用权，替代了通常自行筹资购买设备所有权的做法。

(2)在基本租期内，设备所有权归出租人，使用权归承租人。

(3)租期一般为3～5年，也可长达10年以上，租金在租期内平均分期支付，也有采用递减支付方式的。

租赁贸易的形式按租赁的目的划分，有融资租赁和经营租赁；按交易程序划分，有直接租赁、杠杆租赁、转租和回租等。

## 第三节 新兴的贸易方式——电子商务

### 一、含义

电子商务通常是指买卖双方利用现代信息技术和通信技术，部分或全部地完成国际贸易的交易过程，实现商户之间的网上交易、在线电子支付以及各种商务活动、交易活动、金融活动和相关的综合服务活动的一种新型的商业运营模式。

### 二、分类

随着电子商务活动的广泛展开，电子商务的形式也日益多样。电子商务可以分为B2B、B2C、B2A、C2A等形式。

（一）商业机构对商业机构的电子商务（Business to Business，B2B）

商业机构对商业机构的电子商务，即企业与企业之间通过互联网进行产品、服务及信息的交换。通俗的说法是指进行电子商务交易的供需双方都是商家（或企业、公司），他们使用Internet的技术或各种商务网络平台，完成商务交易的过程。这些过程包括：发布供求信息，订货及确认订货，支付过程及票据的签发、传送和接收，确定配送方案并监控配送过程等。除此之外，政府还可以通过这类电子商务实施对企业的行政事务管理，如政府用电子商务方式发放进出口许可证,开展统计工作,企业可以通过网上办理交税和退税等。

（二）商业机构对消费者的电子商务(Business to Customer,B2C)

商业机构对消费者的电子商务主要是制造商或销售商使用网络平台直接面对消费者的直销方式。目前这种形式的电子商务发展迅速,在我国具有代表性的有淘宝网、当当网、亚马逊网、卓越网等。

（三）商业机构对行政机构的电子商务(Business to Administration,B2A)

商业机构对行政机构的电子商务,指的是企业与政府机构之间进行的电子商务活动。例如,政府将采购的细节在国际互联网上公布,通过网上竞价方式进行招标,企业也要通过电子的方式进行投标。

（四）消费者对行政机构的电子商务(Consumer to Administration,C2A)

消费者对行政机构的电子商务,指的是政府对个人的电子商务活动。这类的电子商务活动目前还没有真正形成。然而,在个别发达国家,如在澳大利亚,政府的税务机构已经通过指定私营税务,或财务会计事务所用电子方式来为个人报税。这类活动虽然还没有达到真正的报税电子化,但是,它已经具备了消费者对行政机构电子商务的雏形。

## 三、电子商务在国际贸易中的应用

在传统国际贸易中,交易方对产品的订购、销售、配送、支付以及各类谈判等商务活动往往分别在不同的场所进行。而在应用电子商务的条件下,国际贸易的商务场所和运营方式都发生了根本性变化。整个贸易活动包括交谈、讨论、信息的索取、洽谈、定购、商品交换、结算、商品退换等都是在网络上进行的,这大大地提高了贸易的效率。具体来说,电子商务在国际贸易中的应用主要体现在:

(1)在交易准备阶段,企业的相关信息的发布影响范围变得更广。企业通过互联网及其技术为核心的电子商务手段,在网上发布需求或销售信息、产品广告,效果可以在全球市场上反映出来,比传统的方式影响力更大。

(2)在交易磋商阶段,以往纸面的合同和签字方式被电子订单所代替。有关申领进出口许可证、租船订舱、报关、报验等业务环节,也都可实现全部的电子化。

(3)在合同履行阶段,外贸企业使用一般软件就可以实现单据的自动生成。特别是在安全认证、跟踪运输以及实现网上支付等方面可实现较大的突破。

总之,电子商务的兴起是国际贸易领域里的一场深刻的商业革命。在这场变革中,世界市场的重新构造,国际贸易方式创新的深化,对每一个国家都将产生更深刻的影响。

# 第四节 国际技术与服务贸易

## 一、国际技术贸易

国际技术贸易是指不同国家的企业、经济组织或个人之间,按照一般商业条件,向对方出售或向对方购买软件技术使用权的一种国际贸易行为。它由技术出口和技术引进这两方面组成。简言之,国际技术贸易是一种国际间的以纯技术的使用权为主要交易标的的商业行为。

### (一)国际技术贸易的特点

国际技术贸易与国际商品贸易有一定的相似之处,但是两者又有很大的区别,主要体现在以下四个方面:

(1)贸易的标的不同。商品贸易的标的是有形的物质商品,易计量、论质和定价;而技术贸易的标的是无形的知识,其计量、论质和定价的标准都相对更复杂。

(2)贸易的当事人关系不同。商品贸易双方当事人一般不是同行,而技术贸易双方当事人则一般都是同行。因为只有双方是同行,引进方才会对转让方的技术感兴趣,引进方才有能力使用这种技术。

(3)研制技术和生产商品的目的不同。商品贸易中的卖方始终是以销售为目的而研制和生产商品的,而技术贸易中的卖方(转让方),一般并不是为了转让而是为了自己使用才去开发技术的,只是在某些特定情况下才转让技术。

(4)技术贸易所涉及的问题比商品贸易复杂且难度大。技术贸易涉及的问题多、复杂、特殊,如技术贸易涉及工业产权保护、技术风险、技术定价、限制与反限制、保密、权利和技术保证、支持办法等问题。此外,技术贸易中涉及的国内法律和国际法律、公约也比商品贸易多,因而,从事技术贸易远比从事商品贸易难度大。

(5)政府干预程度不同。政府对技术贸易的干预程度通常都大于对商品的干预程度。由于技术出口实际上是一种技术水平、制造能力和发展能力的出口,所以为了国家的安全和经济利益上的考虑,国家对技术出口审查较严。

### (二)国际技术贸易合同

国际技术贸易合同是不同国家的双方当事人就实现技术转让这一目的而缔结的规定双方权利义务关系的法律文件。国际技术贸易合同的形式往往与技术贸易方式相对应,使用比较广泛的主要有:

#### 1. 许可合同

许可合同是指许可贸易的技术供方为允许技术的受方有偿使用其知识产权或专有技术而与对方签订的一种授权协议。合同内容主要包括:

(1) 供方提供的技术的具体内容。
(2) 供方提供的技术资料。
(3) 供方提供的设备。
(4) 价格条款。
(5) 技术改进和发展的交换。
(6) 保证条款。
(7) 侵权和保密。

#### 2. 技术服务和咨询合同

技术服务和咨询合同的内容、范围和形式相当广泛,但一般来说,其主要包括以下几个方面的内容:
(1) 合同的标的。
(2) 技术服务与技术培训。
(3) 验收和处理。
(4) 税费。
(5) 风险责任条款。
(6) 其他条款。

## 二、国际服务贸易

### (一) 国际服务贸易的含义

国际服务贸易是指通过跨境交付(自一成员领土内向任何其他成员领土提供服务)、境外消费、商业存在(商法人或者商人)、自然人流动等形式跨越国境提供服务的贸易。

小资料:乌拉圭回合达成的《服务贸易总协定》第1条第2款规定,服务贸易是指服务提供者从一国境内,通过商业现场向消费者提供服务,并获取外汇收入的过程。

国际服务贸易的内容主要包括:
(1) 国际运输。
(2) 国际旅游。
(3) 跨国银行、国际融资公司及其他金融服务。
(4) 国际保险和再保险。
(5) 国际信息处理和传递、电脑及资料服务。
(6) 国际咨询服务。
(7) 建筑和工程承包等劳务输出。
(8) 国际电信服务。
(9) 广告、设计、会计管理等项目服务。
(10) 国际租赁。
(11) 维修与保养、技术指导等售后服务。

(12)国际视听服务。

(13)教育、卫生、文化艺术的国际交流服务。

(14)商业批发与零售服务。

(15)其他官方国际服务等。

### (二)国际服务贸易的特征

与货物贸易相比,国际服务贸易具有如下特征:

(1)国际服务贸易主要是无形贸易。与国际货物贸易的有形性相比,国际服务贸易所提供的服务如保险、金融、运输、律师、会计师等服务,均为无形交易。

(2)国际服务贸易的不可储存性。货物贸易中的商品一般可以储存、运输,并通过进出口商批发、零售,再到消费;而国际服务贸易所提供的服务是一种特殊商品,常常是生产、销售与消费同时进行,一般不具有可储存性。

(3)国际服务贸易与国际货物贸易在监管方式上有所不同。对于货物贸易,一国政府往往是通过进出口关税、进出口许可证、进出口配额等关税及非关税措施作为贸易保护或贸易自由化的手段;而服务贸易由于其不通过海关的特殊性,政府不能使用管理货物的手段对其进行监管,一般只能利用国内相关立法和制定行政法规来达到监管的目的。

### (三)国际服务贸易的分类

(1)按是否与有形商品贸易有关联为标准,可分为核心服务贸易和追加服务贸易两大类。核心服务是指同有形商品的生产和贸易没有直接关系,而作为消费者单独所购买的、能为消费者提供核心效用的服务,比如金融服务、国际咨询、饮食、旅游等。

追加服务是指随附商品实体出口而提供的补充服务,比如产品设计、设备维修、货物运输等。

(2)按服务贸易中是否包括生产要素,可分为要素服务贸易和非要素服务贸易。与各种生产要素相关的服务贸易,称为要素服务贸易,如股息、利息和利润的流动。

只同经常项目相关的服务贸易,称为非要素服务贸易,如国际旅游、运输、金融服务等。

## 本章小结

1.本章关键词:拍卖、招标、投标、代理、包销、寄售、补偿贸易、加工贸易、租赁贸易、电子商务、国际技术贸易、国际服务贸易。

2.国际贸易方式是国际间商品流通的做法或形式。常见的国际贸易方式包括:有固定组织形式的贸易方式和没有固定组织形式的贸易方式,此外还有新兴的贸易方式——电子商务,以及国际技术贸易和国际服务贸易等。

3.有固定组织形式的贸易方式包括商品交易所、拍卖、招标和投标等。

4.没有固定组织形式的贸易方式主要包括单纯的商品购销形式、代理、包销、寄售、补偿贸易、加工贸易、租赁贸易等。

5. 电子商务通常是指买卖双方利用现代信息技术和通信技术,部分或全部地完成国际贸易的交易过程。它包括 B2C、B2B、B2A、C2A 等形式。

6. 国际技术贸易是不同国家的企业、经济组织或个人之间,按照一般商业条件,向对方出售或向对方购买软件技术使用权的一种国际贸易行为。国际技术贸易与国际商品贸易有一定的相似之处,但是两者又有很大的区别,主要体现在:贸易的标的不同、贸易的当事人关系不同、研制技术和生产商品的目的不同、技术贸易所涉及的问题远较商品贸易复杂且难度大等。

7. 国际服务贸易是通过跨境交付、境外消费、商业存在、自然人流动等形式跨越国境提供服务的贸易。

## 思考题

1. 代理按委托人对代理人授权的大小可分为哪几种?
2. 拍卖的竞价方式有哪几种?
3. 包销与独家代理的区别是什么?
4. 什么是补偿贸易?补偿贸易有哪几种形式?

## 阅读资料

### 电子商务的成功案例——阿里巴巴

阿里巴巴集团致力为全球所有人创造便捷的网上交易渠道,提供多元化的互联网业务,包括 B2B 国际贸易、网上零售和支付平台,及以数据为中心的云计算服务。阿里巴巴集团由私人持股,现服务来自超过 240 个国家和地区的互联网用户,在大中华地区、日本、韩国、英国及美国超过 50 个城市,有员工 17 000 人。

阿里巴巴集团旗下的公司包括:

阿里巴巴网络有限公司——全球领先的企业间电子商务平台阿里巴巴网络有限公司(香港联合交易所股份代号:1688)(1688.HK)为全球领先的小企业电子商务公司,也是阿里巴巴集团的旗舰业务。阿里巴巴于 1999 年成立,通过旗下 3 个交易市场协助世界各地数以百万计的买家和供货商从事网上生意。3 个网上交易市场包括:集中服务全球进出口商的国际交易市场(www.alibaba.com)、集中国内贸易的中国交易市场(www.alibaba.com.cn),以及透过一家联营公司经营、促进日本外销及内销的日本交易市场(www.alibaba.co.jp)。3 个交易市场形成一个拥有来自 240 多个国家和地区超过 4 500 万名注册用户的网上社区。阿里巴巴亦通过"阿里软件"品牌向中国各地的小企业提供商务管理软件解决方案,并通过阿里学院为国内中小企业培育电子商务人才。

### 淘宝——中国最大的在线零售网站

淘宝网(www.taobao.com)成立于 2003 年,在中国网络零售市场拥有 78% 份额,是中国最大的零售网站。淘宝网涵盖了最全面的商品类目,从收藏品、稀有产品以至主流零售类商品,如消费类电子产品、服装服饰、体育用品和家居日用品都一网打尽。截至 2009 年 12 月 31 日,淘宝网的注册用户数超过 1.7 亿。

2009年,淘宝网的交易额合计超过2 000亿元人民币。官方数据显示,2009年上半年淘宝网的交易额相等于全中国消费品零售总额约1.4%。淘宝网现为全球最大的互联网用户群所首选的网上购物目的地。

### 支付宝——中国领先的第三方在线支付平台

支付宝(www.alipay.com)是中国领先的第三方网上支付平台,致力于为中国上亿计的网上消费者提供安全可靠、方便快捷的网上支付服务。支付宝是个人消费者和商家均可选择的支付服务,目前占有超过50%的第三方支付市场份额,在中国拥有最庞大的银行合作伙伴网络。每天在支付宝上完成的网上交易约有500万笔,合计金额超过12亿元人民币。截至2009年12月31日,支付宝的注册用户数已达2.7亿。

支付宝提供的第三方信用担保服务,降低了消费者于网上购物的交易风险。买家可以在确认满意所购的产品之后才将款项发放给商家。支付宝对中国消费电子商务的迅速发展起到了巨大的推动作用。2007年8月,支付宝发布了有助全球卖家直销到中国消费者的支付解决方案。目前,支付宝已经与超过300家境外企业合作,并支持12种主要外币的支付服务。

### 阿里巴巴云计算——以数据为中心的先进云计算服务开发商

阿里巴巴云计算于2009年9月创立,目标是打造以数据为中心的先进云计算服务平台。阿里巴巴云计算致力于提供完整的互联网计算服务,包括电子商务数据采集、海量电子商务数据快速处理,和定制化的电子商务数据服务,以助阿里巴巴集团及整个电子商务生态链成长。

### 中国雅虎——中国领先的门户网站之一

阿里巴巴集团于2005年10月收购中国雅虎(www.yahoo.com.cn),作为与美国雅虎战略合作的一部分。中国雅虎为领先的中文门户网站之一,提供搜索及电邮服务,近月来亦加强发展娱乐资讯方面的服务。

(资料来源:阿里巴巴中文网,网址:http://china.alibaba.com)

**【荐读书目及网络资源】**

[1] 石玉川.国际贸易方式[M].北京:对外经济贸易大学出版社,2002.
[2] 舒福荣.招标投标国际惯例[M].贵阳:贵州人民出版社,1994.
[3] 邵祥林.加工贸易——未来国际贸易的主流[M].北京:对外经济贸易大学出版社,2001.
[4] 朱光.国际电子商务操作实务[M].北京:中国商务出版社,2004.
[5] 王传丽.国际贸易法:国际知识产权法[M].北京:中国政法大学出版社,2003.
[6] 阿里巴巴网 http://china.alibaba.com.
[7] 世界贸易组织 http://www.wto.org.
[8] 中国海关网 http://www.customs.gov.cn.
[9] 中华人民共和国商务部 http://www.mofcom.gov.cn.
[10] 国际经贸信息网 http://www.21trader.com.
[11] 中国外经贸企业网 http://china-commerce.com.cn.
[12] 中国出口贸易网 http://www.cnexpnet.com.

# 参考文献

[1] 张二震,马野青.国际贸易学[M].2版.南京:南京大学出版社,2003.
[2] 薛荣久.国际贸易实务[M].4版.北京:对外经济贸易大学出版社,2007.
[3] 吴百福.进出口贸易实务[M].5版.上海:上海人民出版社,2007.
[4] 徐冬梅.国际贸易理论与实务[M].上海:上海财经大学出版社,2008.
[5] 武芳.国际贸易操作一本通[M].北京:北京大学出版社,2008.
[6] 姚大伟.新编国际贸易实务[M].上海:上海科学技术文献出版社,2001.
[7] 王萍.国际贸易实务[M].哈尔滨:哈尔滨工业大学出版社,2003.
[8] 白洪声,张喜民.国际贸易理论与实务[M].济南:山东人民出版社,2002.
[9] 刘珉,陈虹.国际贸易实训教程[M].北京:对外经济贸易大学出版社,2009.
[10] 冷柏军.国际贸易实务[M].北京:高等教育出版社,2006.
[11] 韩晶玉.国际贸易实务实训教程[M].大连:东北财经大学出版社,2009.
[12] 余世明.国际贸易实务[M].2版.广州:暨南大学出版社,2008.
[13] 陈岩.国际贸易理论与实务[M].北京:清华大学出版社,2007.
[14] 徐景霖.国际贸易实务[M].6版.大连:东北财经大学出版社,2002.
[15] 黎孝先,石玉川.国际贸易实务[M].北京:对外经济贸易大学出版社,2008.
[16] 田运银.国际贸易实务精讲[M].北京:中国海关出版社,2007.
[17] 周瑞琪.国际贸易实务[M].英文版.北京:对外经济贸易大学出版社,2008.
[18] 易露霞,陈原.国际贸易实务双语教程[M].北京:清华大学出版社,2006.
[19] 程怀儒.国际贸易实务[M].北京:人民教育出版社,2006.
[20] 项义军,关兵.国际贸易实务操作[M].哈尔滨:黑龙江人民出版社,2004.
[21] 莫莎.国际贸易实务[M].大连:东北财经大学出版社,2008.
[22] 吴文一.国际物流运输实务[M].上海:立信会计出版社,2006.
[23] 姜学军.国际结算[M].2版.大连:东北财经大学出版社,2006.
[24] 邵铁民,徐兆宏.报关实务手册[M].2版.上海:上海财经大学出版社,2007.
[27] 联合国国际贸易法委员会.国际货物销售合同公约.
[28] 国际商会.2000年国际贸易术语解释通则.
[29] 国际商会.跟单信用证统一惯例(UCP600).

# 读者反馈表

尊敬的读者:

您好!感谢您多年来对哈尔滨工业大学出版社的支持与厚爱!为了更好地满足您的需要,提供更好的服务,希望您对本书提出宝贵意见,将下表填好后,寄回我社或登录我社网站(http://hitpress.hit.edu.cn)进行填写。谢谢!您可享有的权益:

☆ 免费获得我社的最新图书书目　　　☆ 可参加不定期的促销活动
☆ 解答阅读中遇到的问题　　　　　　☆ 购买此系列图书可优惠

**读者信息**
姓名_____ □先生 □女士　年龄_____　学历_____
工作单位_____　职务_____
E-mail _____　邮编_____
通讯地址_____
购书名称_____　购书地点_____

1. 您对本书的评价
   内容质量　□很好　　　□较好　　□一般　　□较差
   封面设计　□很好　　　□一般　　□较差
   编排　　　□利于阅读　□一般　　□较差
   本书定价　□偏高　　　□合适　　□偏低

2. 在您获取专业知识和专业信息的主要渠道中,排在前三位的是:
   ①_____　　②_____　　③_____
   A. 网络 B. 期刊 C. 图书 D. 报纸 E. 电视 F. 会议 G. 内部交流 H. 其他:_____

3. 您认为编写最好的专业图书(国内外)

| 书名 | 著作者 | 出版社 | 出版日期 | 定价 |
|---|---|---|---|---|
|  |  |  |  |  |
|  |  |  |  |  |
|  |  |  |  |  |

4. 您是否愿意与我们合作,参与编写、编译、翻译图书?
   _____

5. 您还需要阅读哪些图书?
   _____

网址:http://hitpress.hit.edu.cn
技术支持与课件下载:网站课件下载区
服务邮箱　wenbinzh@hit.edu.cn　duyanwell@163.com
邮购电话　0451-86281013　0451-86418760
组稿编辑及联系方式　赵文斌(0451-86281226)　杜燕(0451-86281408)
回寄地址:黑龙江省哈尔滨市南岗区复华四道街 10 号　哈尔滨工业大学出版社
邮编:150006　传真 0451-86414049